U0866669

听吴忠豪教授评课

第一辑

吴忠豪 编著

小学语文教师书林

上海教育出版社
SHANGHAI EDUCATIONAL
PUBLISHING HOUSE

前言

我从事语文教育研究四十年有余。从 20 世纪 70 年代至今，我有大量机会直接与几代小学语文名师零距离接触，当面倾听过霍懋征老师、袁瑢老师的教诲，经常与于永正、贾志敏等老师切磋研究语文教学改革的热点问题……而今虽已过耳顺之年，仍守望毕生钟爱的语文教学事业，常年辗转全国与各地名师广泛接触：深入课堂听课评课，与一线教师备课磨课，观摩名师的示范课，与各地名师面对面交流讨论，就语文课程与教学改革问题发表自己的见解……正是因为长期得到几代名师亲自指点，能够不断从名师课堂中汲取源头活水，我对语文课程与教学的理论思考才不断深入，对语文课堂教学改革才能提出一些自以为有价值的见解。

由于专业研究工作的需要，我一直有意识地收集各地名师的课例以及国外母语教学案例，研究他们的教学主张、教学风格和教学方法，并经常对一些有代表性的课例进行点评，在刊物上发表。《小学语文教学》《教学月刊》《湖北教育》《小学教学设计》《小学教学》等多家专业刊物还曾陆续辟出专栏，发表我撰写的评课文章。去年上海教育出版社《小学语文教师》杂志杨文华主编建议我将发表过的一系列评课文章汇编成集，正式出版。我个人以为如果简单地将这些文章汇集成册，虽然也能受到广大小学语文教师欢迎，但价值有限。我在编辑整理资料的过程中突然萌发出一种想法：将以往发表的评课文章编为《今日风采》《昔日经典》《窗外景观》三册，这样一套评课系列丛书能让广大教师联系各个时代、各个区域小学母语教学的大背景去研读，或许对广大语文教师了解研究中外小学母语教学改革的状况更有启示！出版社对我的这一设想充分加以肯定，于是就形成了这套《听吴忠豪教授评课》丛书的编写思路。

《今日风采》（第一辑）收集了2000年以来各地语文教坛涌现的一大批中青年名师的精彩课例。这批名师至今仍然在小学语文教坛熠熠闪光，有些已经形成了自己的教学主张和教学风格，得到全国小学语文教师的广泛认同；但更多的还处于专业发展的上升期或成熟期。我在评点这些课例时发现，当下这批中青年语文名师为引领并推进我国语文教学改革作出了很大的贡献，在课堂教学实践中屡有创新，特别是在现代教学手段运用方面有很大的突破；但是与老一代名师相比，他们对语文课程性质任务的认识，在教学方法或教材处理等方面仍有不足，还有提高的空间。当下我国的语文教学正处于转型期，有许多理论与实践问题亟待研究，因此更需要先进的教育教学理论指引。为此我在点评时对课例中的亮点予以充分肯定，但对存在的问题也直言不讳地指出，并对如何改进提出个人意见。我以为这样的评课对广大语文教师，包括这批中青年名师专业发展更有帮助，也更能体现语文教学研究工作者的治学态度和专业精神。

《昔日经典》（第二辑）主要收集了20世纪七八十年代活跃在小学语文教坛的一批最有影响力的名师经典课例。这批名师中有被称为"小学语文教师三面旗帜"的斯霞、霍懋征、袁瑢老师，有被誉为我国小语界当代四大名师的于永正、贾志敏、支玉恒、靳家彦老师，还有至今仍在全国小学语文教师心目中享有盛誉的丁有宽、李吉林、左友仁、顾家璋、张平南、王燕华等老师。这批名师凝聚多年心血和智慧打造的一大批经典课例，代表了那一时期小学语文教学研究的最高成就，具有鲜明的时代特征，不仅不可多得，而且难以复制。联系当时语文教学改革的背景，结合现代语文课程与先进教学理念加以点评，可以让广大语文教师真实地了解那个年代小学语文课程与教学改革的实况。研读这些名师的经典课例及点评，不仅可以促进教师的专业成长，而且对推进当下语文课程与教学改革具借鉴作用。

《窗外景观》（第三辑）收录了我国台港澳教师以及国外教师的近20个课例。这些课有些是在大陆上过的，但更多的是从各种书籍或报纸杂志上摘录的。特别是外国教师的课例，基本都是翻译过来的。由于对母语课程的性质、功能认识各不相同，因此各地小学母语教学差异巨大。通过对这些差异的比较研究，我们可以更加清晰地发现台港澳及各国语文教学中的经验和教训，并从中获得收益。研读这些课例，对我国小学语文教学改革有着十分重要的理论意义和实践价值。当然，书中收集的有限课例很难全面显示出各国各地区母语教学的情况。比如近年来在大陆举办的各种语文教学研讨活动中，我们不时能够听到台港澳教师上的语文课。但是单凭这几节课来判断台港澳的语文教学，难免会得出盲人摸象的结论。因此我们在研读这些课例时，只能以窥斑见豹的方式，从一鳞半爪的课例中去窥视窗外语文课堂教学的景观，从差异中去寻找可资借鉴之处。发现并研究这些差异，可能更有助于我们探索语文课程与教学改革的正确方向。

编入这套丛书的大部分课例曾在各类书籍或刊物中发表。为保持原貌，引用的课堂实录和教学设计我只在文字上作了小的改动。课例点评部分，我按照自己近年来对语文课程与教学理论的研究体会进行了一定程度的修改。

正是诸多名师多年来奉献的优秀课例，才使得本套评课丛书编写有了坚实的基础和较高的起点。对此，我向这些长期在语文课堂辛勤耕耘并无私贡献自己心血和智慧的名师致以崇高的敬意。

期待这套评课丛书能为广大语文教师的专业成长助上一臂之力。

上海师范大学　吴忠豪

2020年5月

目录 | contents

阅读教学 /1

低年级阅读教学 /3

青蛙写诗 / 史春妍 /3

浅水洼里的小鱼 / 杨昱婷 /10

雷锋叔叔，你在哪里 / 金 玉 缪天祎 /20

从现在开始 / 谭姗姗 /29

午睡 / 冯 馨 /42

中年级阅读教学 /59

掌声 / 伍德友 /59

“番茄太阳” / 薛法根 /67

家乡的桥 / 周云燕 /84

鱼游到了纸上 / 闫君燕 /90

一枝白玫瑰（片段）/ 景洪春 /99

父亲的谜语 / 李伟忠 /108

高年级阅读教学 /122

莫高窟 / 诸向阳 /122

大瀑布的葬礼 / 魏玉梅 /137

祖父的园子 / 陈金才 /144

丑石（第一课时）/ 王林波 /160

习作教学 /169

我喜爱的动物 / 黄莉莉 /171

素描作文 / 薛法根 /192

成长的故事 / 董　蕾 /214

“老虎来了”（第一课时）/ 费　洁 /225

我家还缺啥 / 董尚元 /235

古诗文教学 /247

渔歌子 / 王林波 /249

高山流水 / 王雅琴 /264

文言文三则 / 罗才军 /277

猴王出世 / 王春燕 /292

整本书阅读指导 /307

我和小姐姐克拉拉 / 侯化珍 /309

冬阳・童年・骆驼队 / 诸向阳 /316

鲁滨逊漂流记 / 张淑英 /329

阅读教学

低年级**阅读教学**

青蛙写诗

执教者：江苏省南京市天妃宫小学　史春妍

【教学目标】

1. 认识本课 11 个生字和 2 个偏旁，学会书写“下、雨”2 个字。

2. 学习正确朗读课文，积累词语，感受诗歌的生动有趣。

3. 借助具体事物认识逗号、句号，初步感受它们的作用。

【评】

将识字、写字作为本课教学目标的第一条，将“学习正确朗读课文”作为教学目标的第二条，凸显了低年级的教学重点。这篇课文中出现了逗号、句号、省略号、感叹号、冒号、引号六种标点符号，但课后习题中只要求圈出逗号和句号，因此目标中只提出“认识逗号、句号”这两种标点符号，“初步感受它们的作用”，教师没有自行加码，拔高要求，切合教材编写意图，应该肯定。可以商榷的是：1.“教学目标 1”中提出认识“2 个偏旁”，在课后习题中并没有涉及，是否需要特意增加？ 2. 这篇课文要求学会书写“下、个、雨、们”4 个字，目标中只要求写 2 个字，这或许是教师限于教学时间的关系作的删减，但并不可取。如果时间不够，应该删去的倒是认识偏旁，而写字教学必须扎实到位，这是低年级课文教学的重点，不能打折扣。

【教学过程】

一、创设情境，导入课文

1. 今天，我们来学习一篇新的课文。（板书：青蛙写诗）齐读课题，注意正音。“写”是一个生字，它的部首是“秃宝盖”，（板书：秃宝盖）“平平屋顶秃宝盖，一根杂草也不生”，写的时候不能在上面加一点。

2.（播放雨声）让小朋友说说听见了什么。（出示词语：淅沥沥、沙啦啦，指名读）雨可真小啊，雨点儿落下的声音真轻啊！展开想象，用上这两个词说一说，小雨点“淅沥沥、沙啦啦”落在了哪儿。

3.（出示小青蛙的图片）小青蛙听见雨声，从池塘里跳了出来，开心地说：“我要写诗啦！”（出示句子，齐读）

4. 想看一看、读一读它的诗吗？（在黑板上贴上一排 14 个“呱”字，指名读）读完说说自己的感受。（让学生体会没有标点停顿的感觉）

【评】

教学伊始，教师播放雨声创设情境，让儿童走进雨天的情境和小青蛙相遇，有利于激发儿童的阅读兴趣，并通过情境巧妙地引出“淅沥沥、沙啦啦”两个拟声词，帮助学生化解词义难点；然后让学生展开想象，用上这两个词来说话，学生通过具体的语境不仅可以再次理解词义，而且能够明白这两个词语在怎样的语境中如何运用，提升了词语教学的质量。在这个环节中，教师特意出示青蛙写的没有标点的诗，让儿童通过朗读实践，感受句子中没有标点的弊端，为接下来体会句子中标点符号的作用埋下伏笔。

二、初读课文，整体感知

（过渡）如果没有标点就读不出诗的味道。于是，它的朋友来帮它一起写诗了。都有谁来了？又是怎么帮的呢？

1. 教师范读，要求：眼睛跟着声音走，老师读到哪里，小朋友的眼睛就要看到哪里。

2. 检查倾听的情况：都有哪些朋友来帮小青蛙了？（学生回答，出示朋友的图片和名字：小蝌蚪、水泡泡、一串水珠，指名读）

3. 识记生字“串”，指名读，（看图）小水珠一颗接着一颗连在一起，这就叫“串”。你还见过一串什么？根据学生的回答，引导学生观察字形，感受

“串”字的样子就像肉串、冰糖葫芦串。

4. 它们都是怎么帮的呢？请小朋友自己读读课文，注意读准字音，读通句子。

5. 开火车读课文，指导学生将课文读正确、读通顺。

【评】

低年级学生刚开始学习朗读，因此一定要有具体的指导，并保证学生有充分朗读课文的时间。这一环节教师精心设计了朗读指导过程，先是听教师的范读，要求“眼睛跟着声音走，老师读到哪里，小朋友的眼睛就要看到哪里”，让儿童直观感知朗读的要领；然后让学生自读课文；再是开火车读课文，检查学生朗读的质量。在朗读过程中，教师把重点定位在把课文读通、读顺上，尤其是“读顺”，这是低年级儿童学习朗读的重点：除了关注不增不减读正确之外，更要关注不用手指读，不能一个字或一个词地读，而是要有意识地训练学生一句一句地朗读，甚至一行一行地朗读，指导儿童连贯地读出句子，扩大儿童朗读的视域。这样具体的朗读指导，对开始学习朗读的低年级儿童是非常必要的。

三、精读课文，积累实践

1. 三个朋友都来帮小青蛙作诗，它们都是怎么帮忙的呢？（指名答）

2. 学生交流发言。（根据学生的回答，板书相关的标点符号，结合图画识记）

（1）学生读小蝌蚪的话“我要给你当个小逗号”，说说小蝌蚪要当什么。出示“逗号”卡片，和小蝌蚪比一比，像吗？大大的脑袋、细细的尾巴，这就是逗号。

（2）学生读水泡泡的话“我能当个小句号”。出示“句号”卡片，和水泡泡比一比。句号就是个小圆圈。

（3）学生读一串水珠的话“我们可以当省略号”。出示“省略号”卡片，数一数一共几个点。跟老师说它的名字“省略号”。出示词卡“我们”，看看省略号的样子，再结合上下文和插图想一想，水珠为什么不像小蝌蚪和水泡泡那样说“我”，而是说“我们”。（因为省略号是六个点，需要一串水泡泡来帮忙）

3. 分角色读小蝌蚪、水泡泡和水珠的话，记住三种标点符号的样子。

4. 有了朋友的帮忙，青蛙的诗真的写好了。（出示青蛙写好的诗）谁来读一读？

5. 在小青蛙的诗中，你找到逗号和句号了吗？把你找到的圈出来。

6. 青蛙的诗写好了，现在，你能帮青蛙把贴在黑板上的诗改好吗？（提供标点符号卡片，让学生按照课文去给黑板上的14个“呱”加上逗号、句号、省略号并分行。在这个过程中，相机点拨用法，“一句话未完，中间加逗号，一句话说完，结尾要画个圈”）

7. 小青蛙的诗终于写成了，听老师读，听听在不同的标点处老师是怎样停顿的。（教师范读，学生仔细听）

8. 学生模仿老师的停顿，自己练习朗读青蛙的诗。

9. 指名读，师生点评。小结：遇到小逗号，稍微停一下；一句话说完，就用小句号，停顿长一点；省略号表示还有内容在继续，所以声音要拖长。

10. 除了帮青蛙写诗，小蝌蚪、水泡泡、一串水珠也很乐意帮我们所有的人写文章。在我们的课文中，你还能看见它们藏在哪里吗？自己练习朗读，读出诗歌的停顿，感受诗歌的情趣。

【评】

这个环节的重点是帮助学生认识逗号、句号和省略号，直指教学目标。教师通过标点符号和蝌蚪、水泡泡、一串水珠图片的对比，形象、直观地帮助儿童识记逗号、句号和省略号的写法；然后再通过朗读示范展示这些标点符号的作用；再让学生反复朗读，进一步体会这些标点的作用；最后设计了动手加标点的练习，让学生对标点的书写及其作用有进一步的感受和了解。值得注意的是，教师指导学生认识标点符号及其作用，都是用儿童喜欢的方式来设计学习活动的，步步推进，环环紧扣。特别是安排学生自己加标点的活动，让学生在实践中掌握标点知识，学习这几种标点符号如何运用，符合学生的认识规律。学生在反复朗读过程中，可初步感受诗歌语言的节奏和情趣。

11. 小蝌蚪、水泡泡、一串水珠不仅会变成标点帮青蛙写诗，它们也很会表达呢。

出示句子："我要给你当个小逗号。我能当个小句号。我们可以当省略号。"（点红句中的"给你当、能当、可以当"，指名读）说说你有什么发现。

朋友们都是告诉青蛙自己能帮忙写诗，可是在表达的时候，用的词语却是不一样的。我们的汉语，词汇丰富，表达同一个意思时往往可以用不同的词语。

12. 我们一起再读一读这首小诗，背一背，体会体会。

【评】

教师抓住蝌蚪、水泡泡、水珠对"当"字的不同表达，让儿童体会，这对培育热爱祖国语言文字的情感，感受母语的生动与美好，丰富学生的词汇积累，有一定的帮助。特别是在理解课文的同时，引导儿童朗读、背诵，更能够帮助学生积累词汇，感受诗歌语言表达的美好。如果教师在讲读课文的同时，结合课文理解，适时出示"给、当、们、以"这几个生字，引导学生识记这些生字的义和形，那么更能够凸显低年级识字教学的重点。这个环节可以讨论的是"发现在表达上的异同，感受汉语词汇的丰富与有趣"的合理性。低年级语文教学中积累语言表达的经验虽然重要，但是与识字教学相比较，后者显得更加重要。儿童处于书面语言学习的初始期，这一阶段的重点应该是丰富学生的汉语词汇和对语言表达经验的感性认识。在儿童缺少语言经验的情况下，要求学生理性认识汉语多样化的表达，效果往往不会太好。

四、识记字形，学习书写

1. 复习生字词：雨点儿、写诗、可以、当、要、过来、我们、一串水珠、

写成。（认读词卡）

2. 出示生字“下、雨”，识记字形。

（1）出示笔顺表，学生自学笔顺。

（2）重点识记“雨”的字形。（画简笔画：雨点儿从云层中落下）下雨了，小雨点儿从天而降，看看图，再看看“雨”字，你会记住雨吗？（雨字上面的部分像云，里面的四个点像小雨点儿）用手比一比雨点儿落下的方向，风朝一个方向吹，所以小雨点儿的方向也是一致的。（教师在田字格里范写“雨”，学生跟着书空识记）

3. 指导书写。

（1）复习“垂露竖”的写法，“树梢挂着小水滴，顿笔要再向上回”；“点”的写法，“轻轻起笔重重回，头儿尖尖肚子圆”。

（2）教师范写生字“下”和“雨”，提示“雨”的四个点分布要均匀、对称。

4. 学生书写，教师巡视并关注写字的姿势，发现问题，反馈指导。

【评】

识字、写字是低年级语文学习的重要内容，因此在最后环节复习课文中的生字，指导学生写字，非常必要。在复习生字时，教师以词语形式展示，体现了字不离词的识字原则，有利于学生对字义的理解和词语积累。在写字环节中，教师重点指导“雨”字的字形和写法，通过简笔画让学生记住“雨”的字形，巧妙地将识和写结合起来，符合儿童的学习心理，扎实、有效。因为是一年级，所以在写字教学中，教师特别强调基本笔画的书写训练，用形象的图片、口诀引导儿童掌握书写时的起笔、运笔和收笔，可以为写好汉字夯实基础。可以讨论的是，课文中有11个生字，而在生字复习时只出示了9个；课文要求写4个汉字，但教师只要求学生写2个；教师指导笔画的写法，其实要求写的4个字中，“下、个”也有很典型的“垂露竖”，但教师却略过了，可能是教师的疏漏，或者是时间不够。其实每课的生字都应该复习到位，字字落实，要求写的字也不能打折扣。写字指导可以突出重点，不必平均使用力量，但必须保证学生每个字都书写几遍，这样才不会留下隐患。这是低年级课文教学的首要任务。时间不够怎么办？宁可压缩其他教学内容。

板书： **7 青蛙写诗**

小蝌蚪	逗号（，）
水泡泡	句号（。）
一串水珠	省略号（……）

【总评】

这是一堂比较成功的低年级阅读教学课。史老师抓住了识字、写字、朗读课文等教学内容，正确地把握住了低年级阅读教学的重点。特别是史老师根据低年级学生的心理特点，采用创设情境、改写句子、朗读背诵等儿童喜闻乐见的教学方法，激发学生学习情趣，让学生在亲身参与的实践活动中掌握知识，较好地完成了本课的教学目标。

整堂课的字词教学设计非常精心。教师结合课文语境帮助学生理解“淅沥沥、沙啦啦、串”，通过比较认识“我”和“我们”的不同用法等，花时不多，但效率很高。

教师对低年级朗读教学的目标把握非常准确。许多教师一遇到朗读，就要求学生有感情地朗读。其实低年级学生学习朗读，这一阶段的重点是把课文读正确，读流利，读得顺畅连贯。要把课文读得流利顺畅，就必须一句一句地读，一行一行地读，不能一字一顿、一词一顿地朗读。这样指导朗读可以有效扩大学生的朗读视域，让学生逐步形成熟练的朗读技能。熟练的朗读技能必须通过学生反复朗读实践才能逐步形成，因此教师设计了大量的朗读环节，通过范读、学生自读、开小火车读、读读背背等多种方式，引导学生反复朗读，在朗读实践中读熟课文。

识字写字是低年级课文教学的重点。教师在设计这堂课的过程中，对这11个生字音形义的难点分析，还显得有些粗糙，比如“给、以、成”这些生字如何记住字形，似乎缺少指导。总体上看，这堂课教师对标点符号的教学设计比较用心，而识字写字如何做到字字落实，还须多花些功夫去研究。识字写字是学习语文的基础，基础不牢，地动山摇。于永正老师说，读熟课文，认识课文中的生字新词，是每篇课文教学的“保底工程”。这堂课要求认识11个生字，写4个汉字，再加上学习朗读课文，学生的学习容量已经不小。对于课文中可以教学的其他内容，必须在确保“保底”任务切实完成的前提下适当添加，不能因为其他教学内容挤压或削减完成“保底”任务的教学时间，这是低年级语文教学必须遵循的基本原则。以上观点是否正确，请史老师并广大语文教师批评指正。

浅水洼里的小鱼

执教者：山东省威海市文登区教育教学研究培训中心　杨昱婷

【教学目标】

1. 认识“滩、甚、至、蒸、死、继、叨、乎”8个生字。写好“至、乎”2个字。

2. 正确、流利地朗读课文。结合课文重点理解“甚至、继续、在乎”等词语的意思。

3. 体验保护动物、关爱生命的情感。

【教学过程】

一、直接导入，激发情感，认识“滩”，理解“浅水洼”

（课前板书课题，板贴好小鱼卡片）

师：同学们，今天，杨老师和你们一起学习一个小故事，故事的名字叫

什么？（生读课题）

师：仔细观察这三个字，里边都有什么？

生：水。

师：所以浅水洼里一定有——

生：水。

师：但水多吗？

生：不多。

师：你从哪个字看出来的？

生：浅。

师：非常聪明！所以，浅水洼就是浅浅的小水坑。

师：来，看看书上的插图，这些浅水洼在哪儿？

生：海边、沙滩。

师：对，在海边的沙滩上。（师板画海水、沙滩）

师：（出示：滩）大家看，这是什么字？来，读两遍。仔细看“滩”，你有什么办法记住它？

生：三点水加上难。

师：嗯，加一加，不错！还有什么办法记住它吗？以前在哪儿见过这个“滩”字吗？（生答）是啊，在生活中识字也是很好的识字方法啊！来，读读这个词。（生读）再读！（板贴沙滩）

师：就在这片沙滩上，很多很多的小鱼被困在浅水洼里回不了大海，（板画小圆圈，代表浅水洼）火辣辣的太阳照在沙滩上，（板画太阳）此时，你最想知道什么呢？

生：小鱼的命运。

【评】

结合课题，认识生字“滩”，引导学生用自己喜欢的方法记住生字，扎实而有效。“浅水洼”虽不是生字，却是学生不理解的“新词”，在读课题的同时顺便理解，有助于学生正确理解课文的思想内容。课题导入语言简洁，重点突出。

二、学习第1自然段，体会处境，认识“滩、甚、至、蒸、死”，理解“甚至”

师：多有爱心的孩子们！是啊，可爱的小鱼最终会怎么样呢？请同学们自由地、反复地朗读课文。如果遇到不认识的字，就读读拼音，问问同学或老师。如果遇到难读的句子怎么办？（生答）好的，就按同学们说的这样开始读书吧！

（生自由读书。教师巡视，发现学生的困难）

师：怎么样？课文读通顺了吗？我发现有一段不容易读好。（课件出示第1自然段）同学们先自己练一练，待会儿读给大家听。

（生自由练读）

师：好，谁敢站起来读给大家听？哦？这么多小勇士！这样吧，男同学推荐一位，女同学推荐一位！（生推荐）看来，你们很优秀，好好读哦！其他同学要一边看书，一边听，听听他们读得好在哪里。

（两生分别读第1自然段）

师：他们读得好不好？好在哪里？

（生评，引导生生互动）

师：说这段话难读，是因为在这段话里，有很多生字。不信大家对照课后的“我会认”找找，看看都有哪些生字。

（生说，师在课件上点出）

师：来，一起读读这些字。（出示：滩、甚、至、蒸、死）

师：来，咱们再倒着念一遍。

师：这次，我指哪个，你们就读哪个，咱们跳着念一遍。（最后读“蒸”）

【评】

低年级阅读教学，既要让学生读通课文，又要引导学生认识生字。识字既是阅读的前提和基础，也是阅读本身的目的。杨老师在学生读通课文以后，特意让学生找出5个生字，通过课件凸显这些生字，然后带着学生读读生字，再倒着读生字，最后再指着读生字。通过反复强化记忆，突出识字重点。

师：“蒸”是本课要求认识的生字里边最难写的，请同学们看老师写写。（在太阳旁边写）先写一个——草字头，再写一个——了，左右两边我们以前在哪个字里见过？对，水字。这里还有一条小短横，以后写的时候千万别漏掉。最后是——对，四点底。大家看，这四个点像什么？

生：水珠。

师：让我们看看古时候的“蒸”字，（板贴古体字：蒸）下边是什么？

生：火。

师：让我们想想，你吃过哪些蒸的东西？（生答）那么，蒸熟这些用得到火吗？所以，一看到“蒸”，我们就会想到——

生：很热，很烫。

师：那谁再来读读这句话？（字体变红）读出这种像火一样蒸烤的感觉。（指名读：用不了多久，浅水洼里的水就会被沙粒吸干，被太阳蒸干。这些小鱼都会干死。）

师：（指导）被沙粒怎样？

生：吸干。

师：再读！被沙粒——（生：吸干）被太阳——（生：蒸干）这些小鱼——（生：都会干死）这次让我们感觉到热、烫了。大家一起来！“用不了多久”，开始！（生齐读）

【评】

将生字放回到课文中去，通过反复朗读促进学生对生字字义的理解，又帮助学生理解课文，体会小鱼危险的处境，从而很自然地读出思想感情。做到了识字和阅读的有机结合。

师：这些小鱼都会干死，有多少小鱼？

生：被困的小鱼，也许有几百条，甚至有几千条。

师：你会联系上面的句子理解下面的句子，非常好！被困的小鱼，也许有——（生：几百条）甚至有——（生：几千条）

师：这个句子里有一个新词，我们以前不太会用，是哪个词？

生：甚至。

师：再读！仔细看“甚”，怎样记住它？哦，加一加，好办法！那“至”怎样记呢？这次又是减一减，也不错！来，我们一起合作，用“甚至”说几句话，好吗？请看大屏幕。

（课件出示：

沙滩上的浅水洼，也许有几百个，甚至有________。

田野里的小花，也许________，甚至有________。

森林里的大树，也许________，甚至有________。

被困的小鱼，也许________，甚至有________。）

师：（总结）我们来看，几百个，几千个，几百朵，几千朵，前面的和后面的相比，哪个更多？

生：后面的。

师：所以，“甚至”用到句子里，就表示后面比前面的意思更进一步，明白了吗？光明白不行，还要读出来。（课件最后两句变色）“被困的小鱼，也许有几百条，甚至有几千条。”我们来试试。

生：（齐读）被困的小鱼，也许有几百条，甚至有几千条。用不了多久，浅水洼里的水就会被沙粒吸干，被太阳蒸干。这些小鱼都会干死。

师：（点击“死”字，“死”字变大）这是什么字？看着小鱼将要“死”去，想着可怜的小鱼，你的心情怎样？那就让我们再读这两句话，读出我们的伤心和难过。（把“死”字点回）“被困的小鱼，也许有几百条，甚至有几千条。”（生有感情地读）

【评】

读读课文，识识生字，再将生字放回到课文中去读读。通过反复朗读帮助学生读懂课文，并且强化对生字的记忆和对字义的理解，较好地处理了低年级阅读教学中识字和理解课文的关系。需要注意的是，这一段课文中的5个生字，除导入课题时教过的“滩”字，其余4个生字教学都结合课文朗读作了精心的设计，字字都有落实。特别是“甚至”，既是生字，又是新词，教师在引导学生记住字形以后，指导学生用“甚至”说几句话，结合具体的语境，让学生理解词义。如果抽象地解释“甚至”是“表示后面比前面的意思更进一步”，学生就很难理解。

三、学习第2自然段和最后一个自然段，感受爱心，认识“继、叨、乎”，理解“叨念、在乎”

师：面对这样一些小鱼，文中的小男孩是怎么做的？谁来读读课文的第2自然段？（课件出示第2自然段，指名读）

师：跑向大海干什么？然后再怎么做？接着呢？停不停？所以，文中用了一个非常特殊的标点符号，是什么？

生：省略号。

师：同学们懂得真多。其实刚才，你们已经把省略号省去的话都说了出来。面对这样一些小鱼，文中的“我”没有停下脚步，而是接着往前走，“接着”——课文中用了一个什么词来表示呢？（继续）很会理解。来，你领大家读一读这个词语吧！（生领读“继续”）（点击“继”字，“继”字变大）谁再来领读这个字？（生领读“继”）非常感谢！

师：下面，我们要继续上课，文中的小男孩要——

生：继续捡鱼。

师：那他在怎样地捡？怎样地扔？又在怎样地说呢？请同学们自己读读课文的最后一句话。

（课件出示最后一句话：

他不停地捡鱼扔鱼，不停地叨念着：“这条在乎，这条也在乎！还有这一条、这一条、这一条……”）

（生自由体会读）

师：谁来读读这句话？（指名读）等一下，用这样的速度来捡，来扔，行吗？速度应该——好，你再来读读这一句，好吗？（生读）很有进步！

师：杨老师也想读一读，可以吗？请大家仔细听，我读的和他读的有什

么不一样？（师背读）

师：有什么不一样？（生评：动作、表情、背诵）有没有听出来，我们俩谁的声音大，谁的声音小？其实，我是看到这句话里的一个词才小声读的，你知道是哪个词吗？

生：叨念。

师：（出示卡片：叨念）来，读一读！叨念，“念”跟在“叨”后面读第几声？对，轻声，再读一遍！

师：“叨”也是本课要求认识的生字。仔细看，谁来说说“叨”字怎么记呀？你说。（生交流）这么说，右边这部分表示这个字的读音。再看它的偏旁，你觉得这个字应该跟什么有关？

生：嘴、口。

师：是啊，口字旁表示它的意思，“叨念”就是指用嘴巴小声地念叨、咕噜。来，让我们捡起小鱼，（师生同做捡鱼的动作）通过朗读，读出“叨念”的意思。“他不停地捡……叨念着……”读！

师：你们发现没有，在这句话中，除了“叨念”的“念”读轻声之外，还有一个字也读轻声？（出示卡片：在乎）来，你领大家读三遍！

（生领读）

师：谢谢你！

师：“乎”也是本课要求认识的字，看到它，你会想到以前学过的哪个字？

生：呼，（师把卡片展开，出示乎和呼）怎样才能把它们俩区分开？（生答：“呼”去掉口字旁就是“乎”）多好的办法！大家记住了吗？来，读一读！这条——这条也——还有——接着往下说，还有——也就是说，所有的小鱼都——让我们把这句话拉长，所有的小鱼都在乎什么？

生：生命。

师：这个小男孩更在乎——是啊，小男孩捡起的、关爱的不只是一条条小鱼，而是一个个鲜活的生命啊！

【评】

这个环节教师结合两段课文的学习，着重教学了“继续”“叨念”“在乎”这3个词语的意思。怎么让学生理解“继续”的意思？教师通过近义词替换，巧妙地引出“继续”这个词，然后又利用生成的课堂语境，有意识地强调“我们要‘继续’上课，文中的小男孩要‘继续’捡鱼”，让学生在语境中进一步体会“继续”的用法。这对学生深入理解词义以及今后正确运用这个词做了很好的准备。怎样理解“叨念”？教师通过朗读语气的处理，让学生感悟出“叨念”就是用嘴巴小声地念叨、咕噜，然后让学生通过朗读自己再来体会词义。还有“在乎”一词，教师没有直接作概念的解释，而是通过朗读：“来，读一读！这条——这条也——还有——”“所有的小鱼都在乎什么？（生答：生命）这个小男孩更在乎——是啊，小男孩捡起的、关爱的不只是一条条小鱼，而是一个个鲜活的生命啊！”这样的朗读指导不仅让学生领会了“在乎”的词义，更让学生感悟到小男孩对生命的关爱，点明了课文的主题。三个词语的教学各有特点，充分体现了阅读中识字，特别是理解字（词）义的特点和优势。

四、游戏巩固识字，指导写好“乎、至”两个字

师：同学们，你们想不想像小男孩一样，把一个个鲜活的生命送回大海？那下面，我们就来玩一个“救小鱼”的游戏。我们把桌面当作浅水洼，浅水洼里都有一些小鱼。（师示范）你看，从里边摸出一条小鱼，读出生字，并进行组词，大家跟读两遍，这条小鱼就得救了。会玩吗？小组同学轮流来摸，轮流领读，看哪个小组最先把小鱼全部救出来。开始吧！

（小组玩“救小鱼”的游戏，巩固识字）

师：怎么样？小鱼都救出来了吗？那我们该把它们送回大海了。一起抢答！

（师举卡片，生集体抢答，随机抽生把小鱼“送回大海”）

【评】

低年级学生的心理特点是记得快忘得也快，因此巩固生字是低年级识字教学必不可少的重要环节。教师依据课文内容，巧妙地设计了“救小鱼”的游戏来巩固识字，不仅可以加深记忆，激发兴趣，而且可以让学生在游戏中再一次感受对生命的关爱。

师：大家看，你在乎，我在乎，大家都在乎，于是更多的小鱼回到了大海。让我们仔细观察一下“在乎”的“乎”。在这个字里，有一笔特别突出，它让整个字不倒不歪，非常平稳，是哪一笔？

生：横。

师：是啊，这条横就是这个字最主要的笔画。再看这个字，（出示：至）跟“乎”字一样，它也有一横是整个字的主笔，你发现了吗？（生答）

师：多会观察！大家看，这两条横都比较长，比较平，写的时候一定要注意。好，请同学们拿起笔，一起来做：身挺直，头摆正，肩放松，脚放平，每个字只写一遍，开始。

师：好了，写完的同学同桌俩换过来，互相评一评。哪个字写得好，就奖励他一面小旗。（同桌互评）好，得到两面旗的请举手！（生举手）非常棒！课后再多写几遍，相信你能写得更好！

【评】

因势利导指导写字，通过写字进一步巩固生字，是低年级阅读识字教学中不可缺少的环节。这堂课教师指导写字没有停留在把字写正确，而是找出了“乎、至”中间都有一横为主笔，对这两个字重点加以指导，引导学生发现汉字的写字规律，从而把字写得更好。

师：同学们，由于时间的关系，这节课我们就学到这里。下节课，我们将继续读好这个充满爱心的小故事，继续识好字、写好字，好吗？好，下课！

【总评】

低年级课文教学承担着阅读和识字的双重任务。然而当下低年段的语文教学中，不少教师的教学重心偏向课文的阅读理解，将课堂上大量时间用于对课文中人文情感的感悟体验，而放在识字教学上的时间严重不足。

有些教师只是在教学课文前把生字读两三遍；课文讲读环节侧重对课文内容的理解和情感的感悟；总结课文时往往也是侧重对课文思想情感的感悟体会。这样教学语文课文，势必造成识字教学边缘化。识字不扎实，会直接影响学生以后的阅读和写作，后患无穷。杨老师上的这堂语文课，识字与阅读关系的处理比较成功。教学目标明确，识字重点突出，有很多值得我们借鉴的地方。

1. 在阅读中识字，寓识字于阅读教学的全过程。杨老师始终关注识字与阅读两项任务的正确处理。我们看教学设计中四个环节的标题：一、直接导入，激发情感，认识“滩”，理解“浅水洼”；二、学习第 1 自然段，体会处境，认识“滩、甚、至、蒸、死”，理解“甚至”；三、学习第 2 自然段和最后一个自然段，感受爱心，认识“继、叨、乎”，理解“叨念、在乎”；四、游戏巩固识字，指导写好“乎、至”2 个字。每个教学环节都非常醒目地列出阅读和生字教学的具体要求，与不少低年级教案的环节设计只有人文内容没有生字教学形成鲜明的对比。

2. 精心设计每个生字的教学方法。本课要求教学 8 个生字，杨老师对每一个生字如何出现，如何教学，都进行了精心设计。备课时她对每个字音、形、义的难点都进行了深入研究，然后有侧重地进行教学。比如“滩”字侧重字形的教学；“叨、乎”在课文中读轻声，所以重点在读准字音；而像“甚至”“继续”这 2 个生词，学生比较难理解的是意思，就侧重词义教学；“死”这个生字，学生生活中非常熟悉，可以一笔带过。这样教学生字，不但突出了识字难点，也节省了教学时间，提高了识字效率。结合阅读教学生字以后，又对如何复习生字，如何指导写字，作了精心安排。这样设计教学，就很自然地凸显了识字教学重点，因而学生识字就比较扎实。课后对生字教学效果进行检查，学生对本课 8 个生字识读正确率达到 100%。

3. 结合具体语境理解字义。与集中识字相比较，阅读中识字的一大优点是结合语境识字，容易理解字义，也有助于生字的运用。比如“甚至”“继续”“在乎”3 个生词，词义理解是难点。杨老师没有抽象地解释词义，而是结合课文语境，让学生通过朗读句子领会词义，然后创设其他语境，让学生通过运用加深理解。这样学生不但理解了词义，而且为以后在其他语境中运用作了铺垫。大家可以再仔细读一读这几个字词的教学过程，这对如何有效教学字义乃至中年级以后的词义教学都很有帮助。

4. 加强写字教学。以往低年级的写字教学是孤立进行的，总是将写字放在第二课时，拿出一节课的时间来把本课要求会写的8—10个字进行集中书写，反复机械地抄写会让学生感到枯燥、乏味。杨老师今天留出几分钟时间适时进行写字指导，学生在课堂上不仅仅是动脑、动口，还要动手写一写，通过写巩固生字。写的时候，杨老师还特别挑选了“乎、至”2个字指导书写，重点指导学生写好中间这一横，引导学生在比较中观察，在书写中体会，在评价中感悟写字规律。

有老师会提出，低年级课文教学突出识字重点，是否会造成阅读教学任务的旁落？其实不会。杨老师结合“蒸”字的教学，让学生通过朗读感受小鱼危险的处境；抓住“在乎”一词的教学，不仅让学生领会了“在乎”的词义，更让学生感悟到小男孩对生命的关爱；课堂最后教师巧妙地设计了“救小鱼”的游戏，不仅起到巩固识字的作用，而且让学生通过操作亲自体验对生命的关爱。这样处理阅读与识字任务，使阅读教学显得充实而不空洞，用识字帮助理解课文，用朗读帮助理解字义，学生既读懂了课文，又完成了识字任务，实现了识字与阅读的双重收获。

雷锋叔叔，你在哪里

执教者：江苏省常州市新北区小河中心小学　金玉　缪天祎

【教学目标】

1. 正确认读13个生字，学写9个生字。

2. 能正确、流利、有感情地朗读诗歌，读出诗歌的节奏与韵律。在反复诵读中领会无私奉献、全心全意为人民服务的“雷锋精神”。

3. 根据课文的内容讲故事，并学讲身边的雷锋故事，能把故事说清楚，说完整。

【评】

课文中有“我找到了身边的雷锋”的提示，教师据此制定了讲故事的目标，要求学生讲述课文中的故事，讲述身边的雷锋故事。这一教学目标符合这篇课文的编写意图，也有利于对学生进行说话训练，并且能引导学生深入体会雷锋精神。低年级说话重点是把故事说清楚，说完整，让人听得懂，并且要求学生说话声音响亮，态度大方，重在说话习惯的培养。目标中对讲故事的要求把握得也比较准确，符合低年段学生的说话要求。

【教学过程】

一、看雕塑，听故事，初识雷锋

1. 观看雕塑，说说“雷锋”外貌。

出示课文插图雕塑，学生观察并说说看到了一位怎样的解放军叔叔。

学生说话要点：穿着、神态、动作。

教师补充介绍：这位解放军叔叔全心全意为人民服务，是每个人学习的榜样。他的一生十分短暂，因公务去世时，才 22 岁。他就是全心全意为人民服务的雷锋叔叔，让我们亲切地叫一叫他。

出示：雷锋叔叔。指导学生朗读，读好“叔叔”的轻声，带领学生书写“锋”字。

2. 讲故事，谈“雷锋”印象。

雷锋叔叔是一名解放军战士，他为人民做了许多好事。当时流传着这样一句话：“雷锋出差一千里，好事做了一火车。”谁来讲讲你课前搜集到的雷锋故事，谈谈雷锋叔叔给你留下了怎样的印象？

二、读课文，学短语，认读生字

1. 自读课文。

第一遍：圈出生字词，读准字音，难读的字词多读几遍。

第二遍：把句子读通顺、读流利，难读的句子多读几遍。

2. 学习短语。

（1）说说我们可以到哪儿寻找雷锋的足迹。

出示“长长的小溪、弯弯的小路”，读好词组。

（2）在长长的小溪边、弯弯的小路上，雷锋叔叔分别帮助了谁？

出示“迷路的孩子、年迈的大娘”，读好词组。

出示大娘图，猜一猜：“年迈”是什么意思？（年纪大）

（3）看图片，说短语，读好生字。

出示图片，观察图片，填充短语：

（　　）的细雨

（　　）的荆棘

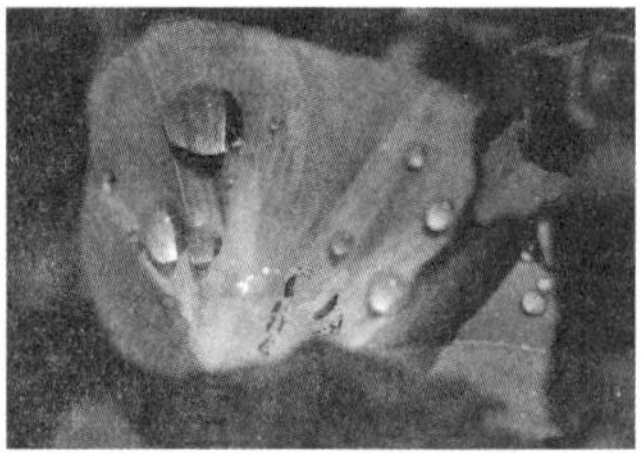

（　　）的露珠

（　　）的花瓣

提示1：观察图片，认识“荆棘”是一种带刺的植物，读好“荆棘”。

提示2：读好“莹”的后鼻音，并猜一猜：“晶莹”是什么意思？（光亮而透明）

（4）出示一组词语和短语，读一读，比一比，说说加上形容词让你感受到了什么。

小溪　长长的小溪

小路　弯弯的小路

细雨　蒙蒙的细雨

露珠　晶莹的露珠

3. 朗读课文。

（1）指名三四位学生朗读课文，对朗读中的个性错误及时纠正，对共性问题集体指导，使学生读正确、读流利。

（2）标出诗句的停顿，指名读出诗歌的节奏。

（3）分男女生读，全班齐读，读出诗歌的韵律。

提示：给“足迹”找近义词“脚印”，对比朗读哪个词在小诗中读起来更好听，了解“足迹”读起来更押韵。

【评】

这一部分结合课文朗读教学课文中的生字新词。以自读课文开始，两遍阅读有不同的要求，第一遍要求正确，第二遍要求流利。字词教学以后再次朗读课文，指名读，男生读，女生读，全班齐读，学生至少读了六遍课文，朗读非常充分。词语教学突出形容词的运用，在括号中填形容词，在名词前面加上形容词，引导学生体会形容词的作用，为后面讲故事练习作好铺垫。

三、结合第 1、第 2 自然段，学讲故事

过渡：让我们一起先沿着长长的小溪，寻找雷锋的足迹。

1. 读课文第 1、第 2 自然段，用一两句话把故事讲清楚、讲连贯。

（1）指名读，其余同学思考：这两个自然段写雷锋叔叔做了什么好事？

（2）学生讲故事，要求把人物、事件说清楚、讲完整，声音要响亮，态度要大方，一两句话即可。如：雷锋叔叔冒着细雨，送迷路的孩子回家。相机指导学写生字“冒”。出示小篆：。“冒”在古时候就是帽子的意思，上部像帽子的形状，两横左右不沾，下部的“目”代表人头。文中的“冒着”是指不怕被雨淋湿。

2. 抓形容词，想象画面，用两三句话把故事讲完整。

（1）这件事发生在哪儿？那天天气又是怎样的？

根据学生回答出示：长长的小溪、泥泞的小路、蒙蒙的细雨。

组织学生讨论：把诗歌中的“长长的、泥泞的、蒙蒙的”去掉可不可以？

要点1：“长长的”形容小溪，表示送孩子回家的路很远，要走很长时间。

要点2：相机出示泥泞的道路图，读好“泞”的后鼻音，猜一猜“泥泞”是什么意思。（道路烂泥淤积，很难走）

要点3：“蒙蒙的”可以看出天气不好，雨又细又密，会把雷锋叔叔的头发、衣服淋湿，小路也会更加泥泞。

教师小结：课文加上“长长的、泥泞的、蒙蒙的”三个词语，突出了雷锋送孩子时的困难。

（2）读句子“沿着长长的小溪，冒着蒙蒙的细雨，泥泞路上的脚窝……”，加上这些词语来讲一讲雷锋送孩子的故事。

提示：抓住课文中的这些词，把故事发生的地点、天气讲清楚，画面就出来了。

例：小雨淅淅沥沥地下着，雷锋叔叔冒着蒙蒙细雨，紧紧地抱着他。小路泥泞，雷锋叔叔小心地走着，生怕滑倒，摔着孩子。

（3）组织学生评价：故事完整一颗星，运用了合适的词一颗星，声音响亮、态度大方一颗星。

【评】

这一环节重点指导学生读故事、讲故事，要求用一两句话把雷锋送孩子的故事讲清楚、讲连贯。第一步是读懂故事，理解雷锋叔叔做了什么好事，把故事讲清楚；第二步理解“长长的、泥泞的、蒙蒙的”三个词语的意思，加上这些词语讲好故事，既有助于词语的积累和运用，又能帮助学生体会雷锋送孩子时的困难；第三步要求学生想象仿佛看到了什么，讲出当时的情形；最后再组织学生进行评价，明确评价的要求。环环紧扣，步步深入，设计非常精心。评价目标“故事完整一颗星，运用了合适的词一颗星，声音响亮、态度大方一颗星”，缺少把故事“讲清楚”这个基本要求，这是本课讲故事的重点，似乎不宜遗漏。

四、结合第 3、第 4 自然段，学讲故事

过渡：让我们顺着弯弯的小路，再次寻找雷锋叔叔的足迹。

1. 同桌合作学习课文第 3、第 4 自然段，用一两句话把故事讲清楚、讲连贯。

（1）要求：同桌合作朗读课文，说给同桌听一听，这两个自然段写雷锋叔叔做了什么好事。

（2）展示交流，把故事讲清楚、讲连贯。

同桌合作读课文，教师指名评价。指名采用不同方式合作朗读的同桌进行展示。

同桌一人用一两句话讲雷锋的故事，另一人评价有没有讲清楚、讲连贯。

2. 抓形容词，想象画面讲故事。

（1）第 3、第 4 自然段中也有形容词，用笔画出你认为重要的形容词，说说原因。

要点 1：“弯弯的、路上的”说明小路不直，而且路上长满了荆棘，有可能会划破脚，划破衣服。

要点 2：“晶莹的”说明大娘很难背，雷锋叔叔出了很大力气，流了很多汗。

（2）读句子“顺着弯弯的小路，踏着路上的荆棘，雷锋叔叔……”，你仿佛看到了什么？加上形容词讲讲雷锋背大娘的故事。

例：弯弯曲曲的小路上长满了荆棘，雷锋叔叔背着年迈的大娘，累得满头大汗。他小心地往前走，生怕路上的荆棘刺伤大娘。

（3）组织学生运用三星级标准进行评价。

教师小结：刚才同学们抓住形容词想象画面，讲述了雷锋叔叔冒雨送孩子、踏荆棘背大娘的画面，课后可以选择一个画面写一写。

【评】

这一环节继续引导学生练习讲背大娘的故事，要求用一两句话把故事讲清楚、讲连贯，讲的过程中适当加上课文中的形容词，与前一次讲故事的要求完全一致，评价标准也完全一致。这样围绕一个目标进行反复多次的练习，能有效地提高学生讲故事的能力。与前一次练习的区别主要是教师在学生讲故事之前先让学生充分朗读，然后要求同桌互讲，相互指正，再全班交流点评。这样的设计面对的是每一个学生。其实课堂里最需要练习讲故事的是那些平时不愿举手发言的学生，教师应该让每个学生都有练习机会，特别是那些平时缺少练习的学生，这是非常有必要的。

五、认写生字，寻身边雷锋，悟温暖春风

1. 朗读课文。

指名读第 5 自然段，指名评价。

2. 识记字词。

（1）学习第 5 自然段中的生字“需”“献”，用加一加的方法识记生字。拓展积累：献出爱心、献出生命、献上鲜花等。

（2）猜测词义。猜猜这一自然段中“寻觅”的意思，说一说，你是用什么方法猜测词义的。

提示：在文中给“寻觅”找近义词“寻找”。

3. 升华情感。

（1）再次引读第 5 自然段：乘着温暖的春风……

（2）春风拂面，温暖人心，读了这首小诗，你觉得什么也像春风这般温暖？

提示：品悟雷锋叔叔献爱心的行为就像春风一般温暖。

（3）学写“温暖”。

左右结构的“温”和“暖”都体现汉字的谦让之美，写“温”字，三点水，窄又长，日和皿，矮又胖；写“暖”字，日字旁，要变窄，“爰”和“爱”，要区分。

4. 出示一组图片，用一两句话说一说身边的雷锋故事。可以说图上的故事，也可以说自己生活中发现的故事。

小结：哪里有需要献出爱心，就出现在哪里的人，都是我们身边的“雷锋”。

【评】

第 5 自然段的教学方法也很简单，读读课文，结合朗读教学字词，然后要求学生“用一两句话说一说身边的雷锋故事。可以说图上的故事，也可以说自己生活中发现的故事”。说话要求与前两次讲故事基本一致。如果教师延续前两次讲故事的要求，继续提出“把故事讲清楚、讲完整”，并且要求“注意运用适当的形容词”，对达成本课的教学目标效果会更好。

六、朗读全文，巩固字词，指导书写

1. 合作朗读。

同桌合作读，说说你为什么要用这样的方式合作朗读。

提示：这首小诗，有问有答，所以采用你问我答的方式合作朗读。

2. 巩固字词。

3. 指导书写。

“弯、留、背”三个字都是上下结构，且都是上宽下窄，注意上下对正。

【评】

识字、写字是低年级教学的基本要求，课文最后环节巩固字词，指导书写，非常必要。在本课要求书写的几个生字中，重点指导书写上下结构的三个生字，提示写好这些生字的注意要点，指导到位。

【总评】

课文是一首儿童诗，语言优美，内容浅显，学生理解并不困难。教师除完成识字、写字、新词教学之外，将教学重点放在把故事讲清楚、讲完整的指导上，利用课文内容训练学生的口语表达能力，有效提升了课堂教学的效率。

这堂课教师采用的教学方法简单朴实，就是读读课文，学学字词，讲讲故事。整堂课里教师讲得不多，大量的时间用在学生自己读课文、讲故事这些实践活动上，很好地体现出了语文课实践性的特点。

在整堂课教学中，教师非常重视学生的朗读，朗读贯穿始终。从导入课文开始就让学生自己反复朗读课文，自己读懂课文；然后再结合课文教学，分节朗读课文；最后在字词复习阶段又让学生合作朗读课文。我们都知道，朗读是学生学习语文的重要基本方法。如果仅仅是读懂课文，那么像这样的现代儿童诗，学生读一两遍足以理解。但如果是要学生熟悉、内化课文语言，并且培养学生的语感，那么非反复朗读不可。学生朗读时不仅要读正确，读流利，还要读得滚瓜烂熟。教师在这堂课里强调朗读，用各种形式引导学生反复朗读，可见对朗读功能价值的理解非常深刻。这是值得每一个语文教师学习的。

这篇课文的课后练习题有“读句子，想画面，再根据课文内容说一说”的要求，教师据此设计了三次讲故事活动。先是要求学生根据课文内容讲雷锋雨天送孩子、踏荆棘背大娘两个故事，要求把故事讲完整、讲清楚，在讲述时注意用上适当的形容词；再是让学生讲述身边的雷锋故事。会讲故事是一种重要的语文能力，从低年级开始就应该培养。这堂课要求学生根据课文内容讲故事，既可以培养学生的口头表达能力，又能够在讲故事的实践中让学生加深对课文内容的理解，感受全心全意为人民服务的雷锋精神。低年级学生说话时运用的往往是简单的词句，小路就是小路，道路就是道路，露珠就是露珠，一般不会主动用形容词来修饰，说成“弯弯的小路”“泥泞的道路”“晶莹的露珠”。教师针对学生语言表达的特点，提醒学生加上合适的形容词，可以突出雷锋精神，并且要求学生在讲故事时适当用上这些词语。这样有针对性的具体指导，对学生认识词语运用策略，提高语言表达质量会起到积极的作用。

领会无私奉献、全心全意为人民服务的“雷锋精神”，是本课教学的一大目标。教学过程中教师没有专门设计“什么是雷锋精神”“学了课文你想对雷锋叔叔说什么”这类问题让学生讨论，而是在朗读过程中，在讲故事的过程中，让学生自己体会雷锋精神，将对雷锋精神的体会贯穿于整堂课的学习过程中。结合语文学习过程引导学生领悟人文内涵，获得思想熏陶，这是语文课程思想教育的最佳方式，值得提倡。

从现在开始

执教者：上海市第一师范学校附属小学　谭姗姗

【教学目标】

1. 认识“之、轮、期、第、任、惯、式、眯、郑”9个生字，能在田字格中正确书写10个生字。

2. 分角色朗读课文，能在理解的基础上读出对话语气。

3. 学习用不同的句式进行有序表达。

4. 通过学习课文懂得做任何事情不能只考虑自己，要尊重别人的道理。

【教学过程】

一、情景导入，揭示课题

（媒体出示森林、小动物图，配乐）

师：这是一座美丽的大森林。在这里，住着许许多多可爱的动物。你们听，小鸟在唱歌，瞧，小鸭子也一摇一摆地走来了，还有——

生：大象、小兔、熊猫……

师：森林里的小动物全都出来了。这可真是一个热闹的早晨！

（师身上贴狮子的卡通图片扮演狮子王）

师：我是狮子，是“万兽之王”。

（出示词卡：万兽之王）

师：知道什么是“万兽之王”吗？

生：“万兽之王”就是万兽里的大王。

师：对，万兽里的大王、首领，这里的“之”就是“的”的意思。

师：（指自己）我的本领是管理所有的动物。你们是谁呀？能介绍一下自己吗？

生：我是鹦鹉，我会学人说话。

师：你的本领可真大！

生：我是豹子，我跑步很快。

师：我知道，你是跑步冠军呢！

生：我是小白兔，我喜欢吃萝卜。

生：我是螃蟹，我喜欢横着走路。

生：我是百灵鸟，我的歌声可好听啦！

生：我是猫，我会在夜里出来捉老鼠。

师：是啊！你们都有自己的生活习惯。今天，我在这里召开森林大会，是要正式地告诉大家一件很重要的事情，我宣布——

（播放动画配音：

从现在开始，你们轮流当万兽之王，每个动物当一个星期，谁做得最好，谁就是森林里的新首领。）

（出示词卡：星期）

师：一个星期有几天？

生：七天。

师：今天星期几？

生：今天是星期二。

师：请你们也来学学“万兽之王”，看谁能把这句话读好。

（指生朗读）

师：嗯，很流利。这可是狮子大王在说话，能不能读得更加神气些？

（指生朗读）

师：真威风，就像一个万兽之王！来，我们大家一起来读读。

（全班齐读）

师：“从现在开始”就是我们今天要学习的这篇课文的课题。

（板书：从现在开始）

（生齐读课题）

【评】

从解释“万兽之王”开始引入教学，创设情境。

二、初读课文，整体感知

师：让我们一起走进这个有趣的童话故事，请一位同学读读自学要求。

（媒体出示自学要求：

1. 借助拼音读准生字。

2. 读通句子，做到不加字、不漏字。

3. 找一找：课文写了哪几种小动物当了万兽之王？）

（指生朗读）

师：打开课本，按要求边读边思考。

（生自读课文）

师：课文写了哪几种动物当了万兽之王？

生：猫头鹰、袋鼠、小猴子当了万兽之王。

师：能不能用上一个“和”字再来说说？

生：当了万兽之王的有猫头鹰、袋鼠和小猴子。

（板书：猫头鹰　袋鼠　小猴子）

师：（指板书）第一个当万兽之王的是——（生：猫头鹰）第二个是——（生：袋鼠）第三个是——（生：猴子）第一、第二、第三这样按照顺序一个接着一个就叫作——（出示词卡：轮流）

（生齐读）

师：我们还可以用一个字来代替，那就是——“轮”。

师：它们都是怎么当万兽之王的呢？让我们分自然段轮流朗读课文。

（指生分自然段朗读课文，师随机纠正）

三、再读课文，学习生字

师：课文的第2—4自然段写了三种动物是怎样当万兽之王的，请你们边读边画出他们说的话。

（生自读，画句子）

师：第一个上任的是猫头鹰。

（出示词卡：第一、上任）

师：这里的上任就是指当——

生：万兽之王。

（媒体出示：

从现在开始，你们都要跟我一样，白天休息，夜里做事！）

师：谁是猫头鹰？来宣布这一条命令。

（指生朗读）

师：仔细看看书，找找哪个词语告诉了我们该怎样来读。

生：我找到了“神气”这个词。

（出示词卡：神气）

师：是啊！它还不是一般的神气，而是神气——（生：极了）谁再来读读？

（指生朗读）

师：瞧他的样子，昂首挺胸，可真够神气的！我们请男同学一起来宣布这条命令。

（男同学齐读）

师：是啊！猫头鹰当上了万兽之王，神气得不得了，立刻就下了这样一条命令。

（板书：白天休息，夜里做事）

师：听了他的命令，小动物们，你们心里是怎么想的？

生：我是小白兔，我都是早上起来寻找食物吃的。猫头鹰让我白天休息，晚上做事，可是晚上漆黑一片，我根本找不到食物啊！

师：是啊！那就得饿肚子了。

生：我是鸟妈妈，如果我晚上飞出去找食物，我的孩子会害怕的。

师：没错，夜晚小宝宝要待在妈妈身边才安心呢！

生：我是螃蟹，晚上小鱼小虾都躲起来睡觉了，我怎么找得到食物呢？

师：听听这语气，意见大着呢！你们一个接着一个，你也叫苦，他也埋怨，真是——

生：叫苦连天。

（出示词卡：叫苦连天）

师：还有不少小动物要说，那就把你们的不满在小组里说一说吧。

（生小组交流）

师：刚才大家你也说，我也说，七嘴八舌地发表对这条命令的看法，就叫作——

生：议论纷纷。

（出示词卡：议论纷纷）

师：是啊！可是有意见也没有办法，小动物们不得不——（生：服从命令）只好天天——（生：熬夜）一个星期下来，动物们都——（生：叫苦连天）

师：总算轮到第二个动物了，他是——

生：袋鼠。

师：谁是小袋鼠？请你来宣布这条命令。

（媒体出示：

从现在开始，你们都要跳着走路！）

（指生朗读）

师：老师想采访一下，现在你的心情是怎样的？

生：我很激动。

师：同学们，你们知道小袋鼠为什么这么激动吗？

生：因为他终于当上了万兽之王。

师：多神气啊！

生：因为他再也不用熬夜了。

师：是啊！那个礼拜总算熬过去了。

生：因为所有的动物都要像他一样跳着走路了。

师：谁让他是大王呢？他说了算！能不激动吗？请大家配上动作把这一自然段读一读，可以站起来。

（生配动作朗读）

师：老师想请一个小组来表演，哪一组同学愿意？

（小组表演读）

师：猫头鹰让大家熬夜，袋鼠要大家跳着走路。

（板书：跳着走路）

师：动物们不得不服从命令，森林里还有好多其他的动物呢！如果下一个轮到你当万兽之王，你又会怎么说？

（想象说话：

我是________________，今天轮到我当万兽之王。从现在开始，____。）

生：我是响尾蛇，今天轮到我当万兽之王。从现在开始，你们都要跟我一样，只准吃肉，不准吃别的。

师：这下小白兔可要饿肚子了。你们选他做万兽之王吗？

生：（齐）不选。

生：我是小鸽子，今天轮到我当万兽之王。从现在开始，你们都要跟我一样，在天上飞来飞去。

师：不会飞的小动物怎么办啊？你们选她做万兽之王吗？

生：（齐）不选。

生：我是小螃蟹，今天轮到我当万兽之王。从现在开始，你们都得横着走路。

师：这下可乱了套了，选他吗？

生：（齐）不选。

生：我是大黑熊，今天轮到我当万兽之王。从现在开始，到了冬天，大家都要跟我一样钻进树洞里冬眠。

师：大黑熊，这可是你自己的生活习惯啊！同学们，你们选他吗？

生：（齐）不选。

师：这些动物都不能当万兽之王。最后一个上任的是小猴子，听说他要当万兽之王，大家都很担心。你知道大家担心什么吗？

生：大家担心小猴子会命令动物们都得住在树上，成天抓着藤条荡来荡去。

（媒体出示句子：

他会不会命令我们从现在开始，都得住在树上，成天抓着藤条荡来荡去？）

师：是啊！这是课文中写到的。小动物们，你们还有别的担心吗？

生：他会不会命令大家，都得在树上生活？

师：小猴子可不是你们想的这样，让我们合作读读课文的第 4 自然段。

（媒体出示第 4 自然段，师生合作朗读：

第三个星期，轮到小猴子当“万兽之王”。大家都非常担心：他会不会命令我们从现在开始，都得住在树上，成天抓着藤条荡来荡去？谁知，小猴子只说了一句话：“从现在开始，每个动物都照自己习惯的方式过日子。”话音刚落，大伙儿立刻欢呼起来。）

师：再请一位同学来宣布小猴子的命令。

（指生读）

师：听了小猴子的命令，小动物们，你们有怎样的反应啊？

（生欢呼）

师：哦，“立刻”能换一个词吗？

生：马上。

生：立即。

师：你们同意猴子当万兽之王吗？为什么你们都选他，不选猫头鹰和袋鼠呢？说说你的理由。

（媒体出示三句话：

从现在开始，你们都要跟我一样，白天休息，夜里做事！

从现在开始，你们都要跳着走路！

从现在开始，每个动物都照自己习惯的方式过日子。）

生：我们选猴子是因为他很尊敬其他小动物的习惯。

师：“尊敬”换一个词会更加合适。

生：尊重。

师：对！小猴子尊重其他动物的习惯。

生：我们不选猫头鹰和袋鼠，是因为他们只顾自己，不管别人。

师：谁能完整地说说你的理由？

生：因为猫头鹰和袋鼠只顾自己，而小猴子尊重其他动物的习惯，所以我们选他做万兽之王。

师：是啊！猫头鹰和袋鼠把自己的习惯强加在别的小动物身上。这就叫作——

（出示词卡，积累课外词：强人所难）

师：小猴子尊重大家的习惯，所以也得到了大家的尊重。

（板书：照自己习惯的方式过日子）

（出示词卡：习惯、方式）

师：狮子大王笑眯眯地宣布了他的决定。看，他笑得眼睛都眯了起来，所以“眯”是目字旁。

（出示词卡：笑眯眯）

师：谁来做狮子王？

（媒体出示：

不用再往下轮了。我郑重宣布，从现在开始，小猴子就是“万兽之王”了！）

（指生读）

（出示词卡：郑重）

师：注意“郑”是后鼻音，跟老师读一遍。

师：谁来宣布一次？

（指生读）

师：我们都看出来了，你非常严肃。谁再来试试？

（再指生读）

师：你很认真。郑重就是严肃认真。尊重别人习惯的小猴子最终当上了万兽之王，让我们给他戴上王冠！

（板书：给小猴子戴上王冠）

四、生字教学

师：今天我们认识了不少生字，也积累了一些好词，让我们来读一读。

（生开火车朗读黑板上的词卡，全班齐读）

师：猴子当上万兽之王后，举办了一个“森林游艺会”。同学们，你们想参加吗？

生：想！

师：瞧，老师手里这些词卡，都是由我们今天学习的生字扩充的词语。待会儿我们从第一位同学开始，读一张往后传一张，每一张都大声读出来。老师的鼓声停了，大家就停下来，明白了吗？

生：明白了。

师：那么，准备好了，游戏开始。

（师击鼓，生传读词卡。鼓声停）

师：请拿“轮”字的小朋友上来，带着大家读一读。

（拿到由“轮”字组成词语卡片的同学上台）

生：轮船、车轮、轮子、轮胎。

（反复游戏）

师：真了不起，同学们又认识了这么多的新词，让我们再来练练写的本领吧。课堂上，我们写写这两个字：“期”和“轮”。请大家观察一下，这两个字有什么共同点呢？

生：这两个字都是左右结构的。

师：再看看它们在田字格中的位置，你有什么要提醒大家的吗？

生：我要提醒大家，“期”这个字写的时候左高右低。

师：哦，你发现了。

生：我也要提醒大家，“轮”这个字，左右两部分不是一样宽，而是左窄右宽。

生：我也要提醒大家，“轮”字的“车字旁”最后一笔是提。

师：这两位同学观察得真仔细。请大家在书上把每个生字各写三遍。首先，姿势要端正：一拳、一尺、一寸。自己检查，做到了吗？

（生写字）

师：好的，今天这节课就上到这里。下课！

板书：

猫头鹰		白天休息，夜里做事
袋鼠	从现在开始	跳着走路
小猴子		照自己习惯的方式过日子

【总评】

谭姗姗老师执教的《从现在开始》这堂课，很好地凸显了低年级语文教学的重点，在教学内容选择和教学环节的设计上可圈可点。

第一，词语教学设计得非常精心。识字教学是低年级语文教学的重点，二年级学生有了一定的自学生字的能力，因此阅读教学中的识字教学可以结合词语教学进行，在语言环境中认字识字可以取得更好的效果。当下不少语文教师在讲读课文的过程中往往将重心偏向于课文思想内容的理解，对如何帮助学生理解课文内容方面考虑得比较仔细，而对如何教学课文中的生字词语缺乏认真的设计。不少教师往往是在教学课文前出示生字新词，让学生读两三遍，而对在课文讲读环节如何结合课文内容进一步理解词语意思缺乏深入的考虑。其实小学生阅读课文的障碍，除生字之外，更体现在对课文中的新词缺乏理解。结合课文具体的语境教学新词，不仅可以帮助学生扫除阅读障碍，还能扩大学生的词汇量，有效提高学生的阅读能力。小学生正处于语言发展的关键时期，而词语是构成语言的基本单位，因此最大限度地丰富学生的词语积累，应该成为贯穿整个小学阶段阅读教学的重要任务。词语教学的时机是低年级阅读教学中很值得研究的问题。一篇课文中的新词，少则七八个，多则一二十个。如果把理解词语的意思安排在课文教学的开始，先扫除新词障碍，在初读课文时一个个地解释词语，或者让学生一个个来解释，这样一堂课仅词语理解就会用掉一大半的时间。其实离开课文的具体语境教学词语，并不利于学生正确理解词义，而且费时费力。这堂课的词语教学没有集中安排在开头，而是在课文讲读过程中进行的。比如“轮流”和“轮”这两个词语，结合课文内容教学，可以非常清楚地让学生理解这两个词语的意思。再比如“叫苦连天”“议论纷纷”这两个词语，教师结合课文内容巧妙地创设了两个具体的情境，不仅帮助学生理解词语，而且有助于学生加深对课文思想内容的理解，既节约时间，又提高效率。

其实学生学习新词，理解词义是第一步，是最基本的要求。词语教学的最终目的在于让学生学会运用。20 世纪颁布的几部小学语文教学大纲都非常强调“学过的常用词语大部分会运用”，明确地将指导学生运用学过的词语作为词语教学的重要任务，这个观点其实十分重要。20世纪的两部语文课程标准对词语的“运用”没有刻意强调，也没有明确提出要求。因此不少教师教学词语过于偏重词义理解，忽视运用，这很不合适。语文教师必须认识到：理解词语和运用词语是词语教学中两个不同层次的目标，理解并不等于会运用，而不会运用，其实不一定是真正的理解。只有会运用，才是真正的理解。因此一定要瞄准词语“运用”来教学。谭姗姗老师很重视结合具体的语境引导学生理解词语的意思，这样教学词语，学生不仅能够正确地理解词义，而且能够认识这些词语使用的具体语境，这对学生今后正确运用这些词语提供了十分宝贵的经验。创设情境引导学生认识并体会运用词语的具体语境，不仅可以让学生加深对词义的理解，而且真正有助于学生将课文中的词语转化为自己能够运用的词语。

第二，结合课文内容设计说话练习。培养学生的说话能力和良好的说话习惯是低年级语文教学的重要任务。小学生从说一句完整的话，到连贯地说几句话，然后连贯地说一段话，必须经过长期的、严格的训练。因此低年级语文课结合课文设计说话练习很有必要，这是低年级语文教学中教师必须始终关注的一项重要内容。这堂课教师非常重视学生的说话训练，粗粗统计，教师结合课文内容安排了五次说话练习。

1. 我的本领是管理所有的动物。你们是谁呀？能介绍一下自己吗？

2. 课文写了猫头鹰、袋鼠、小猴子当了万兽之王。能不能用上一个“和”字再来说说？

3. 听了他的命令，小动物们，你们心里是怎么想的？

4. 如果下一个轮到你当万兽之王，你又会怎么说？

（想象说话：我是__________，今天轮到我当万兽之王。从现在开始，__________。）

5. 为什么你们都选他，不选猫头鹰和袋鼠呢？说说你的理由。

结合课文内容创设语境进行说话练习，不仅可以帮助学生理解课文内容，而且可以有效地训练学生的说话能力。因此优秀的语文教师在阅读教学中经常有意识地结合课文内容设计各种说话练习，千方百计地提供机会引导学生进行说话训练，学生只有通过充分的说话实践才能养成良好的说话习惯。此外，语文课上的说话练习还应该尽可能扩大说话的面，特别是要关注那些平时不太说话的学生，让他们也有说话的机会。谭姗姗老师十分注意让更多的学生有站起来说话的机会，每次说话一般都指名四五个学生站起来说话。我们看第 3 次说话练习，在三个学生说话以后，让学生在小组里说话，这样就让每个学生都有了口头说话的机会。这样的教学环节反映出教师面向全体学生的教学思想，非常值得肯定。建议第 4 次、第 5 次说话练习也可以改为让学生先在小组里或者同桌相互说一说，然后再指名全班交流，这样可以让每个学生都有说话的机会，效果就会更好。

第三，重视朗读训练。朗读是语文教学最基本最重要的方法，朗读对学生语言的积累和发展，对学生语感的形成，是其他任何方法都无法替代的。因此低年级阅读教学一定要保证学生有充分的朗读课文的时间。学生通过反复朗读，既能够读懂课文，又能够读熟课文。当下不少教师在讲读课文时较多采用的是观察图画、观看媒体、动作表演、问题讨论等方法，多种形式的交替使用能够营造活跃的课堂气氛，对学生理解课文也会有一定的效果。但对学生而言，课文不是自己“读懂”的，而是通过图画、媒体、表演等其他方式理解的，这对提高学生的阅读能力其实很不利。因此低年级语文课一定要强调让学生通过朗读自己读懂课文，要慎用其他教学手段，千万不能为追求课堂表面上的热闹而多搞华而不实的形式。其实通过朗读“读懂”课文只是最低层次的要求，“读熟”课文才是更高层次的追求。因为课文朗读不达到“烂熟于心，脱口而出”的程度，就难以实现语言内化的目标，也不可能形成语感。“读熟”课文，只有靠学生自己反复朗读，必须切实保证课堂内学生大声朗读的时间。谭姗姗老师在初读课文时就要求学生两次自读课文，在分段讲读时又设计了“配动作朗读”“师生合作朗读”等多种方式引导学生。这样反复多次的朗读，其目的不仅在于帮助学生“读懂”课文，更在于让学生“读熟”课文，这是值得肯定的。

贾志敏老师上语文课很重视学生的课文朗读，尽管一堂课里学生朗读次数不少，但语文教育专家李伯棠教授听课以后批评贾老师“还是读得太少”。如果只是要求读懂课文，那么学生可能读上2—3遍就可以达成目标。但如果追求“读熟”课文，那就需要读上8遍、10遍，甚至更多。如果从“读熟”课文的目标追求看，谭姗姗老师的这堂课似乎还可以适当增加学生朗读的遍数，比如分段讲读课文以后要求学生再完整地读一遍课文，比如除了集体朗读之外，还可以增加对学生个别朗读的检查，以保证每一个学生都能够读熟课文。低年级阅读教学中，教师必须重视朗读，并精心设计朗读的方法，既要保证朗读的遍数，又要让学生读得有滋有味，以促进学生语言能力的充分发展。

午　睡

执教者：上海市民办童园实验小学　冯馨

【教学目标】

1. 阅读过程中正确认读本课生字。
2. 理解、积累“不省人事、昏睡百年、尽情”等词语。
3. 正确、流利、有感情地朗读课文。
4. 通过课文的学习，体会童年生活的快乐。

【教学过程】

一、谈话引入，揭示课题

师：夏日的午后，常常会听见妈妈叫唤我们去睡午觉。此时此刻，每一个孩子的心中一定都有着自己的想法。今天，就让我们一起走进孩子们的午睡世界，相信一定会给你带来不同寻常的感受。（板书：午睡）

生：（齐）午睡。

二、初读课文，整体感知

师：课文中的小主人公究竟是怎样午睡的呢？来，打开书，轻声地读读课文，把课文读正确，标上自然段，再根据课文内容完成这三个填空。

（媒体出示填空：

________的样子　　________的游戏　　________的办法）

（生轻声自读课文）

师：谁来说说这三个填空分别该怎么填呢？

生：我来完成第一个填空——不省人事的样子。

师：不错。还有谁来说说？

生：第二个我填的是——无声的游戏。

师：那么最后一个该填什么呢？

生：我觉得应该填——高明的办法。

师：有不同的意见吗？

（生摇摇头）

师：说得真不错！说明你们刚才念书很认真，老师表扬你们！

【评】

通过填空引导学生认真读书，促进对课文内容的整体感知。学生填空正确了，说明对这些词语的意思大致理解了，对课文内容也大致理解了。

师：再读读课文，能不能根据课文内容，用上其中的一个填空说一句话？

（生自由选择填空，练说句子）

师：哪个同学能先来试试？

（生跃跃欲试）

师：好，你先来！

生：我选择第一个填空来说。午饭后，妈妈叫我们去午睡，虽然我们很不愿意，但也没有办法，只能装出一副不省人事的样子来。

师：把事情的起因交代得很清楚，语言流利，用词也比较准确，不错！还有谁来试试？

生：我选择第二个填空来说。午睡时，我们发明了很多无声的游戏，这给我们的午睡带来了很多快乐！

师：很好，把我们午睡时的情形概括地描述了出来。最后一个填空谁来？

生：其实小孩都有一手对付大人的高明办法，只是大人不知道罢了。

师：说出了孩子们的内心秘密，也说得不错！

师：谁能把这三句话连起来说一说？

生：午饭后，妈妈叫我们去午睡，我们很不愿意，但是也没有办法，只能装出一副不省人事的样子来欺骗妈妈。午睡时，我们发明了很多无声的游戏，这给我们的午睡带来了很多快乐！其实小孩子都有一手对付大人的高明的办法，只是大人不知道罢了。

师：真不错！这就是这篇课文给我们讲述的大致内容。这也是概括课文内容的一个好方法！来，每个同学自己轻声地试试。

（生轻声地说课文的主要内容）

【评】

从填词语到说一句话，再到连起来完整地说一段话，并且要求每个同学自己试着说一遍，将“初读课文，整体感知”设计成一次完整的说话训练过程，将理解和表达有机地结合在一起，由易到难，面向全体，这样的设计值得称道。可惜每句话只有一种说法，三句话“连起来说一说”也只有一个学生交流，如果多几个学生交流，多几种说法比较，教师充分利用课堂内即时生成的教学资源，可能会使这项说话训练更有价值。

三、研读课文，理解体验

（一）“假睡”片段学习

师：是啊，从用假睡来蒙骗妈妈，到玩起自己发明的无声游戏，孩子们的午睡竟然是如此的丰富多彩。来，那就让我们一起先去孩子们假睡的那个场景看一看。谁来读读课文的第 1 自然段？

（生读课文的第 1 自然段）

师：你们听，在儿童文学作家秦文君阿姨的笔下，孩子们的假睡被描写得多么生动啊！谁再来读读？

（媒体出示句子：

这时候，我和弟弟只好噘着嘴，紧闭双目，瘫倒在床上，做出不省人事的样子，仿佛已经昏睡百年。）

（生个别读句子）

师：有哪一个词你不明白意思？

生："不省人事"的意思我不理解。

师：在不明白词语意思的时候，我们就应该去请教字典这个老师。"不省人事"中的"省"在字典中的解释有这样几个。（媒体出示）再好好地读读词语，想一想，你觉得哪一个解释才是正确的呢？

（生看大屏幕，思考）

师：谁来说说"不省人事"中的"省"该选哪个解释呢？

生：我觉得是"知觉"的意思。

师：其他同学有不一样的答案吗？

生：（齐）没有。

师：好，"省"是"知觉"的意思，那么"不省人事"又是什么意思呢？

生："不省人事"的意思就是什么也不知道了。

师：那么这个词中的"人事"的意思你解释出来了吗？谁还有补充？

生："不省人事"就是对周围的人啊，事情啊，都不知道了，没有知觉了。

师：说得真不错！

师：词语的意思明白了，来，把词语放回句子中，再和老师合作读读句子。

师：这时候，我和弟弟只好做出不省人事的样子，什么样子呢——

生：噘着嘴，紧闭双目，瘫倒在床上。

师：仿佛已经——

生：昏睡百年。

师：现在，你能说说“不省人事”的样子是什么样的吗？

生：我知道了，“不省人事”的样子就是噘着嘴，紧闭双目，瘫倒在床上。

师：好，那么，现在你们能做做“不省人事”的样子吗？

生：（大声地）行！

师：孩子们，午睡啦！

（生全部昏睡了过去，有的趴在桌上；有的靠着椅背，紧闭双目；有的双手瘫放在椅子上）

师：（突然地）哎呀，时间到了，快快快，起来做游戏了！

（一半学生坐了起来，瞪大眼睛看着老师；还有一半学生仍然睡在那儿）

师：（笑着说）好，孩子们，都坐好吧，冯老师有些话要问问刚才那些没有坐起来的同学。（师走向其中一个学生）

师：刚才老师叫你们做游戏了，为什么你仍然睡着，没有反应呢？

生：老师，我知道，你那是在戏弄我们。

师：哈哈，为什么这么说呢？

生：刚才我们不是学了吗？“不省人事”的意思就是对周围任何的人和事都不会有反应，那你叫我们做游戏我们也应该没有反应，这才叫“不省人事”！

师：看来，你对这个词语的意思是真的理解了。真是装得太像了！难怪，作者会说仿佛——

生：已经昏睡百年。

【评】

教师精心设计了“不省人事”这个词语的教学过程，先通过字典中的解释条目理解关键词素“省”的意思，再理解整个词语的意思，然后通过朗读把词语放在具体语境中加以理解，最后又创设一个真实的生活情境，让学生通过行动表达自己对词义的理解。词语教学的最终目的是运用，这样教学词语虽然比较费时，但对学生以后在其他场合的运用无疑是有益的。

师：这里还有三个生字。（媒体出示：仿、佛、昏）

师：有两个字可以组成一个词语，它们是——

生：仿佛。

师：说得真好。仿佛就是——

生：好像。

生：似乎。

生：犹如。

师：我们再来看看这个“昏”字，上面的这个字把下面的太阳都给遮住了，那真是昏天黑地了！

生：老师，我知道上面这个字读什么，它念 shì，所以可以说“氏日昏”。

师：你认识的字可真多！

师：为了服从妈妈的命令，他们只能无奈假睡，没想到装得还挺像，竟骗过了妈妈的眼睛。来，谁能通过自己的朗读，把他们当时假睡时的生动情形展现在我们大家的面前？

生：我来读——这时候，我和弟弟只好嘶着嘴，紧闭双目，瘫倒在床上，做出不省人事的样子，仿佛已经昏睡百年。（突出了“昏睡百年”这个词语）

生：我也来试试——这时候，我和弟弟只好嘶着嘴，紧闭双目，瘫倒在床上，做出不省人事的样子，仿佛已经昏睡百年。（突出了“嘶、紧闭、瘫倒”这几个表示动作的词语）

生：我是这样读的——这时候，我和弟弟只好嘶着嘴，紧闭双目，瘫倒在床上，做出不省人事的样子，仿佛已经昏睡百年。（突出了“不省人事”这个词语）

师：读得不错，仿佛真的让我们看到了孩子们装睡时的情景，很是精彩！

【评】

“假睡”片段的研读内容主要有两个，一是生字词语教学，二是朗读再现课文描绘的情境。没有过多的提问，没有内容分析，而是让学生读出自己的理解，通过朗读加深学生的感悟，凸显了低年级阅读教学目标。

（二）“无声游戏”片段学习

师：是啊，其实他们并没有真的睡着。不仅没有睡着，可爱的孩子们竟然还玩起了无声的游戏呢！想不想去看看他们的无声游戏？轻声读读课文的第 2 自然段，找找他们都玩了哪些游戏。

（生读课文第 2 自然段）

师：他们都做了些什么游戏呀？

生：我们把席子卷起来，做成地道，“敌我双方”从地道里钻进钻出。

师：这是他们在玩地道战呢。（板书：地道战）

生：我们玩角色游戏，我披起毛巾，尽情地甩着水袖，装扮成七仙女。弟弟呢，装成瘸子，偶尔也演独臂大盗。

师：那是他们在玩——谁能学着老师的样子，也来概括一下？

生：那是他们在玩角色游戏。（板书：角色游戏）

师：还玩了什么呀？

生：两个人干脆练起了倒立，一律头朝下，“挂”在墙上。

师：这是在——

生：（纷纷举起手来）练倒立。

师：说得多好啊！（板书：练倒立）

师：多有趣的游戏！想不想自己也试着玩一玩？在玩游戏前，先让我们学一学这三个生字：席、敌、律。（媒体出示这三个生字）

师：“席”字中间的上半部分应该这样写——（媒体演示）最后一笔是——

生：横。

师：谁能给“敌”字找找朋友？

生：敌人。

生：敌军。

生：敌我。

生：敌情。

生：敌后。

师：你们的词语真丰富。

师：孩子们，再让我们看看这个“律”字。“律”字是一个横画很多的字。来，我们来数数，有几个横画——

生：（跟着媒体的演示数）一、二、三、四、五。有五个横画！

师：你们看，在写横画多的字的时候，一定要注意横画要写得直，横画间的距离要均匀，中间的那一横还要写得长一些，这样啊，这个“律”字才能稳稳地站在纸上。来，在书上的田字格里认认真真地写一个。

（生在田字格里练习写“律”字）

师：同学们写得真不错！

【评】

这里又是一个生字教学环节。三个生字教学各有侧重：“席”字重点教学上半部分笔顺书写，“敌”是用组词的方法，“律”字主要是书写指导，教学生写好这个字。

师：好，下面就让我们一起走进无声的游戏世界吧！

师：你们瞧，“地道战”游戏开始啦！谁来念念？

（媒体出示句子：

我们把席子卷起来，做成地道，“敌我双方”从地道里钻进钻出。）

（生读媒体出示的句子）

师：好一个“钻进钻出”！孩子们，来，跟随老师，在脑海中想象游戏的画面，和课文中的小主人公一起玩一把！闭上眼睛，游戏开始了。

（生闭上眼睛，听老师读有关句子）

师：敌人钻进，我钻出，敌人钻出，我钻进。我拼命地往前爬，敌人拼命地在后面追。哎呀！快逃呀！只要慢一拍，说不准就被逮住啦！

师：你能用一个什么词来形容刚才你脑海中闪现的这个游戏？

生：紧张。

生：激烈。

生：刺激。

师：那想想，该怎么读好句子呢？

生：（读句子）我们把席子卷起来，做成地道，“敌我双方”从地道里钻进钻出。（把“钻进钻出”读得较快）

生：（读句子）我们把席子卷起来，做成地道，“敌我双方”从地道里钻进钻出。（把“钻进钻出”读得拖长音，有线条感）

师：一个在前面逃，一个在后面追，一个在后面追，一个在前面逃，把“钻进钻出”表现得很是生动。能不能和老师合作读读这个句子，前面的内容老师读，你们就读“钻进钻出”，行吗？谁愿意来试试？

师：好，就请你们几个。

师：我们把席子卷起来，做成地道，“敌我双方”从地道里——

生：钻进钻出。

生：钻进钻出。

生：钻进钻出。

生：钻进钻出。

（生一个比一个读得快，读得紧张）

师：“地道战”虽然无声，可是却带给了我们无穷的快乐！你们瞧，角色游戏又上演了！自己轻声地读读。

（媒体出示句子：

我们玩角色游戏，我披起毛巾，尽情地甩着水袖，装扮成七仙女。弟弟呢，装成瘸子，偶尔也演独臂大盗。）

（生轻声读）

师：谁愿意来大声地读给大家听听？

（生读句子）

师：孩子们，你们知道什么叫甩水袖吗？

生：我知道，甩水袖就是像人家唱戏一样，把长袖子甩来甩去。

师：想看看水袖到底是怎么甩的吗？

生：（大声地）想！

（媒体播放甩水袖录像）

师：这水袖甩得多飘逸，多优美啊，如仙女下凡一般！难怪“我”喜欢演这个角色呢！谁再来读读句子？

生：我们玩角色游戏，我披起毛巾，尽情地甩着水袖，装扮成七仙女。弟弟呢，装成瘸子，偶尔也演独臂大盗。（重点突出了“尽情”）

师：这个“尽情”读得好！尽情地甩着水袖是怎么个甩法呢？

生：就是想怎么甩就怎么甩。

师：说得好！那么在甩水袖时，她想——就——

生：想甩多高就甩多高。

生：想甩多远就甩多远。

生：想甩多快就甩多快。

生：想跑着甩就跑着甩。

生：想跳起来甩就跳起来甩。

生：想闭着眼睛甩就闭着眼睛甩。

师：说得太好了！这就叫“尽情”呀！就这一个“尽情”，你读出了什么？

生：我读出了他们当时是很无拘无束的。

生：我读出了他们当时是很放松的。

师：那么，谁能把这种不受拘束的感觉读出来呢？

（生个别朗读句子）

师：是啊，“地道战”的激烈，“角色游戏”的无拘无束，真的让我们的午睡变得多姿多彩。这不，练倒立又开始了！

（媒体出示句子：

两个人干脆练起了倒立，一律头朝下，“挂”在墙上。）

（生齐读）

师：刚才读句子时，哪个字给你留下的印象最为深刻？

生：“一律”这个词给我留下的印象很深刻。因为一律就说明都是一样的。

生：“挂”这个字给我留下的印象最深刻。因为，我觉得有点奇怪，像毛巾、衣服可以说“挂”，人怎么也能说“挂”呢？

师：你真会思考！来，好好读读句子，不改变句子的意思，“挂”字能换成什么字呢？

生：我觉得可以换成“靠”。两个人干脆练起了倒立，一律头朝下，“靠”在墙上。

师：那是倚着墙呢。

生：我觉得可以换成“搭”。两个人干脆练起了倒立，一律头朝下，“搭”在墙上。

师：那是指脚面和墙略有接触。

生：我觉得可以换成“贴”。两个人干脆练起了倒立，一律头朝下，“贴”在墙上。

师：既然都可以换，那么为什么作者这里要用“挂”呢？到底有什么区别呢？来，同桌互相讨论讨论。

（同桌互相讨论）

生：我知道，“挂”指的是人和墙几乎成了一条直线，贴得很紧很紧，说明孩子们倒立的技巧很高，而其他的词语都没有“挂”表现得清楚。

师：你的回答很准确。你很会思考。那么，从这个“挂”字你读出了什么？

生：我读出了孩子们经常练倒立。

生：我读出了孩子们很喜欢练倒立。

师：看似简简单单的一个“挂”字，能让你们读出这么多东西，真了不起！我们读的是文字，想的是文字背后的东西，这才叫真正的读书！谁能再来读读这个句子，把孩子们那娴熟的倒立动作展现在我们的面前？

（生读句子）

师：“地道战”的激烈，“角色游戏”的无拘无束，“练倒立”的娴熟，构成了我们快乐的午睡世界！三个游戏都结束了，现在，把这三个游戏连起来读读，你发现有什么问题吗？（媒体出示没有“有时”连接的描写三个游戏

的句子）

生：我发现读起来不太通顺。

生：我觉得读起来有点怪怪的。

师：是啊，难怪作者给它加上了“有时”这个连接词。加上“有时”，和老师一起再来读读孩子们的无声游戏，好吗？

师：我们悄悄地发明了许多无声的游戏。有时，我们干脆练起了倒立——

生：一律头朝下，“挂”在墙上。

师：有时，我们玩角色游戏——

生：我披起毛巾，尽情地甩着水袖，装扮成七仙女。弟弟呢，装成瘸子，偶尔也演独臂大盗。

师：有时，我们还玩起了“地道战”——

生：我们把席子卷起来，做成地道，“敌我双方”从地道里钻进钻出。

师：无声游戏真是太受我们的欢迎了。有时，我们玩起了角色游戏——

生：我披起毛巾，尽情地甩着水袖，装扮成七仙女。弟弟呢，装成瘸子，偶尔也演独臂大盗。

师：有时，激烈的地道战又打响了——

生：我们把席子卷起来，做成地道，“敌我双方”从地道里钻进钻出。

师：有时，我们又忍不住练起了倒立——

生：一律头朝下，“挂”在墙上。

师：通过刚才的朗读，你有什么发现吗？

生：我发现用“有时……有时……”连接的时候，前面后面的句子换来换去，意思没有什么变化。

师：说得真好！在用“有时……有时……”做连接词的时候，前后内容可以互相调换。

师：孩子们，你们看，老师把这里的句号改成了省略号。在作者的童年生活中，这三个无声游戏给她带来了无穷的欢乐。老师知道，其实你们也能发明很多无声游戏，就让我们也来做一回小发明家，用一两句话把自己发明的无声游戏说清楚，行吗？

生：行！

师：先自己试着说说。

（生自己进行说话训练）

师：大家都说得很认真。下面，请几个小朋友，用上“有时……有时……”，把自己发明的无声游戏给大家展示一下。好，你们几个先来。

（第一组给开头：午睡时，我们发明了许多无声的游戏——

第二组给结尾：午睡时的无声游戏给我们带来了许多快乐！）

师：老师给你们一个开头——午睡时，我们发明了许多无声的游戏——

生：（第一个）有时，我和弟弟玩“埋人”游戏。我把被子一层一层地叠在弟弟的身上，一直到连他的头也看不见了为止。这时，弟弟的身上仿佛被压了一座重重的小山，任凭他怎么动也动弹不了。

生：（第二个）有时，我们玩飞枕头游戏。我们把枕头当武器，你飞过来一个，我飞回去一个，一来一去，枕头里的棉絮到处飞扬，就像下起了棉花雨一样。

生：（第三个）有时，我们玩“划船”游戏。我们把枕头当作“船”，两只手就是“桨”，坐在“枕头船”上用力地划呀、划呀，就像真的在河上划船一样。

师：说得多好啊！语句通顺，自己发明的游戏的过程也讲得很清楚！真不错！

师：还有哪些小朋友也愿意来试试？好，你们来！

生：（第一个）有时，我们玩石头、剪刀、布的游戏。一不小心，我出了布，被弟弟的剪刀给“咔嚓”剪断了，我的心里别提有多后悔了。

生：（第二个）有时，我们玩蒙被子游戏。我和妹妹一人拿了一条被子，趁对方一个不注意，朝对方猛扑过去，被盖住的那一方就输啦。

生：（第三个）有时，我们玩捉迷藏的游戏。一个蒙住眼睛，另一个一会儿躲在床底下，一会儿不放心又躲到了被窝里，可是，还是忍不住发出了一点点声音，哈哈，被抓到了。

师：老师给你们加上一个结尾——午睡时的无声游戏给我们带来了许多快乐！

师：说得多好啊！你们看，加上了开头或结尾，中间再用上“有时”来连接，如果把它们写下来不就是一个完整的小段落了吗？文章，就是这样一点一点写完整的。

【评】

这个教学环节主要研读“地道战”“角色游戏”“练倒立”三个游戏，教学重点其实也是词语教学、朗读指导，再加上一个说话练习。但给人感觉有些枝蔓芜杂，用时过长。如果作些取舍，多花些时间重点指导学生说话，能力差的学生说一个游戏，能力强的学生可以多说几个，可能学生积极性会更高，效果也会更好。

（三）“高明点子”片段学习

师：时光飞逝，昔日那天真的女孩，如今已长大成人。那么，已经成为母亲的“我”，现在面对自己孩子的行为，又是怎样的一种态度呢？来让我们听一听。（媒体播放录音）

师：宽容、善解人意是这位成年后的母亲给我们留下的印象。原来，小孩儿个个都有一手对付大人的办法，只是大人不知其中的奥妙罢了。那孩子们，你们知道这其中的奥妙吗？

生：（大声地、齐声地）知道！

师：来，接下来就让我们一起走进孩子们心中充满“奥妙”的世界。

（媒体出示：假如——我成为了爸爸或是妈妈，

我一定不会——

因为我知道——）

师：孩子们，时光飞逝，现在你已经是一个爸爸，你已经是一个妈妈了，你一定不会——怎么样呢？因为你知道——什么呀？谁来说说？先自己轻声地试试。

（生自己练说）

师：好，小爸爸，你先来！

生：假如我成为了爸爸，我一定不会让我的孩子穿很多衣服，因为我知道，一到学校他就会把衣服全脱光的。

师：应该是把外套全脱了吧！

（生笑着点了点头）

生：假如我成为了妈妈，我一定不会不让我的孩子看书，因为我知道，他会偷偷地躲在被窝里看的。

师：爱看书是好事，可是躲在被窝里看对眼睛可不好啊！

生：假如我成为了爸爸，我一定不会不让我的孩子吃冷饮，因为我知道，他会趁我不在家的时候偷偷地打开冰箱咬上两口，再把它放回去。

师：那可不太讲卫生啊！冷饮多吃会伤身体的。

师：就这一个“因为我知道”，把大人不知道的奥妙真实地展现在了我们每一个人的面前。老师想，等你们长大了，你们一定会成为善解人意、了解孩子心的好爸爸、好妈妈，你们说，是吗？

【评】

这里教师又设计了一个说话练习，要求学生表达自己的感悟和受到的教育。本意不错，但从学生说的内容看，效果不太理想。让二年级的孩子谈成人怎么理解孩子，可能不甚妥当。因为孩子成长需要成人指导，他们的认识中有不少似是而非的东西。语文课上创造机会让学生多说话是对的，但是说什么话，如何把话说好说正确，需要研究的问题还不少。

【总评】

低年级语文教学要突出三个重点，一是生字词语教学，二是朗读训练，三是说话训练。冯馨老师在教学过程中对这三个重点的把握是正确的。

生字词语教学是有机地结合课文讲读进行的。研读“假睡”和“无声游戏”的这两个教学环节，教师都专门安排时间识读生字，有针对性地指导笔顺笔画和书写，在备课时是花了功夫的。特别是对“不省人事”“尽情”等新词的指导非常细致，分别创设了生动的语境让学生深入体会，这样的生字词语教学对学生今后的运用非常有益，指导非常到位。前不久我做了一次阅读教学效率的调查，发现当下阅读教学中词语教学很成问题。我抽查了两篇课文中的生词，其中8个词语要求学生选择近义词，4个词语要求判断在句子中的运用是否正确。结果学生对这些课文中词语的理解得分率不满60%，判断正确运用的得分率仅50%。不少教师在阅读教学中重视课文中人文思想的理解感悟，但不太重视字词教学。有些语文课上几乎看不到像样的字词教学。这些现象在中高年级语文课堂上特别明显，并且有朝低年级课堂蔓延的态势，这是不正常的。现在，媒体经常披露有些大学生错别字很多，研究生、博士生写文章语病很多。什么原因？问题出在中小学语文基础不扎实，特别是小学。所以，小学语文课中字词教学一定要抓实，特别是在低中年级。

低年级语文教学一定要特别关注朗读。我们都知道朗读有助于学生理解课文、感悟思想内容，其实朗读更重要的功能是培养学生的语感与促进语言的积累。这堂课里，教师以各种形式、用大量时间让学生朗读，轻声读、默读、集体朗读、重点语段反复读、有感情试读、师生引读互读等。这样朗读可以让学生对课文中生动规范的语句烂熟于心，将其深深地印刻在脑子里。把课文读正确、读流利，可以培养并规范学生的语言习惯，也能有效促进学生语感的形成。中国传统语文教学非常重视朗读、背诵。读一篇文言文，一般的学生至少要读20遍，差的学生甚至要读50遍、100遍，必须保证遍数。因为文言文不读，就不会有语感。其实现代白话文——语体文，也需要形成语感，书面语体文语感的形成也必须靠朗读。语文课中包含各种各样的现代汉语词语和句型，怎样把这些规范的语句输入学生的头脑，最有效的办法就是朗读。现在，我们有些教师把时间花在课文关键内容的分析理解上，这对学生语言的规范和发展其实效用并不大，应该舍得花时间让学生朗读。不是只读一句，而是大段大段地读，一篇篇地读，甚至熟读成诵。把课文读熟，内化为自己的语言，这点做好了，学生的语言过关才有可能。有些孩子的语病怎么产生的？就是他本身的语言不规范。要使这些学生不规范的内部语言规范起来，还是要靠规范的书面语言的大量输入。因此教师要让每个学生都能读好课文，拿起一篇课文都能读正确、读流利，做到朗读过关，这样才能避免让这些孩子输在起跑线上。

说话训练贯穿始终是这堂课非常突出的特点。短短35分钟内教师设计的说话练习至少有3处，一处是开头的“初读课文，整体感知”，让学生从填词语到说一句话，到连起来完整地说一段话，将初读感知设计成一次说话训练，设计很有创意。第二处是让学生模仿课文自己发明无声游戏，然后用上“有时……有时……”，把自己发明的无声游戏说清楚。学生说出了“埋人游戏”“飞枕头游戏”“划船游戏”“石头、剪刀、布游戏”“蒙被子游戏”“捉迷藏的游戏”等，富有童趣，表现出很高的参与热情、丰富的想象力和创造精神。最后一处是用“假如——我成为了爸爸或是妈妈，我一定不会——因为我知道——”的句式表达自己的感悟和受到的教育。这堂课为何给大家感觉语文味比较浓？一个很重要的因素就是在阅读教学过程中教师很有意识地结合课文教学生成各种话题，引导学生参与语言表达的实践。如果针对每篇课文教师都能有意识地设计一两个话题让学生进行语言表达的实践，那语文教学的效率就一定能够大大提高。当然，如何精心设计话题，如何进一步提高语言表达的实效，还有很多问题需要研究。比如，这堂课的三处表达练习互不相干，缺乏内在的联系，学生练过了，但有何提高比较难以体现。如果能够围绕一个目标有联系地设计几个练习，让学生由易到难，由简单到综合地进行表达，开始说几句话，接着说一段话甚至几段话，开始不会说或说得不那么好，通过指导学生进步了，会说了，说好了，呈现出循序渐进的提高过程，能够让学生获得成功的体验，那么学生的参与热情会更高，得到的收获也会更大。虽然这样的练习设计有很大的难度，但应该成为我们追求的方向。

掌　声

执教者：四川省成都市大邑县潘家街小学　伍德友

【教学目标】

1. 巧借“犹豫”“掌声”“忘不了”训练“因为……所以……”的表达方式。

2. 认识结果在前，原因在后的表示因果关系的句子。

3. 学会运用原因在前和结果在前的表达方式。

【评】

这是一堂比较另类的语文课，教师备课时遵循的是“一课一得”的指导思想，非常典型。这堂课的教学目标很明确，就是指导学生认识“前因后果”和“前果后因”这两种表达方式，并且灵活运用因果关系的不同表达方式说话。由于目标集中，教学效果一定是明显的。然而语文课是一门综合性课程，作为语文教材里的一篇课文，必然承担着生字词语学习的任务，必然包含着情感态度价值观的教学内容，这些是不可或缺的，在教学目标中应该有所体现。这个目标表达的只是这篇课文教学目标的重点，还应该补上字词教学和情感态度价值观教育等方面的目标，否则会有目标表达不完整之嫌。

【教学过程】

板块一　检查字词

1. 导入课题并板书。

2. 检查预习，先读准字音，再看拼音写汉字。

zī
小儿麻痹症　落下了残疾　（　　）势

pǔ tōng　gǔ lì　tūn tūn
犹豫　（　　）　（　　）　慢（　　）

（1）指名读，学生书写带拼音的字，教师范写“姿”和“鼓励”，提醒易错的笔画：“姿”字下面的“女”字横要长；励是“厉”加“力”，“厂”字头的一横不要太长。

（2）多音字教学，“落”在这里应读“lào”。

3. 师生一人一句，共读全文。

4. 哪个地方最让你感动？再读一读。

【评】

检查字词预习这个板块设计得不错，可见语文老师尽管主观上想实施一课一得的教学理念，但是在实际教学过程中是绝对不会忽视字词教学这些最基本的教学内容的。一开始就要求学生看拼音默写汉字，对学生字词预习提出了高要求，如果教师坚持这样预习字词的要求，对提高学生预习质量很有促进作用。结合字词默写，教师还重点指导“姿”“励”的书写，提醒多音字“落”的读音，可见教师并没有因为“一课一得”忽视课文中的字词教学内容。

板块二　练习用“因为……所以……”的表达方式解决问题

1. PPT 出示句子：

英子犹豫了一会儿，慢吞吞地站了起来，眼圈红红的。在全班同学的注视下，她终于一摇一晃地走上了讲台。

师：英子为什么犹豫呢？

指导学生用“因为……所以……”的句式完整回答。

2. 同学们给了英子几次掌声？请在书上画出来，并交流。

3. 同学们为什么要给英子掌声呢？指导学生用“因为……所以……”的

句式完整表达两次掌声响起的原因。小组合作：把两句话整合在一起。

4. 在这两次掌声的影响下，英子就像变了一个人似的，不再像以前那么忧郁。几年以后，我们上了不同的中学。英子给我来信说：“我永远忘不了那掌声。”这又是为什么呢？请用“因为……所以……”的句式完整回答。

因为____，所以英子永远忘不了那掌声。

生：因为掌声让英子明白同学们并没有歧视她，所以英子永远忘不了那掌声。

生：因为掌声极大地鼓励了英子，所以英子永远忘不了那掌声。

生：因为掌声让英子找到了生活的勇气，使她能微笑着面对生活，所以英子永远忘不了那掌声。

……

5. 揭示“前因后果”的表达方式。

师：刚才我们用“因为……所以……”这组关联词来表达了自己的看法。“因为”后面是在说什么呢？（生：原因）“所以”后面是在说由于前面的原因而引出的什么呢？（生：结果）

板书：（1） 因为…… 所以……
↓ ↓
（原因） （结果）

【评】

第二板块直奔主题，指导学生认识“因为……所以……”的句式。教师充分利用课文资源，设计了三次因果关系的表达练习：“英子为什么犹豫呢？”“同学们为什么要给英子掌声呢？”“‘我永远忘不了那掌声。’这又是为什么呢？”引导学生根据结果说清原因。然后再以板书形式帮助学生认识“前因后果”的句式。由于学生有了多次表达实践，因此很容易认识这种句式。先实践再总结，从感性到理性，这样的指导顺序是符合儿童认识规律的。

板块三　认识先说结果，后说原因的表达方式

师：我们刚才说话都用上了“因为……所以……”的句式，也就是先说原因，后说结果。但是，课文中有这么一句话，却与我们刚才的说法有点不一样。

1. PPT 出示句子：

我永远不会忘记那掌声，因为它使我明白，同学们并没有歧视我。

2. 齐读，抽读，寻找不同。

3. 头脑风暴，看谁反应快。师：读原因，读结果，读结果，读原因。

4. 课文中还有一处，也运用了先说结果，后说原因的表达方式，你能把它找出来吗？

她很文静，总是默默地坐在教室的一角。上课前，她早早地就来到教室，下课后，她又总是最后一个离开。因为她得过小儿麻痹症，腿脚落下了残疾，不愿意让别人看见她走路的姿势。

5. 小组合作：哪里是在写原因？哪里是在写结果？

6. 小结板书：（2）　……因为……

↓　　↓

（结果）（原因）

7. 对比两种句式，你有什么发现？（恰好相反）

8. 你们能把它们改为“因为……所以……”的表达方式吗？

生：因为它使我明白了，同学们并没有歧视我，所以我永远忘不了那掌声。

师：好极了，一起来一遍。

生：因为她得过小儿麻痹症，腿脚落下了残疾，不愿意让别人看见她走路的姿势。所以她很文静，总是默默地坐在教室的一角。上课前，她早早地就来到教室，下课后，她又总是最后一个离开。

师：太棒了，一起来一遍。

【评】

这一板块指导学生认识因果关系的另一种表达句式“前果后因”。教师还是从课文中寻找资源，通过两处前果后因的例句，指导学生认识因果关系的另一种表达方式。教师还利用板书，并且要求把“前果后因”句式改为“前因后果”句式，这样学生对因果关系的两种不同表达句式认识得更加清晰了。

板块四　回归课题，迁移练习，用因果关系的两种表达方式进行实践

1. 齐读课题，你认为这“掌声”背后隐藏的是什么呢？（爱、表扬、鼓励、赞美……）

师：（指板书）我们今天学习了两种不同的表达方式，一种是先说原因，再说结果，另一种是先说结果，再说原因，你学会了吗？下面我们来检测一下，在检测之前，我要先教大家做一个小游戏，如果发言的同学用的是第一种表达方式，等他说完后，我们就伸出一根手指。如果是第二种，我们就伸出两根手指。

2. 你为什么喜欢英子？你喜欢英子吗？（任选一问回答）

任选一种表达方式来答。（学生用手指来判断发言的同学用的是哪一种表达方式）

预设：

生：我喜欢英子，因为英子虽然是残疾人，但她很勇敢。

生：因为英子的普通话说得很好，声音也十分动听，所以我喜欢英子。

生：因为英子超越了自己，所以我喜欢英子。

生：我喜欢英子，是因为英子很有礼貌。

生：……

3. 你喜欢你的同学、老师、学校或者父母吗？任选一种句式表达你的想法。（学生依然用手指来判断发言的学生用的是哪一种表达方式）

4. 总结。

一堂课很快就结束了，这节课我们学会了什么呢？

板书：

掌声→（爱、表扬、鼓励、赞美……）

（1）因为……所以……

↓　　↓

（原因）（结果）

（2）……因为……

↓　　↓

（结果）（原因）

【评】

最后的板块还是围绕因果关系句式的迁移运用设计了两次表达练习：一次是“你为什么喜欢英子”“你喜欢英子吗”任选一问回答，一次是“你喜欢你的同学、老师、学校或者父母吗”。前面两个板块旨在让学生认识两种不同表达，这次练习是灵活运用。需要指出的是，教师在学完课文以后让学生用表示因果关系的句式说清楚喜欢英子的原因，其实就是让学生谈自己学完这篇课文以后在思想情感方面的收获体会，非常巧妙地将句式练习与情感态度价值观教育有机地融为一体。

【设计者体会】

本课的教学目标很简单，就是认识因果关系的两种特殊表达方式。在教学中，我巧借“犹豫”“掌声”“忘不了”三个词语，让学生认识到，我们一直是先说原因，后说结果。接着过渡到文本中的先说结果，后说原因的句子，让学生认识两种不同的表达方式。再由“因为……所以……”“……因为……”举一反三，让学生结合文本，结合生活，尝试实践运用，强化对这两种句式的认识，从而达成教学目标。板书的设计主要体现两点，一是简单清楚地展现两种不同句式的特点；二是揭示“掌声”的内涵。

课程与教学论专家崔允漷在《基于课程标准：让教学“回家”》一文中

这样说：“如果只有‘教什么’‘怎么教’，而没有‘为什么教’‘教到什么程度’，那么，‘教什么’‘怎么教’是没有方向的，就像一个旅人行走在没有目的地的路上……显然，这不是国家基础教育，也不是教师的专业活动。因为，‘为什么教’‘教到什么程度’是‘教什么’‘怎么教’的正当理由，也是教学质量唯一可参照的内在证据。教师只有明白了‘为什么教’‘教到什么程度’，才能明白‘教什么’‘怎么教’，这是课程领域的一条因果定律。”本课教学设计的教学目标是让学生借助教材内容，用“因为……所以……”的表达方式来解决问题，在解决问题的过程中明白他们是先说原因，后说结果；再结合教材让学生明白还可以先说结果，再说原因，只用一个关联词“因为”；最后让学生在实践中尝试运用这两种句式来进行表达。

我将因果关系的句式表达学习分为两个层次，一是认识与浅层运用，在小学中段完成；二是区别两种表达方式的不同再深层运用，在小学高段完成。本课教学旨在让学生认识这两种不同的表达方式，并作浅层运用。只要学生能正确区分两种表达方式，并能简单运用即可。虽然两种句式表达的意思完全相同，但在用法上还是有区别的。如文本中两处因果关系的用句都是运用先说结果，后说原因的方式呈现，可不可以换成先说原因，后说结果呢？显然是不可以的，结果在前，强调的是结果；原因在前，强调的是原因。就好比当我们在问“英子为什么犹豫？”时，强调的是原因，所以要用“因为……所以……”来回答。当我们在问“你喜欢英子吗？为什么？”这两个问题的时候，显然要先强调结果，就要用“……因为……”的表达方式。这是第二层次的学习，将放在小学高段，等学生有了大量的阅读积累以后，再进行教学。因此，本课的学习主要是为高段的进一步学习打下基础。

【总评】

这是一堂很有思想的语文课，也一定是很容易引起争议的语文课。与通常的讲读课相比较，这堂课比较另类。不同在哪里？因为这堂课的教学重点就是集中在一个点上，让学生认识因果关系的两种不同表达句式，教师攻其一点，不及其余，回避了课文思想内容的逐段分析，回避了课文中诸多的语文知识的讲解。很明显，教师设计这堂课秉持的是“一课一得”的观点。当然语文课要像数理化课那样真正上成“一课一得”是很难的，因为学生在学习课文的时候，一定要学习课文中的生字新词，一定会关注课文中所表达的同学之间的关爱之情，这是不可能回避的。因此教师虽然在主观上竭力想落实并突出“一得”，这在教学目标的表述中可以明显地感受到，然而学生学习过程中客观上收获的不止“一得”，而是“一课多得”。

以课文为例，集中教学某一个语文知识或训练某一种技能，这样的课是否可行？至少我是认同的。伍老师围绕因果关系的两种不同表达句式，分四个板块集中教学，第一板块教学字词，第二、第三两个板块分别介绍先因后果、先果后因两种句式，最后一个板块引导学生迁移运用。由于教学目标选择集中单一，教学过程设计层次递进，因此教得很扎实，也很有效。长期以来我们的语文课都是随课文教学语文知识和进行听说读写技能训练，一堂课教学的知识和训练的技能表面看是不少，但都是蜻蜓点水，一掠而过，学生似乎理解，但大多不会运用。其实零打碎敲的知识教学和技能训练基本无效。教学语文知识的目的是为了运用，而学生要会运用必须经过亲身实践。集中教学某一种语文知识的最大好处是可以留出时间让学生去运用，去实践。零打碎敲地教学语文知识，课文有什么就教什么，有限的课堂教学时间就会被教师的分析和讲解撑满，挤压了本该用于学生实践的机会，这是语文课教学效率不高的重要原因。其实一篇课文到底教什么，教师拥有完全的自主权。教师可以教一个知识或技能，也可以教十个甚至更多的知识技能。语文教师必须牢固确立这样一种观念——“伤其十指不如断其一指”。语文是一门实践性课程，语文教学的效率很大程度上取决于学生实践活动时间的多少。

有教师可能会提出，这堂课教师只抓因果关系句式训练，有把语文课上成技能训练课之嫌，这样上语文课会影响学生对课文思想内容的理解，消解语文课思想教育的功能。其实这种认识是片面的，是对语文课思想教育的误解。因为学生在运用因果关系句式说话时，表达的内容不可能离开课文的思想内容；

为了正确完整地把因果关系说清楚，学生必须积极主动地理解课文思想内容。比如学完课文以后让学生用因果关系的句式说清楚喜欢英子的原因，就是引导学生谈自己思想情感方面的收获体会，就是学生进行审美、自我教育的过程。其实语文教学天然地隐含着思想情感的教育，工具性和人文性的结合是语文课程的基本特点。这堂课表面看是因果关系句式训练，其实学生同时也在接受情感态度价值观教育，语文课情感态度价值观教育的最佳方式就是渗透在语文训练的过程中，应该是润物细无声的。那些脱离语言文字进行的所谓思想教育，或多或少地会异化语文课的课程性质，一定不是最聪明的做法。

我认为这堂课的问题主要不是思想教育力度不够，也不是有专项技能训练课之嫌，而是学生朗读课文的时间太少，生字、词语教学还不够到位。小学语文课文最基本最重要的教学功能是扩大学生语言积累，丰富学生的遣词造句经验，并在此基础上培养学生的语感。为此教学每一篇课文都应该要求学生读熟，达到熟读成诵、烂熟于心、脱口而出的程度，这对语言发展最佳期的儿童尤为重要。按此目标来评价这堂课，就很容易发现这堂课花在读熟课文、积累语言上的时间是严重不足的。其次还可以讨论的是因果关系两种句式这一知识点教学是否应该放在三年级，是否应该确定在这篇课文教学。但这是语文课程理论应该研究的问题，单就这篇课文讨论这个问题是不可能有结论的。

“番茄太阳”

执教者：江苏省苏州市吴江区盛泽实验小学　薛法根

【教学目标】

1. 能正确认读生字，并运用多种方法理解词语的含义。
2. 学习借助“情感线索”概括课文的主要内容。
3. 能联系生活理解“番茄太阳”的多重含义，并交流各自的见解。

【教学过程】

（一）

师：谁会读这些词语？（相继出示：蔬菜、亲戚、捐献）

生：我会读——蔬菜。

师：你养成了自学的好习惯，祝贺你！你最喜欢吃哪些蔬菜？

生：青菜、黄瓜、西红柿，还有藕。

生：土豆、扁豆、蚕豆、毛豆……（众笑）

师：你可真逗！（众大笑）净吃“豆”，不吃其他的吗？

生：不是，还吃青菜、白菜、菠菜……（众又大笑）

师：听出来了吗？这位同学按照蔬菜的名称归类着说，真了不起！（掌声）谁会读第二个词？

生：我会读——亲戚。

师：你有哪些亲戚？

生：爷爷、奶奶……（众议论纷纷）

生：爷爷奶奶是自己家里的人，不是亲戚。

师：对啊，你爷爷奶奶听说你把他们当成亲戚，会很伤心的。想一想，哪些人才是你家的亲戚？

生：叔叔、阿姨、舅舅、舅妈、表哥、姨妈……

师：对啦，你家亲戚真不少啊！我是你家亲戚吗？

生：老师不是亲戚，因为和我家没有关系。

师：准确地说是没有血缘关系。谁会读第三个词？

生：我会读——捐献。

师：你捐献过吗？

生：去年汶川大地震的时候，我为灾区捐过钱。

师：多善良的孩子！

生：我也为汶川灾区捐过钱，还……还捐过衣服，是旧的。（难为情地）

师：（抚摸孩子的头）尽管是旧的，但你的心一样是善良的，比金子还珍贵！（掌声）

师：这些生词会读了，那么，下面这几个同音字你们会写吗？［相继出示填空，请一个学生写在黑板上：

máng（　　）童，máng（　　）碌；清 cuì（　　），青 cuì（　　）］

师：请你读一读，同学们一起看他写对了吗？

生：（读词语）盲童，忙碌。

生：写对了。

师：（指着“盲”字）失去眼睛，什么都看不见了，就成了“盲”人；（指着“忙”字）失去自己的心，一点空闲也没有了，就成了“忙”人。

生：清脆，青翠。（“翠”字下面的“卒”字一竖顶到了上面一横）

师：仔细看这个“翠”字，笔画不多不少，但是这一竖过了头。看老师写。（范写一个很大的“翠”字）看清楚了吗？仔细看一看自己写的“翠”字。

（生纷纷低头检查，有的立即修改）

师：这两个词，同音不同字，特别容易混淆。一起读一读。

（生齐读）

师：一片（　　）的竹林里，传来一阵（　　）的鸟鸣声。分别选择哪个词？

生：青翠的竹林是第二个青翠，表示绿的颜色；清脆的鸟鸣是第一个清脆，表示声音。

师：是形容声音悦耳、响亮！（生点头）你不但用对了，还能区分两个词语的含义，真不简单！知其然，还要知其所以然！

【评】

第一环节字词教学，教师将课文中的生字、词语分成两组：第一组是对蔬菜、亲戚、捐献三个词义的深入理解，第二组是通过填空认识两对同音字。让学生当场写一写，可以加深记忆，特别是可以及时发现学生书写时容易写错的地方，比如“翠”字最后一笔。“青翠”和“清脆”容易用错，教师提供一个语境让学生当场用一用：“一片（青翠）的竹林里，传来一阵（清脆）的鸟鸣声。分别选择哪个词?”这样教学词语可以防患于未然，显得非常扎实。

（二）

师：这个课题有什么特别的吗?

生：加了一个引号。

师：是啊，为什么要加一个引号呢?

生：番茄是番茄，太阳是太阳，这两样东西怎么会联系在一起呢?

师：的确让人疑惑!

生：世界上有“番茄太阳”吗?

师：是啊，这是一个怎样的事物呢?

生：这个题目是红色的。（众笑）

师：你的意思是老师为什么用红粉笔写题目，是吧?

生：是的。

师：课文围绕“番茄太阳”，到底写了一个怎样的故事呢？请你认真阅读课文，读后给大家说说，故事写了什么内容。

（生投入地朗读，教师巡视）

师：谁来简要地说说课文围绕“番茄太阳”写了一个怎样的故事?

生：“我”来到一座城市，心情很灰暗，后来在菜市场遇到一个盲童，她叫明明。“我”和她发生了一些事情，心情就变好了，感到很温暖。

师：你注意到了作者心情的变化，开始是“灰暗”的，最后是“温暖”的，体会得很准确。（板书：灰暗，温暖）但是，“我”和明明之间发生了什么事情呢?

（生迟疑地不说话）

师：这个概括起来有点难。想一想：“我”，明明，明明一家人，在一起……

生：（恍然大悟的样子）哦，“我”和明明一家人一起生活，一起说话。明明特别爱笑，让“我”感到很快乐，很温暖。

师：真不错！你看到了特别爱笑，不简单！还看到了“我”和明明一起生活，一起说话，可以用“常常一起聊天、交谈”来概括。现在，你再来说一说，好吗？

生：（高兴地）好！“我”来到了一座新的城市，（师：“新”字很准确）心情灰暗无比。（师：用词恰当）后来，“我”遇到了一个叫明明的盲童，她只有5岁，特别爱笑，（师：语言简练）“我”和她一起聊天，一起交谈，感到很快乐。（师：还没完呢）临别时，明明说等她长大后要把腿给“我”，“我”一下子哭了。（师：是伤心吗？）“我”一下子感动得哭了，心里非常温暖。

师：再完整地说一遍！

（生重述，很有条理）

【评】

这是一次概括主要内容的训练。学生第一次概括注意到了作者心情的变化，但是没有把“我”和明明之间发生的事情说清楚；在教师的指导下再次概括，学生用了“一起生活，一起说话”，语言不够简洁；在教师指导下第三次概括，教师通过随机插话，让学生明白了概括主要内容要“用词准确、恰当，语言简练，把意思概括完整”；最后再让学生完整地重述一遍，再一次体会概括的要求，以使整个指导过程的效果最优化。教师不仅追求答案的正确，更着眼于方法的指导，以求学生今后概括主要内容时能进行能力的迁移。指导的虽然是一个学生，但是面对的是全班学生。

师：有什么体会？

生：读书要仔细，要动脑筋想。

师：（赞许地）还有吗？

生：要积极发言，要听老师的话。（众大笑）

师：没错！你积极发言，老师就积极帮助你！你就进步了！现在，谁想进步？

生：我想进步！

师：那就说吧！（生疑惑）说说你还知道课文写了些什么。

生：“我”原来的心情灰暗无比，可自从认识了盲童明明以后，看到她始终微笑着生活，还说要把她的腿给“我”，心里深受感动，觉得非常温暖。

师：“始终微笑着生活”概括得准确！

生：同样是残疾人，“我”的心情灰暗无比，盲童明明虽然只有 5 岁，但是一直露出天真的笑容，很乐观。“我”从明明身上受到启发，于是心里也变得温暖了。

师：你善于将两个人作比较，比较着看故事中的人物，就能看得比较深刻。（众笑）“我”从明明身上受到的不是启发，而是“感染”，对吧？

生：明明虽然只有 5 岁，虽然什么都看不见，但是她一点也不灰心丧气，对生活依然很乐观，而且她还要把腿送给“我”，很善良，很有爱心。这让“我”这个大人感到很惭愧，心里感到很温暖。

师：你从明明的角度来概括，也很不错！

（生自由地交流阅读心得）

师：看来，同学们对课文的内容和情感有了一定的了解，概括得真不错！特别是同学们能注意到课文中作者感情的变化，从一开始的“灰暗无比”到最后的“温暖如春”。读一读课文的开头和结尾，体会一下。

生：（读第 1 自然段，读得很轻松）那年，我来到了这座城市，临时租住在一栋灰色的旧楼房里。生活很艰难，心情灰暗无比。

师：读得不错，但你可以读得更好一些。老师告诉你，这篇文章的作者卫宣利阿姨在 17 岁那一年遭遇车祸，失去了双腿，一下子跌进了痛苦绝望的深渊里。体会一下，再读——

（生读得缓慢、沉重）

师：老师再告诉你，24 岁那一年，她因婚姻与父亲大吵一场，离家出走，来到这座陌生的城市，靠写作为生。可是，投出去的稿件常常石沉大海，生活极其艰难。体会一下，再读。

（生读得非常投入，很有感情）

师：了解了作者特殊的生活经历，你才能体会到字里行间那一份特别的感情，才能做到有感情地朗读，明白吗？自己读一读最后一个自然段。

（生朗读）

【评】

这一环节有两个重点，一是让学生概括课文内容，二是指导朗读，关键是要正确把握文章的思想感情。简要地说说课文围绕“番茄太阳”写了怎样一个故事，这是概括课文主要内容的练习。这类练习既是简要概括的训练，也是语言表达训练。作为语文课的表达练习，不仅要追求理解的正确，更要追求语言表达的正确。

（三）

师：“番茄太阳”这个名字是怎么来的？请你认真读读课文，画出关键的句段。

生：（默读课文后，朗读关键的段落）接连下了几场雨，终于晴了。阳光很好，碧空如洗，树叶绿得发亮。明明的妈妈感叹道：“天气真好啊！”“是啊！太阳总算出来了。”我说。明明好奇地问：“阿姨，太阳是什么样的？”我想了想：“太阳很温暖，很大很圆，早晨和傍晚是红色的……”我忽然想到明明根本不可能知道颜色，就住了口，不知道该怎么说下去。明明的爸爸挑了一个大大的番茄放在明明手上，说：“太阳就是这样的，你摸摸看。”明明一面用手摸一面笑：“真的吗？太阳像番茄吗？那我就叫它番茄太阳。”明明咯咯的笑声银铃样清脆，一串一串地追着人走。“番茄太阳”这个名字是明明取的。

师：有不同的看法吗？

生：明明看不见太阳是什么样的，“我”又说不清太阳是什么样的，是明明的爸爸急中生智，为了不让明明难过，就拿了个番茄，对明明说太阳就像个番茄，明明就把太阳叫作“番茄太阳”了。

师：你说了“番茄太阳”这个名字的由来，很完整！

【评】

“这个名字是怎么来的”，这是学生对“番茄太阳”的第一层理解。

生：明明是个盲童，只能靠摸来认识这个世界上的东西。她看不见真正的太阳，只能摸到像太阳的番茄，在她的心里太阳就像番茄一样，所以她就把太阳叫作“番茄太阳”。这是明明心目中的“太阳”。（掌声）

师：说得真透彻！你会把“太阳”说成是“番茄太阳”吗？

生：不会！因为我看得见太阳，太阳就是太阳，番茄就是番茄，虽然太阳和番茄有点像，但我不会搞错的。（众笑）

师：在常人看来，把“太阳”说成“番茄太阳”，是很可笑的。“番茄太阳”这个名字或许是错的，但是，在一个盲童看来，这个名字具有特别的意义。我们来体验一下，假如你现在双目失明，再也看不见自己的父母，再也——

生：看不见自己的同学和老师。

师：再也——

生：看不见美丽的春天了。

师：再也——

生：看不见繁华的街道了。

师：再也——

生：看不见心爱的小狗了。

师：再也——

（生回答）

师：你会觉得生活变得怎么样了？

生：黑暗无比，什么都看不见了。

生：失去了意义，活着好像已经死了。

生：生不如死，只能靠别人活着……

师：然而，在明明的世界里，虽然看不见这个世界上那么多美好的东西，但是，她还可以用手摸。黄瓜看不见，一摸——

生：（复述课文句子）长长的，皮上有刺。

师：豆角看不见，一摸——

生：（复述课文句子）扁扁的，光滑点。

师：番茄看不见，一摸——

生：圆圆的，很好看。

师：好看？她看得见吗？什么样的？

生：圆圆的，滑滑的，软软的。

师：于是，手就成了——

生：她的眼睛！

师：于是，她小小的心——

生：变得明亮了。

生：变得快活了。

生：变得丰富了。（掌声）

师：阿姨怎么走路看不见，她一听——

生：阿姨是用拐杖走路的，就知道阿姨是个腿有疾病的残疾人。

师：于是，耳朵就成了——

生：她的眼睛。

师：天上的云怎么飘的，雨是什么形状，她看不见，但可以——

生：问。

师：于是，嘴就成了——

生：她的眼睛。

师：天上的太阳看不见，她可以——

生：用手摸。（众笑）

师：你摸得着吗？（众大笑）

生：只能摸番茄，一摸就把太阳想象成番茄那样了。（众笑）

生：她可以问，她可以用心想。（赞叹声）

师：于是，她的心里就有了——

生：一双眼睛！（赞叹声）

师：不仅仅是一双眼睛啊！她心里还有了——

生：一种快乐！

生：一种满足！

生：一种自信！

生：一种对生活的向往！

生：一种对生活的热爱！

生：一种发自内心的微笑！（赞叹声）

师：于是，盲童明明创造出了她心目中的“太阳”，创造出了这个世界上最美的名字——“番茄太阳”！（板书：最美的名字）读这段话！

【评】

进一步引导学生感悟“番茄太阳”的名字对一个盲童有着特别的意义，这是盲童明明创造出的心目中的“太阳”。这是对“番茄太阳”的第二层理解。

生：（齐读）明明一面用手摸一面笑：“真的吗？太阳像番茄吗？那我就叫它番茄太阳。”明明咯咯的笑声银铃样清脆，一串一串地追着人走。

师：笑声有脚吗？怎么能追着人走呢？

生：明明的笑声很清脆，传得很远很远。（众笑）

师：像无线电一样传得远吗？（众大笑）

生：不是，是说明明的笑声留在了“我”心里，让“我”久久地回味。（赞叹声）

生：是明明的笑声中乐观的精神感染了“我”，让“我”也快乐起来了，所以好像一直回荡在“我”耳边一样。

生：是明明的笑声很有感染力，让“我”郁闷的心情变得开朗起来了，所以说是追着“我”走。

师：明明的笑声感染了沉浸在苦闷之中的“我”，于是，“我”不再觉得度日如年，而是——

生：（齐读）日子过得很快，明明像小屋里的光线，带给了我许多快乐。

她问我许多奇怪的问题，比如天上的云怎么飘的，雨什么形状……我耐心地回答着她，看着她的笑脸，觉得那就是最美的“番茄太阳”。

【评】

从名字联想到明明的笑容，引申出明明的笑脸就是最美的“番茄太阳”，这是对“番茄太阳”的第三层理解。

师：这里的“番茄太阳”不仅仅是个最美的名字，也是指明明的笑容。谁都会笑，美丽的笑脸随处可见，为什么只有明明的笑脸，才是最美的“番茄太阳”？联系上下文读一读，想一想。

生：明明是个盲童，却仍然像正常的小孩子一样快乐，她的笑说明她是勇敢的。

生：如果我已经瞎了，就只能哭，而明明却能一直这样微笑着，这是一般人做不到的，所以说她是最美丽的。

生：明明长得很漂亮，一笑就更美丽了。（众笑）

师：何以见得？

生：（读课文）如果不是盲童，明明挺漂亮的：乌黑的头发，象牙色的皮肤，精致的眉毛，笑起来像个天使。看着她，让人隐隐心疼。

师：哦，你关注了这一段，很细心！如果你能从外在的笑容之美，看到微笑背后的内在美，就读到课文深处了。

生：明明不但自己微笑，而且还带给“我”快乐。课文中说：“明明像小屋里的光线，带给了我许多快乐。”能给别人带来快乐的人，她的笑容当然是最美的。

生：明明最后对“我”说：“阿姨，妈妈说我的眼睛是好心人给我的。等我好了，等我长大了，我把我的腿给你，好不好？”明明有一颗纯洁善良的心，所以她的笑容是最纯洁的，也是最美丽的。世界上没有什么比美丽的心灵更美丽的东西了！（掌声）

生：一个能把快乐和幸福带给别人的人，就是长得再丑，笑容也是最美的！

师：你见过天使吗？

生：见过。（笑声）

生：在书上看到过。长着两个翅膀，可以飞的。

师：对，神话中的天使是善良和快乐的象征，能带给人间幸福。明明用自己充满善意与爱意的微笑，感染了每一个人，温暖了每一个人！于是，她，就成了天使，拥有了这个世界上最美的微笑——天使般的笑容！（板书：最美的笑容）读最后一个自然段——

生：（齐读）那个正午我坐在窗口，看满街的车来车往，眼前总浮现出明明天使般的笑脸。红红的“番茄太阳”一直挂在我的心中，温暖着我的心。

师：这里的“番茄太阳”不仅仅是最美的笑容，也是挂在“我”心中的一轮太阳。太阳只能挂在天上，怎么能一直挂在“我”的心中呢？你能读出语言背后的那层含义吗？

生：这里的“番茄太阳”是指明明美好的心灵，是她那颗善良的心，她愿意把自己的腿给“我”。

生：这里的“番茄太阳”是明明对生活乐观的精神，明明感动了“我”，激励着“我”，使“我”心中有了奋斗的勇气。（掌声）

生：我觉得是明明这个盲童让“我”变得快乐了，乐观了，不再觉得生活是灰暗无比的了。

师：注意，“‘我’变得快乐了，乐观了”，这个“番茄太阳”是谁的“太阳”？

生：是“我”自己心里升起来的“太阳”。（掌声）

师：这个“太阳”就是——

生：对生活的乐观。

生：对生活的热爱。

生：顽强地生活下去的勇气……

师：这样一个“番茄太阳”，才是世界上最美的太阳！（板书：最美的太阳）因为它就在你的心里，照亮你的前程，温暖你的一生！

【评】

第四层进一步引申出“番茄太阳”不仅仅是最美的笑容，也是挂在“我”心中的一轮太阳。这一板块围绕着对“番茄太阳”这一名字的感悟展开教学，由表及里，层层递进地揭示出课文中这一名字所包含的丰富含义。第一层理解“这个名字是怎么来的”；第二层进一步感悟“番茄太阳”的名字对一个盲童的特别意义；第三层从名字联想到明明的笑容，引申出笑脸就是最美的“番茄太阳”；第四层进一步引申出“番茄太阳”不仅仅是最美的笑容，也是挂在“我”心中的一轮太阳。整个过程中教师引导学生读读悟悟议议，从课文语句中解读出“番茄太阳”这一名字的不同意义，从而将学生的思考逐步引向文本深处。这样一个由具体到抽象的引导过程和感悟过程，充分体现了执教者深厚的文本解读功力和教材处理艺术。

（四）

师：其实，作者卫宣利阿姨经历了人生的变故之后，深深地领悟到了生活的艰辛，也真切地体验到了生活的意义。当她看到盲童明明天真无邪、灿烂如花的笑容的时候，心里便流出了这样一句话：心底有了快乐，光明还会远吗？

生：（齐读）心底有了快乐，光明还会远吗？

师：（擦去“光明”）对明明来说，心底有了快乐，________还会远吗？

（生纷纷举手，师笑而不答）

师：（继续擦去“快乐”）对我们来说，心底有了________，________还会远吗？请你写两三个句子，表达你对生活、对人生新的认识。

生：（写后交流）心底有了快乐，幸福还会远吗？心底有了善良，微笑还会远吗？

生：心底有了勇气，信念还会远吗？心底有了信心，成功还会远吗？

生：心底有了光明，快乐还会远吗？心底有了快乐，幸福还会远吗？心底有了幸福，春天还会远吗？（掌声）

师：你发现三个句子有什么特别的吗？

生：第一句的最后一个词语是第二句的第一个词语。

师：这叫“顶真”，是一种修辞手法，一般只有作家才能写出这样美妙的句子！

生：心底有了勇气，力量还会远吗？心底有了春天，冬天还会远吗？（众笑）

师：你到底要给人春天还是冬天啊？“冬天到了，春天还会远吗？”你想把雪莱的诗句改编一下，但是把意思颠倒了！

生：心底有了准备，信心还会远吗？心底有了信心，100 分还会远吗？（众笑）

师：（接话）心底有了 100 分，完美的追求还会远吗？心底有了追求，成功还会远吗？

生：心底有了“番茄太阳”，灿烂的笑容还会远吗？心底有了“番茄太阳”，美好的生活还会远吗？心底有了“番茄太阳”，幸福的人生还会远吗？（掌声）

师：这三个句子有什么特别的吗？

生：都是写心底有了“番茄太阳”，就有了什么，是个排比句。

师：含义丰富，语句优美，再让我们欣赏一遍！

（生大声地朗读）

师：祝愿每个同学心底有个“番茄太阳”，一切都离你不会太远！下课！

【评】

这一板块的目标是写几句话，教师规定了写话的句式：心底有了________，________还会远吗？要求“写两三个句子，表达你对生活、对人生新的认识”，以书面形式表达自己的阅读感悟，既是对文本阅读的总结，也是一种动笔写话的练习。如果是口头交流，参与的学生会十分有限，但安排书面写话，参与的就是全体学生。最后的写话交流和教师评点，可以让全体同学分享同伴思想的火花。个别同学写出的含义丰富、优美的语句，可以让伙伴得到更多的启示和收获。

【总评】

一直欣赏法根的课，简约朴实，清新自然。仅凭着一支笔，一本教材，然而却总能让人回味咀嚼，念念难忘。

阅读教学中师生面对的都是一篇篇课文，不少教师将课文内容当成课程内容，热衷于课文内容的理解和思想情感的感悟。着眼于“教课文”，那样的阅读教学一般效率都不会高。阅读课教学指向的不应该是课文内容，而应该是课程内容。“课文内容”和“课程内容”是两个概念，后者主要指语文知识、方法以及语文能力等课程必须达成的目标内容，而课文只是完成课程内容（目标）的教材。如果把课文内容视作教学的主要目标，就会把语文课上成思品课、社会课，甚至是常识课、历史课等，就会异化语文课的性质。因而从语文课程的视角选择好每篇课文的目标内容，是上好语文课的前提，也是提高阅读教学效率的关键。

薛法根在阅读教学中多采用组块教学的方式开展教学过程。用他自己的话说就是：教学活动力求整合，形成板块，每个板块对应一个目标，每一个目标都有相应的教学活动。本课例设计了四个板块，第一板块的目标是字词教学；第二板块讨论课文主要写了怎样一个故事，属于概括主要内容的训练；第三板块是理解课文中“番茄太阳”的深刻含义，是感悟力的训练；第四板块是写句子，属于书面语言表达的练习。每个板块的目标集中而明晰。组块教学最大的优点是可以摆脱以文本解读为主线的窠臼，按照组块目标设计教学活动，容易将课程目标落到实处。文本解读在阅读课中是不能绕开的，但它只是阅读课教学的一项工作，将文本解读放大成阅读课的全过程，就会窄化阅读课教学任务，严重挤压听说写训练的时间和空间。本课例设计将文本的解读感悟压缩成教学过程中的一个板块，所占时间大致为四分之一，其他四分之三的时间用于字词教学、概括主要内容和写话训练，这样自然就能提高阅读课的教学效率。

字词教学应该成为各年级阅读教学的重要任务，始终不能放松。中高年级学生有了一定的自学字词的能力，字词理解可以通过自学完成，因而不少教师在阅读教学中往往忽略字词教学，省下时间用于解读文本，这其实是不对的。中高年级字词教学当然与低年级有所区别，不必逐字逐词，平均使用力气。但是对于容易理解错的字词，容易读错、写错、用错的字词，任何年级都不应该忽略，即使在中学，也要进行强化性识读。本课字词教学环节中，教师采用分类教学的办法，一类是联系学生生活经验，着重意义方面的深入理解，另一类是将课文中的音近字配对教学，并且通过填空，让每个学生都能强化记忆。字词教学的目标大致可以分为三个层次，第一是准确读写，第二是正确理解，第三是正确运用。许多教师往往把教学词语的目标定位在正确读写和理解意思，认为词语读准了，写对了，意思理解了，词语教学任务就完成了。其实运用词语才是词语教学的最高境界，也是词语教学的最终目标。课例中对“亲戚”“捐献”“清脆”“青翠”等词语的教学，都着眼于词语的运用，体现出执教者对字词教学目标的深刻认识。

按照课程标准的指示，中高年段阅读教学应该重视学习方法的指导。从某种意义上来说，掌握学习方法比理解课文内容更为重要。学习方法是一种程序性知识，关键不在于对方法概念和步骤的理解，而在于对方法的实际运用。本课例第二板块就是一次精心设计的概括课文主要内容的训练。通常的做法是指名几位学生把主要内容说清楚，达到教师预设的标准答案，就算完成了。课例中薛老师不以追求答案的正确为目标指向，而是将学生正确理解概括主要内容的方法作为最终诉求，并根据这一目标精心设计，细心指导，让学生通过实践明白概括主要内容须“用词准确、恰当，语言简练，把意思概括完整”。明白了这些要求后，又让其他学生从不同的角度来概括课文主要内容，通过反复实践掌握概括主要内容的方法，并且进一步理解概括主要内容可以是多元的，可以从各个角度去概括，其标准答案也不是唯一的。

需要指出的是，阅读教学除了提高学生阅读理解能力，帮助学生掌握阅读方法，还承担着发展学生语言的任务。整个小学阶段学生都处于语言发展的关键期，通过课文阅读扩大学生的语言积累，进行口头和书面语言表达训练，应该是贯穿小学阅读教学的重要任务。我研究过法根不少课例，每堂课大多安排扎实的表达运用的实践。这堂课的第四板块“写几句话”，让学生以书面形式表达自己的阅读感悟，既是对阅读文本的总结，也是一种表达练习。因为是书面写话，所以受益的是全体学生。阅读教学中教师必须要有发展学生语言的强烈意识，要想方设法创造课文语言输入和输出的机会，让学生在实践中提高语言表达能力，获得语言表达的策略，提高语言表达的质量。

最后再谈谈阅读教学如何体现语文课程人文性的问题。工具性和人文性的统一是语文课程的基本特点。所谓统一，不是两种特性的物理性结合，而是有机整合，是融为一体的。课例中教师教学“亲戚”这个词语，“爷爷奶奶听说你把他们当成亲戚，会很伤心的”，既是对亲戚一词的理解，又含有道德伦理教育。教学“捐献”这个词语，老师问：“你捐献过吗？”学生回答：“去年汶川大地震的时候，我为灾区捐过钱。”一个学生难为情地说自己“捐过衣服，是旧的”，老师抚摸孩子的头说：“尽管是旧的，但你的心一样是善良的，比金子还珍贵！”词义教学和爱心教育有机融合。许多教师对人文教育的理解往往局限于思想道德、伦理价值观教育等领域，其实语文课程人文教育的内涵非常广泛。比如教学“盲、忙”两个汉字：“失去眼睛，什么都看不见了，就成了‘盲’人；失去自己的心，一点空闲也没有了，就成了‘忙’人。”表面看是一种指导学生记住生字字形的工具性教学，其实其中包含着汉字文化教育。再看教师怎么教学“翠”字，先让学生“仔细看这个‘翠’字，笔画不多不少，但是这一竖过了头。看老师写”，然后再让学生纠错。这是纠正错字的写字指导，但其实也是一种学习态度和习惯养成教育：观察要认真仔细，写字要一丝不苟。其实说到底，语文知识教学、语文技能训练都不可能脱离人文性而存在。语文课程就是人文课程，语文教学就是人文教育的一部分，语言文字教学的实质是一种民族文化、民族精神、民族思想方法认同的教育。让学生牢固地掌握祖国的语言文字，是语文课程最基本也是最重要的人文教育任务。现在有一种倾向，一些教师脱离语文知识、语文方法教学和语文能力训练而去深挖课文中的人文教育元素，然后千方百计地引导学生去感悟。我们当然不能否认这是一种人文教育，但这不是语文课程的人文教育。这样做看似看重人文，其实掏空了语文，是一种不明智的行为。

家 乡 的 桥

执教者：上海市第一师范学校附属小学　周云燕

【教学目标】

1. 理解课文内容，了解作者家乡小桥的特点，感受水乡之美。

2. 品味课文语言，有感情地朗读课文，体会作者爱乡、怀乡之情。

3. 学习欣赏文章的写作特点，学习表达。

【教学过程】

一、谈话引入，创设语境

1. 师：有这样一位作家，他离开故乡江南，一别就是几十年。每逢与朋友谈起故乡，家乡的人，家乡的景，就会萦绕在眼前。尤其令他念念不忘的是家乡的桥。于是，他提起笔来，写下了这篇《家乡的桥》。

【评】

教师用诗一般的语言介绍作家和课文的写作背景，简洁而又不失美感，既引出了课题，又激发起学生阅读课文的兴趣。这样就可以将更多的时间放在学生的自主阅读上。

2. 引出课题：家乡的桥。

3. 作者为什么如此留恋家乡的桥？家乡的桥给作者留下了哪些抹不去的记忆呢？

二、欣赏范读，整体感知

1. 配乐自由读全文。

要求：读准字音，读通课文；找出家乡的桥给你留下的深刻印象，用笔做记号，并交流。

2. 根据学生的回答板书，结合朗读梳理课文内容。

造型千姿百态

名称充满情趣

孩子们的乐园

三、品味积累，欣赏朗读

（一）学习第 3 自然段

1. 师：课文介绍了两种桥。读读课文，选择自己喜欢的一种，重点读一读，在脑海中想象桥的样子。

2. 出示图片，个别读。（演示）

（1）看图理解“缀”的意思，体会课文的用词精简。

（2）演示理解“大八字”，体会课文逼真形象的描写。

（3）领读，读出水乡宁静之美。

【评】

先让学生自己朗读，通过想象将文字转化成具体形象；然后出示图画，让学生将脑海中的想象和图画中的桥对照；最后再读课文，结合画面理解文字。这样从文字到画面再到文字，环环紧扣，既让学生理解了语言，从中感悟到了语言的美，又培养了学生的形象思维能力和想象力。

3. 理解“抓典型”的写法。

师：课文只介绍了最简单的过户桥和最漂亮、最有气派的单拱桥，却又说它千姿百态，你能理解吗？

4. 领读第 3 自然段，欣赏各种各样的桥。

（二）学习第 4 自然段

1. 师：桥的造型是那样的千姿百态，再加上有趣的桥名，更是平添了几分情趣。

2. 师生合作读桥名。（变换句式，体会不同的表达方式）

如：“……是人们根据它们不同的形状叫出来的”变换成“人们根据它们

不同的形状叫出来的是……”

3. 出示有关“王维的诗”的资料，理解“撷取”。

师：“如意”二字就是从这句诗中“撷取”来的。一般“撷取”是用于比较高雅的、珍贵的事物。对这首诗感兴趣的同学课后可以找来王维的诗学一学。

【评】

教师出示王维的这首诗，意在帮助学生理解“撷取”的词义，而不是为了介绍王维的这首诗歌。从时间上看前后不会超过一分钟，但在客观上却反映出教师重视开发课程资源的意识，既拓宽了学生的眼界，又激发了学生对王维田园诗的兴趣。

4. 媒体演示，欣赏各种桥名字体。

师：用小篆书写的是……用楷书写成的是……震龙桥的字体是……元宝桥的字体是……还有字体……这仿佛一件件书法艺术品展现在我们眼前。大家边欣赏桥名字体，边读读句子。你最欣赏哪个桥名字体？和同桌交流交流感受。默记字形“篆”，理解“飘逸潇洒”“刚劲雄健”。

5. 读句子，欣赏字体。

6. 讲述民间传说，体验坐船观桥听故事的感受，出示句子，体验朗读。

穿插故事：相传江南水乡有个天然古洞，洞中藏有一条独角龙，独角龙生性残暴，朝廷派侍卫前来降龙。经过一番恶战，一枚金镖正刺龙的咽喉，它长啸一声，龙身龙尾化作了这条青石板长桥，此桥取名……

7. 创设表达机会，畅谈感受。

家乡的小桥真是（　　　　　　），我们可以（　　　　　　），可以（　　　　　　），也可以（　　　　　　），多么有意思呀！

【评】

教师设计此练习意识很好，创设一个语言表达的机会，让学生在实践中提高语言表达能力，同时又可以加深对课文内容的理解。但是此练习如果移到学习乐园一段后会更加合适，学生说话范围可以更广，可以运用的课文语言更多，对提高学生的语言表达能力更加有效。

（三）学习第 5 自然段

1. 不仅如此，还能玩个痛快呢！因为家乡的桥是我们的乐园。

“乐”在哪里？自己读，读出你的快乐。

2. 欣赏朗读，读出自己的感受。

3. 师生合作读这一段，体会“先概括后具体”的写法。

【评】

多种形式的朗读贯穿整堂课的始终。教师不是主要通过谈话或讨论让学生理解课文，而是通过学生有感情的朗读和师生互动等多种形式，让学生感悟课文描绘的美景，体验课文的语言美。

四、师生对话，总结全文

1. 师生合作，在对话中总结全文。

这是作者儿时的生活，童年的回忆。同学们，时光流逝，当年那个在水边玩耍的孩子长大了，他时常想起家乡小桥那千姿百态的……那最简单的……最漂亮、最有气派的……脑海中也时常浮现那一个个充满情趣的……真想回到故乡再看看那青石上凿就的……有的……有的……真想再听听外婆讲那关于这桥的……真想荡一条小船进桥洞，碰得巧……是啊，家乡的一草一木、一河一桥真让“我”看不完、听不够、想不尽，是“我”心中挥不走抹不去的记忆，千言万语，化作一句——

2. 品读：长相忆，最忆家乡的桥。

板书：

	造型千姿百态
家乡的桥	名称充满情趣
	孩子们的乐园

【教学设想】

《家乡的桥》是一篇文辞优美、意境深远的文章。课文通过描写家乡小桥那千姿百态的造型，那充满情趣的桥名，以及童年时在桥边玩耍的乐趣，表达了作者对水乡的无限依恋之情。

课文语言最突出的一个特点就是“美”。在预设教学目标时，最重要的一点就是如何指导学生通过阅读去了解这份美，引导学生去感受这份语言的魅力，在了解美、感受美的基础上，进而学会欣赏美。

于是，以品读为主的学习方式是这堂课教学设计的特点之一。课堂上，学生有时通过师生合作读来感受语言的不同表达方式以及语言的节奏韵律；有时在欣赏了姿态各异的小桥，聆听了生动的民间传说之后，带着坐船观桥听故事的感受朗读相关语句，进行体验式的朗读；有时在师生对话中自然地运用文中的语言，进行复述式的合作朗读。这样，整堂课的教学力求学生在品读中理解语言，并积累运用。

在小学中高年级的教学中，有时需要指导学生去了解关注文章篇章结构的安排与特点。《家乡的桥》一课围绕造型、名称、乐趣这三个方面展开描写，这三个自然段都是按照先概括后具体的方式来写的。在教学中，我没有通过讲解的方法让学生了解这一写作特点，而是采用师生合作读的方法，让学生在教师有意识地引导中自然而然地悟出这一特点。

这堂课教学设计的另一大特点是提供学生大量的信息，如读读王维的诗句，看看江南水乡千姿百态的小船，听听历史久远的民间传说故事，欣赏青石凿就的桥名字体，感受书法艺术的魅力。我想在当今教坛崇尚自主阅读、探究学习的氛围下，有时有意义地接受式学习同样有存在的价值。尤其是当文本内容与学生生活经历相差较远的时候，更要通过大量的信息输入、知识拓展来帮助学生走进文本，体验阅读。我期待着上完这堂课，或许有的孩子会借来中国民间传说读本饶有兴致地阅读一番，或许有的孩子会找到王维的诗去欣赏他那如画般的意境，又或许有的孩子会对中国书法艺术感兴趣……这本身就是对课文的一种拓展，对课堂的一种延伸，从而达到课已尽而意无穷的效果。

【总评】

朗读贯穿始终是这堂课最鲜明的特点。课文文辞优美，意境也很美，怎样让学生真切地体会课文中优美的语言，感受江南的美丽景色呢？教师没有过多地讲解，也没有一个问题接一个问题地进行分析，而是运用各种形式的朗读，让学生感受课文意境，接受审美教育，通过朗读让学生理解语言、欣赏语言，促进语言积累和语感形成。

认真而又扎实地教学生字和词语，进行语言运用的训练，是小学语文教学最基本的任务，当然应该贯穿小学语文教学的各个阶段，特别是低中年级。而这些任务在当前各级各类公开课、观摩课上，却往往被忽视了，这是极不正常的现象。这堂课上教师十分重视字词教学，“篆”字难写，就让学生当场写一写；“缀”“撷取”“刚劲有力”“飘逸潇洒”等词语难理解，采用朗读形式，或是用多媒体打出具体的图像，让学生对这些词语有比较正确、感性的认识；教师还设计了填空表达的练习，让学生根据自己的理解，灵活地运用语言进行表达。这些设计反映出教师对语文课程特性的基本认识，是值得赞赏的。

重视课程资源的开发和利用，是新一轮课程改革提出的目标之一。在语文课程中，课本当然是最重要的课程资源。但是借助文本开拓课程资源，需要有个度，不能漫无边际地借题发挥。这堂课教师对这个“度”把握得很好，借助文本恰到好处地引出王维的诗，引出中国书法艺术的各种字体，引出生动有趣的民间传说，既帮助学生感悟课文内容，又能够引起学生对中国民间故事、中国书法艺术以及王维诗的兴趣。用时不多，却紧扣文本，又不拘泥于文本，表现出教师娴熟的驾驭文本的能力和开发课程资源的意识。

按照语文教师习惯的讲读课文方法分析，这堂课的信息量大，如读读王维的诗句，看看江南水乡千姿百态的小船，听听历史久远的民间传说故事，欣赏青石凿就的桥名字体，感受书法艺术的魅力等。教师引导学生在行云流水般的朗读、品读过程中感受课文的语言美，体会了文章抓典型、先概括后具体的写法，以及文章的结构安排，还结合课文内容创设情境设计了表达练习。但是教师主要是围绕课文思想内容的理解，按照作者的情感主线来设计的，因此整堂课教学内容设计显得零散无序。学生通过这堂课的学习，在学习语言文字运用方面到底获得了哪些进步和提高，在语文学习方法和行为上究竟产生了哪些变化，似乎说不出个所以然。语文教师备课时钻研教材在意的往往是这篇课文可以讲哪些内容，研究的是每一段课文可以讲什么，这样教学的结果一定是以教师讲授为主。其实教师应该换一个角度，站在学生的立场上研究通过课文学生可以学什么，怎样设计教学过程才能使学生学会。比如怎样让学生学会品读课文，这就需要指导学生去实践，光听教师讲授学生是学不会的。再比如文章的各种写法，光是这样蜻蜓点水地一掠而过，大部分学生是不会理解的，更不会运用。要让学生真正学会必须放慢脚步，指导学生细细领会，还必须让学生有运用写作方法的实践机会。

语文是一门实践性课程，语文课效率不高的深层次原因，是我们把一门以学生实践为主的课程上成了以教师讲授为主的课程。提高语文教学效率最简单的做法就是减少教师讲解分析的内容，把更多时间留给学生进行语文实践。

鱼游到了纸上

执教者：天津市津南区咸水沽第三小学　闫君燕

【教学目标】

1. 有感情地朗读课文，读出叙事的节奏和情感的变化。

2. 留心对人物神态动作的描写，体会人物的行为特点，学习作者是怎么写具体的。

【教学过程】

一、板书课题，学生跟写课题

鱼为什么会游到纸上？结合课前初读，读懂了什么？

理清叙事线索：观鱼—画鱼—交谈。

【评】

这是第二课时，教师用很少的时间借助精要的板书，整理了课文的脉络，为下面落实教学重点赢得了宝贵的时间。

二、学习课文，把握鱼“游到心里”和“游到纸上”的关系

板书：心里——纸上

1. 探究：从哪些描写中感受到鱼游到了青年的心里？默读课文，圈画鱼游到青年心里的句子。

结合语境，理解“举止特别”“忘我”，感受青年忘我、投入的做事态度。

指名说对“老是”的理解，从课文哪里可以看出来？

指导朗读观鱼的情景，体会青年的特点。

2. 探究：为什么通过作者的描写，我们感受到了“鱼游到了纸上”？感受青年画画的认真、专注。

鱼是怎么游到纸上的？自读课文，圈画句子。

出示课文段落：

我挤过去一看，原来是那位青年在静静地画画。他有时工笔细描，把金鱼的每个部位一丝不苟地画下来，像姑娘绣花那样细致；有时又挥笔速写，很快地画出金鱼的动态，仿佛金鱼在纸上游动。

结合语境，体会“工笔细描”“挥笔速写”的表达效果。

【评】

教师设计两个问题，指导学生理解“鱼游到纸上”和“鱼游到心里”之间的关系，解决课文内容理解上的难点，为接下来学习表达方法做好准备。在这一过程中，教师将词语教学、课文朗读与课文内容理解有机地结合在一起。结合具体语境，让学生理解“工笔细描”“挥笔速写”的意思，通过朗读体会词语的表达效果。这样教学词语，能够为学生运用这些词语作好铺垫。

三、揣摩句子，领悟表达

1. 比较句子，指名读，生轮流读。

我挤过去一看，原来是那位青年在静静地画画。他有时工笔细描，把金鱼的每个部位一丝不苟地画下来，像姑娘绣花那样细致；有时又挥笔速写，很快地画出金鱼的动态，仿佛金鱼在纸上游动。

他有时工笔细描，把金鱼的每个部位一丝不苟地画下来；有时又挥笔速写，很快地画出金鱼的动态。

2. 这两段话有什么不一样？（第一段话写出了自己看到的，还写出了自己想到的）

讨论提问：这样写好在哪？（“像姑娘绣花那样细致”把青年画画的认真、细致写得很形象；“仿佛金鱼在纸上游动”把金鱼写活了）

指读第二句，课件出示金鱼游动录像。你看到了金鱼在怎样游动？

3. 小结：描写人物的动作神态时，还可以写自己想到的，这样表达可以把人物、事物描写得更加具体，更加形象。

板书： 看　想

【评】

按照通常的教学设计，读懂课文以后教师就应该开始引导学生“逐段分析，深入理解”课文思想内容。这堂课教师一改这样的教学思路，在学生读懂课文以后直接进入到了表达方法的学习——“描写人物的动作神态时，还可以写自己想到的”。语文是“学习语言文字运用”的课程，教师将这堂课的教学重点确定在表达方法的学习上，正确地把握住了语文课程的性质任务。这是这节课最大的亮点。

4. 在文中找出另两处运用这种写法的句子。

围观的人越来越多，大家赞叹着，议论着，唯一没有任何反应的是他自己。他好像和游鱼已经融为一体了。

等到太阳快下山才起身往回走，路过后院，看到那位青年还在金鱼缸边画画。他似乎忘记了时间，也忘记了自己。

指名反馈交流，分别读读描写看到的和想到的内容的句子。前后联系体会这种写法的好处。

5. 出示《全神贯注》语段：

只见罗丹一会儿上前，一会儿后退，嘴里叽里咕噜的，好像跟谁在说悄悄话；忽然眼睛闪着异样的光，似乎在跟谁激烈地争吵。他把地板踩得吱吱响，手不停地挥动……一刻钟过去了，半小时过去了，罗丹越干越有劲，情绪更加激动了。他像喝醉了酒一样，整个世界对他来讲好像已经消失了。

找找哪些句子是描写作者看到的，哪些是描写作者想到的。这样表达有什么好处？

6. 小结表达方法：先写看到的，再写想到的，融入作者的想法，这样的表达可以更加具体形象。

【评】

如何让学生认识这种表达方法呢？教师先采用了实例比较的方法，通过两个语段的比较，学生就容易认识到描写人物时适当加上自己想到的就能把意思表达得具体形象。然后要求学生从课文中找出另两处描写人物的动作神态时适当加上作者想到的内容的句子，巧妙地利用课文资源检查学生对这种表达方法的理解和认识。再出示前面学过的《全神贯注》课文中的一个语段，再次让学生体会这种表达方法的好处。三个环节设计紧紧围绕这种表达方法，反复敲击，环环紧扣，意图明确，教学有效并且扎实。

四、方法迁移

1. 要写好想到的内容，有点难，要注意什么？小组讨论。（① 想到的是在看到的基础上发展而来的，二者要有联系。② 可以用“好像、像、似乎”这些词把看到的和想到的连在一起）

2. 迁移运用。出示学生跳绳语段：

跳绳比赛开始了，同学们很快地摇动绳跳了起来，吧嗒、吧嗒、吧嗒，跳绳发出清脆的声音。他们的脚跟着绳子的节奏不停地跳动，姿态轻快优美。

这段话中只写了看到的内容，给这段话添加想到的内容。

3. 交流并点评学生写好的语段。重点点评学生添加的想到的内容是否合适。

【评】

学习表达方法的最终目的是能够加以运用。“认识”表达方法是一回事，能“运用”表达方法又是另一回事，两者相比，后者的难度更高。因此表达方法的指导绝不能止步于学生的“认识”或“理解”，而应该在认识的基础上进一步指导学生迁移运用。因此这一环节的设计非常必要，只有学生将这种表达方法运用到自己的表达实践中去了，才真正实现了从“理解”到“运用”的飞跃。

五、总结

阅读课文，不仅要关注内容情节，还要学习课文的表达方法。作者在观察的同时，还融入了自己的感受，不仅写看到的，还写想到的，这样能更充分地表达自己的思想感情。

【总评】

课程标准指出：“语文是学习语言文字运用的综合性、实践性课程。”这一重要观点语文教师在理论上很容易接受，但是要真正落实到课堂教学的实践中，还有许多理论需要探索，还有许多实践问题需要研究。下面我就以《鱼游到了纸上》这篇课文为例，讨论如何才能真正体现“学习语言文字运用”的课程特征。

一、阅读教学究竟教什么？

教学内容是体现语文课程基本性质的核心要素。《鱼游到了纸上》是一篇写人的记叙文，通过对一个聋哑青年专心致志画画的描写，刻画了一个勤奋刻苦、做事专注、坚持不懈的青年形象。这样一篇课文究竟如何选择教学内容？

我在网上搜到几篇教学设计：一位教师将教学重点确定为引导学生抓描写青年看鱼、画鱼的句子，感悟青年的品质，重点理解“鱼游到了纸上”和“鱼游到了心里”的关系；一位教师将教学重点确定为认识聋哑青年的思想品质，教育学生明白只有勤奋专注、坚持不懈，才能做好一件事情的道理。按照这样的教学目标来设计教学过程，教学重点就不在学习语言文字的“运用”，而必然会转移到对青年思想品质的理解，或如何为人处事的道德说教上。语文教师都认同，语文课应该承担情感态度价值观教育的任务，这毋庸置疑。但语文课有别于思想品德课，语文课的情感态度价值观教育应该在语文知识和方法学习过程中渗透进行。语文课如果将道德说教当作主要目标或教学重点，围绕情感态度价值观组织教学过程，那么语文课的性质就一定会发生异化。

我曾经在一篇文章里将语文教学的内容分为本体性教学内容和非本体性教学内容。所谓语文本体性教学内容就是反映这门学科本质特征的、区别于其他各门课程的教学内容，包括语文知识、语文策略（方法）和语文技能。这类教学内容是语文课程必须承担的本职任务，反映出语文课程区别于其他课程的本质特性。所谓非本体性教学内容，包括情感、态度、审美、价值观教育，多元文化的学习，思维能力、创新精神的培养等，这类教学内容并不是语文课程一科独担的，而是由基础教育各门课程共同承担的，并且学校、家庭、社会对学生情感态度价值观的形成所能发挥的作用远远超过了语文这门课程。语文作为一门以培养学生运用语言文字能力为主要目标的核心课程，理所当然地应该以语文知识、方法和技能，即本体性教学内容为目标展开教学，而情感态度价值观等非本体性教学内容应该是渗透在语文知识、方法和技能的学习过程之中的。可惜的是，一直以来大多数语文课都是以课文思想内容的理解为主要目标，并且围绕课文思想内容理解来组织教学。

可以这么认为：语文课的教学重点是“情感态度价值观教育”，还是“学习语言文字的运用”，是辨别一堂课是否把握住语文课程性质的关键，直接决定了一堂语文课的教学效率。闫老师执教的《鱼游到了纸上》这堂课，明确地将教学重点放在引导学生学会一种语言文字运用的方法上：在描写人物动作神态时可以加上作者的联想，这样能够将人物的思想情感描写得更加具体。学生上完这堂课，不仅感受到了这位聋哑青年勤奋好学、专注做事的精神，更学会了一种表达方法。把表达方法的学习作为语文课的教学内容，才真正把握住了语文课的性质特征，把语文课真正上成了语文课。

二、如何围绕表达方法的学习设计教学环节？

这堂课不是围绕课文思想内容的理解来设计教学过程的，而是围绕着表达方法的学习来组织的。教师在引导学生梳理课程内容以后，一改传统的分段讲读的方法，没有引导学生深入理解课文思想内容，而是将学生的注意力引导到表达方法的学习上，这是这堂课教学设计需要注意的关键。

第一步，教师设计了一个问题情景：为什么通过作者的描写，我们感受到了“鱼游到了纸上”？把学生的注意力引导到课文表达方法的体会上，感受作者是怎样把青年画画的认真、专注的神情表达具体的。教师出示两段话，通过实例比较，让学生理解“描写人物的动作神态时，还可以写自己想到的，这样表达可以把人物、事物描写得更加具体，更加形象”的表达方法。

第二步，引导学生从文章里找出另两处运用这种表达方法的句子，利用课文资源进一步让学生认识体会这种表达方法，并且体会这种表达方法的作用。

第三步，让学生揣摩课文《全神贯注》中的一个语段，再次让学生体会“描写人物的动作神态时，还可以写自己想到的”这种表达方法的作用。通过两个实例的揣摩体会，学生对这种表达方法的作用认识得更加具体，更加清晰。如果从理解课文思想内容的视角观察，这段外加的语段转移了学生的视线，毫无必要，但是从学习表达方法的视角观察，这一环节的设计就显得非常重要。

第四步，出示学生写的跳绳语段，语段中只写了跳绳时的动作，让学生添加自己想到的内容。通过动笔修改，教师让学生将学到的表达方法迁移运用到写作实践中去。这一环节设计非常关键，也非常必要。因为前面三个教学环节是让学生理解这种表达方法，可是学生理解不等于会运用，“运用”比“理解”难度更高。因此适时地设计迁移运用环节，学生通过动笔实践，不仅对表达方法理解得更加正确，并且能进一步“学会”这种表达方法。从“理解”到“学会运用”，是学生认知水平的一次飞跃，而完成这种飞跃只有靠动笔实践。

以上设计的四个教学环节，步步紧扣，围绕一个目标，就是让学生理解并学会一种表达方法，设计精心，目标清晰，教学有效扎实。像这类围绕一个知识点的学习，步步深入，重锤敲击，扎实有效的教学设计，在数学、外语学科教学中非常普遍，然而在语文学科教学中非常罕见。

三、如何处理课文思想内容理解和表达方法学习的关系？

这是长期来困扰语文教师，并且让语文教师难以放开手脚的大问题。这篇课文的题目是《鱼游到了纸上》，鱼怎么会游到纸上呢？读了课文以后学生就明白，原来课文是写一位聋哑青年坚持学画金鱼，画纸上的金鱼画得像活的一样。这样一篇白话文课文，学生读懂其实不难。然而语文教师往往不会满足于学生简单的“读懂”，语文教师追求的是对课文的“深入理解”。什么是深入理解呢？我们看下面这位教师设计的教学环节。在学生回答出课文主要讲了什么事情以后，教师重点讨论了下面几个问题：

1. 为何说这位青年“爱鱼爱到了忘我的境界”？哪些地方可以说明？

2.“鱼游到了纸上”与“鱼游到了心里”有何关系？

3. 这位聋哑青年是怎么练就如此高超的画技的？

首先应该肯定的是，这三个环节讨论的问题在课文中找不到现成的答案，有思考价值，能够训练学生的思维能力，反映出教师文本解读的认真态度和对文本思想内容、人物思想品质的深刻理解；其次，三个问题环环紧扣，步步深入，一层接一层地揭示出人物内在的品质，引导学生深入理解课文的深层含义，反映出教学环节设计的精心；再次，这些问题讨论没有简单止步于认识聋哑青年刻苦认真、勤奋学习的精神，还引导学生深入思考聋哑青年是怎么练就如此高超的画技的，延伸到对为人处事道理的认识，将这篇课文情感态度价值观教育的价值发掘到了极致。

这样设计问题并组织教学环节往往会获得教师的认同甚至赞赏。然而需要追问的是：第一，这些是否是学生阅读这篇课文产生的问题？是否是学生阅读这篇课文必须理解的问题？其实未必。平心而论，这些问题是教师为讲读分析这篇课文的需要而设计的，源自教师解读文本的感悟体会。语文课上花费大量的时间组织学生讨论这些教师自以为有价值的问题，表面看似乎能帮助学生深入理解课文思想内容，但实际上对提高学生的理解能力效果非常有限。因为每个人的阅读感悟都是不一样的，加上儿童的阅读感悟和教师的感悟完全是两回事，阅读课花大量时间去讨论教师个人的感悟，其效果注定不理想。第二，这些问题是否是围绕"学习语言文字运用"提出的？是否能反映语文课程的性质任务？答案很明显。一篇语文课文的教学往往可以有两种价值追求，一种是追求情感态度价值观教育的最大化，另一种是追求学习语言文字运用效果的最大化。语文课当然不能忽视学生情感态度价值观的教育，但是放弃学习语言文字运用的价值，而去追求情感态度价值观教育的最大化，必然会导致语文课程性质任务的异化。

闫老师的这堂课之所以值得肯定，就是因为这堂课是围绕一种表达方法的学习展开的，先是认识，再是迁移运用，然后点评总结，环环紧扣设计教学过程，瞄准的是语文本体性教学内容，实现了学习语言文字运用教学效果的最大化。

时下不少语文课缺少语文味，或者教学效率低下，其实最根本的原因就是在语文课文教学价值追求上产生了混淆。不少教师追求的是对课文思想内容的深入理解，于是在学生读懂课文以后开始逐段分析，深入挖掘，其教学设计也非常精心，步步深入，环环紧扣，但追求的是情感态度价值观教育的最大化，这样就难免导致语文本体性教学内容的旁落。语文课追求的应该是语言文字学习效果的最大化，因此在学生读懂课文以后，教师应该循着如何学习语言文字运用组织教学过程，这才是语文教学的正道，才能将语文课真正上成学习语言文字运用的语文课。

一枝白玫瑰（片段）

执教者：上海市闵行区教育学院　景洪春

【教学目标】

1. 积累并理解“安慰”“生命垂危”等词语，正确、流利、有感情地朗读课文。

2. 能借助关键词语归纳课文的主要内容。

3. 理解课文内容，抓住“悲伤”等词语体会小男孩的处境，懂得生命的可贵、爱心的无价。

【教学过程】

片段一：通读，初知大体内容

师：养成预习的习惯终身受益。现在老师想了解同学们的预习情况，这些词谁会读？

生：应酬、殡仪馆。

师：应酬的“应”后鼻音读得很准。

师：谁再读读这些词语？

生：圣诞节、洋娃娃、悲伤、悄悄、混到、看到消息、生命垂危、预感、白玫瑰、含泪离开。

师：你不但读得正确，而且每个字都读得很清晰准确。像他这样，一起读读这些词语，要整齐响亮。

（生齐读）

师：下面我们来写几个容易写错的生字，一起看一下。（板书：垂　诞）

师：写“垂”的时候中间这一横要写得最长。注意老师写这个字的笔顺。自己也写一个。

（生书写）

师：“诞”字和哪些字容易混淆？你能提醒一下大家吗？

生：“诞”和“延”，还有“廷”。（生写在黑板上：延　廷）

【评】

把字音读准，把字形写正确，始终应该是小学语文课上的一项基本教学任务。教学一篇课文，如果到头来学生连字词都没有掌握牢固，那么无论课上得如何出彩，其教学效率都会大打折扣。上课伊始，教师就引导学生学习字词，特别是找出容易写错的字让学生辨一辨，再写一写，很有必要。

师：现在请同学们自由地大声朗读课文，边读边注意课文内容，看看能不能用这些词语说说课文的主要内容。

（生自由读）

师：同桌相互交流一下，试着用上这些词语。

（生相互交流练习）

生：圣诞节前，“我”在商店看到一个小男孩在买洋娃娃，但他的钱不够，“我”把自己的钱悄悄混到他的钱里，帮他买了洋娃娃和白玫瑰。后来，“我”在报纸上看到消息，“我”有一种预感，那事和小男孩有关。两天后，“我”来到殡仪馆，看到小男孩的妈妈躺在那里，手里拿着一个洋娃娃和一枝白玫瑰，“我”含着热泪离开了。

师：他有一句话概括得很简要——圣诞节前，“我”在商店看到一个小男孩在买洋娃娃，但他的钱不够。

生：圣诞节前，“我”在商店看到一个小男孩在买洋娃娃，但他的钱不够，“我”把自己的钱悄悄混到他的钱里，帮他买了洋娃娃和白玫瑰。两天后，“我”看到报纸上的消息，预感到这事发生在小男孩身上。后来我来到殡仪馆，看到小男孩在给妈妈送行，我含泪离开了。

生：他有一句说得好——看到小男孩在给妈妈送行。

生：他第一句说得还不够概括，可以直接说“‘我’帮他凑够了钱”。

师：你们都很会倾听，这就叫概括。

师：现在，请你根据同学们的建议，再练习讲一次。相信你这次能概括得更好。

生：圣诞节前，一个小男孩在买洋娃娃，但他的钱不够，“我”悄悄地帮他凑够了钱。两天后，“我”看到报纸上的消息，预感到这事发生在小男孩身上。“我”来到殡仪馆，看到小男孩在给妈妈送行，“我”含泪离开了。

生：概括时不能漏了“殡仪馆里躺着的妈妈手里拿着白玫瑰和洋娃娃”这句话。

师：提醒正确。请你来概括。

生：圣诞节前，一个小男孩在买洋娃娃，但他的钱不够，“我”悄悄地帮他凑够了钱。两天后，“我”看到报纸上的消息，预感到这事发生在小男孩身上。“我”来到殡仪馆，看到小男孩在给妈妈送行，妈妈躺在床上，手里拿着白玫瑰和洋娃娃，“我”含泪离开了。

师：你讲得真好。这样概括就完整了。这的确是个感人的故事，谁能有感情地读课题？

生：一枝白玫瑰。

（生齐读课题）

【评】

将词语教学与概括主要内容有机结合在一起，为学生主动运用课文中的词语作了引导，又为学生概括主要内容提供了支持。值得圈点的是教师设计了“同桌相互交流”的环节，保证每个学生都有概括练习和发言的机会；在全班交流时又引导学生对别人发言作即时的反馈评价，在评价别人表达优缺点的同时获得概括主要内容的经验，同时也培养了学生有意识倾听别人发言的习惯。

片段二：品读，感悟男孩处境

师：同学们读读这些句子，看看从中读懂了哪些信息。用手势告诉老师，读懂一条，就用“1”表示，读懂两条，就用“2”表示，看谁读懂的信息最多。

（生默读思考。师请手势为“5”的学生先交流）

生：我读懂了五条信息。第一条信息是小男孩只有五岁。

师：他关注了小男孩的年龄，小男孩只有五岁，那他妹妹可能几岁？

生：三四岁。

生：一两岁。

师：是啊，小男孩的妹妹这么小，刹那间死神就夺走了妹妹的生命，一朵刚刚绽放的生命之花就这样夭折了。你继续说。

生：他很想买洋娃娃。

师：你是从哪些词句读懂的？

生：不住地抚摸、仍然、抱着洋娃娃不放。

师：你理解得真准。接着说下去。

生：第三条信息是小男孩的钱不够，第四条信息是小男孩的妹妹很喜欢洋娃娃，第五条信息是小男孩想请妈妈给妹妹带圣诞礼物。

师：嗯，你关注到圣诞节这条信息，这一条很重要。你善于从语言文字中归纳出有价值的信息，这是一种很重要的阅读能力。作者从这个陌生的小男孩身上感受到他悲惨的遭遇，这一切给作者一种不祥之感，由此作者产生了要帮助小男孩的想法。

师：还有同学要补充吗？

生：我觉得还有一条也很重要。那个售货员知道小男孩的钱不够，她有些不耐烦，忙着应酬别的顾客去了，但小男孩还是坚持要买洋娃娃，他一定要让妈妈把它带给妹妹。我觉得这一点很重要。（众笑）

师：你很了不起，给老师也提了个醒，售货员这段文字间接地反映出了小男孩想买洋娃娃的迫切心情，下次老师也要把这句话打在屏幕上。同学们体会得很深刻。现在请同学们有感情地读这段文字，把你们刚才体会到的情感通过朗读表达出来。

【评】

教师引导学生从零碎的词语里去感悟小男孩的处境，并指导学生把散乱的信息归类表达，既培养了学生获取文本信息的能力，又训练了学生整理信息、有条理地表达信息的能力。

生：（读）我问他妹妹在哪里，他的眼神更加悲伤了：“她已经跟上帝在一起了。我爸爸说，妈妈也要去了。”

师：请注意悲伤的感觉。

（生再读这一句）

师：体会一下，在欢乐的圣诞节前，妹妹死了，妈妈也快要死了。在这样的情况下，他说话能这样轻松，这样有力吗？

（生再读这一句）

师：他的眼神更加悲伤，声音也更加悲伤。要读出这样的感觉。

（生再读这一句，一次比一次读得悲伤）

（师板书：悲伤）

师：是啊，妈妈什么时候走，爸爸能挽留得住吗？小男孩挽留得住吗？这种灾祸是谁都没办法改变的。

生：（读）“啊！我有买洋娃娃的钱了，我能让妈妈把她带给妹妹了。我还可以买一枝白玫瑰，我妈妈非常喜欢白玫瑰。”

师：小男孩的钱不够买洋娃娃，他是多么难过呀。现在，终于有了买洋娃娃的钱了，他兴奋极了。再读——

（生再读这一句）

师：当他想到还能给妈妈买到一枝白玫瑰，他更加激动了——

（生再读这一句，一次比一次读得好）

师：一个“啊”字包含了小男孩无比的兴奋、激动和欣喜，全班齐读这一句。（板书：激动）

【评】

作者动情缀文，学生读文动情，读者能否感受作者的情感，进而获得自我情感体验，这就需要教师准确地把握文章的动情点，适时地把作者的感情波澜传导给学生，感染学生，让学生走近小男孩，随着他一起悲伤，一起激动，并且用有感情的朗读传递出自己的情感体验。

师：同学们读得真不错，作者由此萌生出了要帮助他的想法。读读下面这一段：

我悄悄从自己的钱包里拿出一些钱，对小男孩说：“你把钱拿出来再数数，也许你刚才没数对呢！”我把自己的钱悄悄混到他的钱里，然后我们一起数起来。

师：（点红两处“悄悄”）对这两句，你有什么疑问吗？学贵有疑，小疑则小进，大疑则大进。善于提问是积极思考的表现。

生：作者为什么不直接把钱给小男孩，而是悄悄拿出来，悄悄混到他的钱里？

师：你抓住两个“悄悄”提问，这是一种提问的方法，抓住关键词语提问。谁来解决这个问题？

生：因为小男孩是不可能接受这些钱的，他想用自己的钱给妹妹买洋娃娃。

生：因为作者知道，即使小男孩接受了钱，改日他一定会找到作者，并把钱如数还给他。

生：作者不想让小男孩有一种被施舍的感觉。

师：是啊，帮助别人，而且还要尊重别人，不让别人有被施舍的感觉，这才是助人的最高境界。

【评】

这与我们平时看到的高调援助多么不同——两个“悄悄”，让学生明白“帮助别人，而且还要尊重别人，不让别人有被施舍的感觉，这才是助人的最高境界”。这段师生对话蕴含着浓浓的人情味。句子中的两个“悄悄”很不起眼，但教师却关注了，并且抓住它引发学生深入思考。这既是品词品句的训练，又是人文教育，真是“润物细无声”。

片段三：研读，探究作者匠心

师：既然这样，作者为什么用“一枝白玫瑰”作题目？思考一下，注意说话要言之有理。

生：因为这篇文章主要讲了小男孩的故事，作者是次要的人物。

师：对，小男孩是主人公。还有其他原因吗?

生：因为一枝白玫瑰比一捧白玫瑰要珍贵。

生：因为这一枝白玫瑰是小男孩给他妈妈买的，而作者帮他付了钱，所以这一枝白玫瑰也代表着作者对陌生人的爱。

师：如果把这三位同学的发言综合起来，就更好了。大家再组织一下语言，注意说的时候要有条理。

生：因为课文的主人公是小男孩，他想送给妈妈一枝白玫瑰，而这枝白玫瑰又是作者帮他凑钱买的，"一枝白玫瑰"这个题目既代表了小男孩对妈妈的爱，也表现了作者对小男孩的关爱。一枝白玫瑰是一条贯穿全文的主线，所以用"一枝白玫瑰"作题目。

师：你的表达很有层次，说明你的思维习惯很好，这也是一种很重要的语文能力。

【评】

引导学生深入探索课文题目，进而体会作者布局谋篇的良苦用心，把写作知识的教学渗透于阅读教学过程之中。需要注意的是教师将这个原本指向思维训练的环节，转换为思维与表达有机结合的训练，提示学生"再组织一下语言，注意说的时候要有条理"，让学生有理有据、有条理地表达自己的思维成果，这对培养学生的思维习惯和表达能力都有促进作用。

片段四：活读，书写生命感言

师：读到这儿，同样善良的我们也已热泪盈眶。小男孩送妈妈一枝白玫瑰，作者送小男孩的妈妈一捧白玫瑰。如果你在场，你是否也愿意表达一下自己的心意呢?

生：（齐）愿意。

师：用我们手中的笔和纸，写下你心中的感动好吗？你可以对小男孩说，可以对小男孩的妈妈说，可以对小男孩的妹妹说，也可以对那个喝醉酒的司机说，还可以对作者说。

（课堂练笔：

我含着热泪离开了，我想对________说：____________________

____）

写完了自己小声读一遍，注意有没有语病和写错写漏的字。

（师巡视，并指导）

师：请大家交流，注意把自己的感情融入朗读中。

生：我含着热泪离开了，我想对那个喝醉酒的司机说：你为什么要酒后驾车？为什么让那么幸福美满的家庭毁在你手中？为什么让那么可爱的小男孩失去他生命中挚爱的妈妈和妹妹？如果你不酒后驾车，就不会有这么悲惨的事发生！希望你能吸取教训，不要再让这种事情发生。

师：写得太好了！反问句很有气势。为了生命中每一个爱你的人，让我们都来遵守交通规则。

生：我含着热泪离开了，我想对小男孩说：我十分同情你，当我目睹你母亲的葬礼时，内心无法平静。我也十分敬佩你，你是个多么孝顺的孩子啊，你是那么纯真，你的行为让我看到了你那颗纯洁的心。

师：小男孩是那么纯真，你的文字是那么富有诗意！

生：我含着热泪离开了，我想对作者说：你真是一个富有同情心的人，虽然与小男孩的妈妈素不相识，但却主动到殡仪馆献上一捧白玫瑰，要是每一个人都像你这么善良，世界将更加美好。

师：有积累才有表达，你这段文字词语是丰富的，看得出你有较大的阅读量。

生：我含着热泪离开了，我想对小男孩的妹妹说：你现在还很小，却被车祸夺去了生命，如果你还活着，一定会像你哥哥那样可爱，那样善良，祝你在天堂过得快乐。

师：听你的朗读，我仿佛看到了你那颗金子般善良的心。

生：我含着热泪离开了，我想对小男孩的妈妈说：你这么年轻，就被那个喝醉酒的司机夺去了宝贵的生命，你的孩子非常懂事，他买了一枝你最喜欢的白玫瑰，还有一个可爱的洋娃娃，让你带给在天堂的妹妹。你应该为有这样一个懂事的儿子而骄傲。

师：小男孩的妈妈多么希望自己还活着，多么希望陪在女儿身边，多么希望看着儿子长大。生命啊，你是多么宝贵！

师：最后，让我们用冰心奶奶的一句话来结束今天的课吧。（音乐渐起，出示文字：

爱在左，同情在右，走在生命的两旁，随时撒种，随时开花，将这一径长途，点缀得鲜花弥漫，使穿枝拂叶的行人踏着荆棘，不觉得痛苦，有泪可落，却不是悲凉。——冰心）

生：（齐）使穿枝拂叶的行人踏着荆棘，不觉得痛苦，有泪可落，却不是悲凉。

师：送人玫瑰，手留余香，生命可贵，亲情无价。同学们，听了你们精彩的发言和动情的朗读，我仿佛看到你们手中的张张白纸变成了片片玫瑰花的花瓣，它将带着你们对生命的祝福，飘向世间的每一个角落。

【评】

让学生写出此时心中的感动，不仅使人物形象更趋丰满，更让学生进一步走进了人物的内心，从而受到心灵上的浸染与精神上的洗礼。这样的表达和感悟不再是单一的、平面化的，更趋向于多元化、立体化，从而使课堂进入了“如春雨之润花，如清渠之溉稻，如鱼之游水，如人之濯足”的自由领地，透出语文课独有的文化气息和工具特性。

【总评】

语文教学应该返璞归真，将教学重心真正落实到语文教学的目标之中。景老师善于从文本中挖掘有价值的语文元素，无处不在精心设计有效的语文活动。整堂课除了引导学生品词析句、反复诵读、体验感悟、想象续写外，找不到一点其他华丽的东西。虽是高年级教学，但景老师仍然十分重视字词教学，不光让学生辨析字形、读准字音、掌握生字的基本意义，还教学生在具体的语言环境中运用词语。这体现了景老师预设的匠心——不单单为读词而读词，还让学生在积累语言的同时，通过表达来内化语言，感悟语言。景老师教学时对字、词、句、段都训练到位，每个环节都围绕学生语言文字的学习，不因高年级学生已具备自主学习生字词的能力而偏废，也不在乎字词学习会使体验感悟不那么流畅，她注重的是学生扎实的语文学习。

教学是一门语言的艺术。景老师对语言文字细致入微的品味是出色的。从一个“啊”字，她让学生悟出了小男孩对妈妈和妹妹的白玫瑰般纯洁的爱；从两个“悄悄”，她又让学生明白了帮助别人还要考虑被帮助人的感受，那是助人的最高境界；一个“当然”，她更让学生品出了作者的善良至真。学生对文本的解读多元化了，对文章的理解立体化了，学生的精神世界变得丰富多彩了。整堂课透出浓浓的语文味，体现在动情诵读的“读”，书写感言的“写”，品词品句的“品”和言之有理的“言”。

整堂课，学生在悲剧的氛围中，接受了一次人性的教育。最后的小练笔既包含着孩子对弱者的同情和关爱，也包含着孩子对生命的珍爱和敬畏，还包含着孩子对保护每一个生命的责任和义务……让训练与感悟并重，练出语文学习的灵性和情趣，练出学习语文的滋味和价值，这是景老师这堂课给我们的启示。

父亲的谜语

执教者：上海市静安区教育学院　李伟忠

【教学目标】

1. 正确、流利、有感情地朗读课文。自主识记文中的生字，结合具体语境理解“悠悠”“苦思冥想”等词语的意思。

2. 整体感知课文的结构特点。在比较阅读中，学习作者将语言描写与人物动作有机结合的方法，并尝试着模仿运用。

3. 通过角色体验、有感情地朗读等方法体会父亲的谜语给“我”带来的快乐与光明，感受父亲对“我”浓浓的爱。

【教学过程】

一、感知猜谜的乐趣

师：同学们，今天我们一起来学习——

生：（齐读）父亲的谜语。

师：“小时候，父亲最爱教我猜谜语。”我们一块儿来看看课文的第 2 自然段，一起来读一读。

（生齐读：

父亲有很多谜语。夏日的晚上，坐在星光笼罩着的院子里，最有趣的事是猜父亲的谜语。父亲眯起眼睛看着我，悠悠地念着他的谜语。我眨巴着眼睛，仰头对着那满天的星斗苦苦地寻找，谜底藏在哪里呢？再盯着父亲的眼睛瞧，觉得他那双笑眯眯的小眼睛也和夜空一样深邃、神秘。当我苦思冥想，觉得小脑瓜发胀的时候，父亲便会给我巧妙的提示，直到我得意地叫起来，他也“嘿嘿”地笑了。）

师：读读文字，想想画面，这是一种很好的学习方法。读读这些文字，你的眼前浮现出怎样的画面？

生：在夏天的晚上，一个小女孩和她的父亲一起坐在院子里猜谜语。

生：他们看着星空，当小姑娘猜不出的时候，父亲总是给她巧妙的提示。

生：“我”和父亲坐在星光笼罩的院子里，父亲给“我”猜谜语。当“我”猜不出的时候，父亲总是给“我”巧妙的提示。

师：非常温馨的场景。那你说说看，读这段文字的时候，应该注意些什么？

生：语速可以慢一点，声音可以低一些。

师：按照你的建议，我们一起再来读一读。

（生齐读）

【评】

图像化是一种很好的阅读策略。教师结合朗读，有意识地引导学生运用这种策略阅读课文，并让学生用语言描述自己想象的内容。这样既可以加深学生对课文内容的理解，又训练了学生的语言表达能力，学生在阅读表达的同时，潜移默化地得到阅读策略的训练，真是一箭三雕。

师：父亲有很多谜语。（在 PPT 中圈出“很多”一词）请同学们拿出笔，在课文上也圈出这个词语。（板书：很多）

师：大家喜欢猜谜语吗？

生：（齐答）喜欢！

师：（请生）现在请你来猜猜老师的一个谜语：十个小伙伴，分成两个班。互相团结紧，倒海又移山。

生：猜不出。

师：努力想，使劲想哦。

生：（摇头）还是猜不出。

师：是不是有点头脑发胀的感觉？

生：是的。

师：课文中就有一个词语描写了他此时的状况——

生：苦思冥想。

师：祖国的汉字很神奇！这个词语四个字的顺序换一换，又变成了一个意思一样的新词语。

生：是“冥思苦想”。

师：我们再来看看刚才的谜语。（伸出一双手）“十个小伙伴”，（把两只手分开）“分成两个班”。（又把两只手合在一起）“互相团结紧”……

生：谜底是“手”！

师：正确！还有一个谜语，请听谜面：兄弟两个一样长，形影不离总成双。只吃饭菜不喝汤，细长身子永不胖。

生：是“筷子”！

【评】

小学生都喜欢猜谜语。教师从题目切入，当场引导学生猜了两个谜语，激发了学生学习课文的兴趣。教师还结合现场生成的情境，巧妙地教学了“苦思冥想”，并通过变换字序引出“冥思苦想”，这样教学词语有利于学生今后在其他语境中灵活地运用词语。

二、学习表达的技巧

（出示课文第 3 自然段：

渐渐地，父亲的谜语很少能够难倒我了。只有一条谜语我猜不出。）

师：（指板书）文章的第 2 自然段写了父亲有“很多”谜语，第 3 自然段写了什么呢？请你读读这段文字，圈出一个词语来。

生：我圈的是“很少”。

生：我圈的是“一条”。

师：现在有两种答案，哪个更准确？听听大家的意见。

生：我觉得“一条”更准确。

师：说说理由。

生：因为“很少”没有具体说有多少，而“一条”就明确地告诉大家只有一条“我”猜不出。

师：（问生）你的理由——

生：和她说的一样。

师：（问生）他们说得有没有道理？

生：嗯，“一条”更准确。

（出示课文第 4—10 自然段：

“晚上关箱子，早上开箱子，箱子里有面小镜子，镜子里有个细妹子。”

我想了半天想不出，问父亲：“怎么镜子里有个细妹子呢？”

父亲笑着说：“你再听啊——”他把眼睛闭上，“晚上关箱子。”又把眼睛睁开，“早上开箱子。”父亲把眼睛凑近我，“箱子里有面小镜子。你仔细看看，镜子里是不是有个细妹子？”

我叫起来：“是眼睛，是眼睛。”

父亲说：“对。这是爸爸的眼睛。”

我问：“那我的眼睛又该怎么说呢？”

“晚上关箱子，早上开箱子，箱子里有面小镜子，镜子里有——”父亲摸摸饱经忧患而早白了的头发，说，“有个老头子。”）

师：仔细读读这些文字。想一想：作者写这“一条谜语”与写“很多谜语”的方法有什么不一样？然后说给你的同桌听听。

（生自由读后同桌交流）

师：现在我们来交流交流。

生：我发现作者写这部分内容重点写了“我”与父亲的对话。

生：我发现这儿具体写了人物的语言。

师：接下来请同桌两人分角色读好父亲与“我”的对话。

（出示对话句式：

父亲说：“晚上关箱子，早上开箱子，箱子里有面小镜子，镜子里有个细妹子。”

我问：“怎么镜子里有个细妹子呢？”

父亲说：“你再听啊——晚上关箱子，早上开箱子，箱子里有面小镜子。你仔细看看，镜子里是不是有个细妹子？”

我说：“是眼睛，是眼睛。”

父亲说：“对。这是爸爸的眼睛。”

我问：“那我的眼睛又该怎么说呢？”

父亲说：“晚上关箱子，早上开箱子，箱子里有面小镜子，镜子里有个老头子。”）

师：请两位同学来读一读。

生：（读）晚上关箱子，早上开箱子，箱子里有面小镜子，镜子里有个细妹子。

师：他读得怎么样？谁来评价评价？

生：我觉得他读正确了，也比较流利。

生：我觉得他读时挺有感情的。

师：在朗读的速度上，有什么建议呢？

生：应该再快一点。

师：是快一点，还是慢一点？课文的第 2 自然段有一个词语告诉了我们。

生：我觉得应该读得慢一点。

师：说说你的理由。

生：父亲说得慢一点，其实是给“我”思考的时间。课文中还有一个词语——悠悠地。

师：这个词语的意思是——

生：慢慢地，很悠闲地。

师：（面向生）他说得有没有道理呀？

生：有！

师：那就请你再来读一读父亲的话。

（生与同桌读完父亲与“我”的对话）

师：作者写的这段对话，与李老师写的有好多地方不一样。用笔标出不一样的地方。

（生圈画）

师：现在我们来交流。

生：我发现在第 5 自然段中，作者多写了“想了半天想不出”。

师：作者想通过这个告诉我们什么信息呢？

生：“我”不是立即问父亲的，而是经过了一番思考。

生：我发现在第 10 自然段中，作者还多写了“父亲摸摸饱经忧患而早白了的头发”。

师：你来做做这个动作。

（生用手摸摸自己的头发）

师：父亲这么做的目的是——

生：给女儿提示，叫她关注自己“早白了的头发”。

生：我发现第 7 自然段中作者写的是“我叫起来”。可李老师只写了“我说”。

师：看来，你更喜欢作者的写法。

生：是的。“我叫起来”写出了“我”猜出谜语的兴奋心情。

师：请你把这样的兴奋读出来。

（生有感情地朗读第 7 自然段）

生：我发现老师把第 6 自然段内容改了好多。

师：是呀，我们一块儿来看看这段文字。

（出示两段文字：

父亲说：“你再听啊——晚上关箱子，早上开箱子，箱子里有面小镜子。你仔细看看，镜子里是不是有个细妹子？”

父亲笑着说：“你再听啊——”他把眼睛闭上，“晚上关箱子。”又把眼睛睁开，“早上开箱子。”父亲把眼睛凑近我，“箱子里有面小镜子。你仔细看看，镜子里是不是有个细妹子？”）

师：请你具体地说一说。

生：老师删去了“笑着”。

师：这是父亲的——

生：神情。老师还删去了其中的“他把眼睛闭上”“又把眼睛睁开”“父亲把眼睛凑近我”。

师：你说的这三处文字都在描写什么呀？

生：父亲的动作。

师：现在请你边做动作，边读读父亲的话。

（生朗读第 6 自然段）

师：现在我们一块儿来读好这段文字，注意：别忘了三处动作哦！

（生朗读）

【评】

第4—10自然段写父亲让女儿猜谜语，学生一读就懂，在内容理解上毫无困难。教师设计这一段教学没有过多地关注内容理解，而是将重点放在写作方法的体会上，教学内容选择得真好。再看教师如何指导学生体会写作方法，先是让学生反复朗读，读熟课文，然后出示课文的一段话和教师修改过的一段话，通过两段话的比较，学生马上就发现课文不仅描写了父亲的语言，还具体描写了父亲的动作、神态。这样教学能够使学生对课文的描写方法有更加真切的体会，可见教师设计的精心。

师：假如父亲叫“我”猜这两个谜语，当“我”猜不出来的时候，他又会通过什么动作来巧妙地提示“我”呢？请同桌间相互做做动作，再选择一个写一写。

（出示两则模仿说话填空：

父亲悠悠地念着：“十个小伙伴。”

________________，“分成两个班。”

________________，“互相团结紧。”

________________，“倒海又移山。”

父亲悠悠地念着：“兄弟两个一样长。”

________________，“形影不离总成双。”

________________，“只吃饭菜不喝汤。”

________________，“细长身子永不胖。”

《夜明》音乐轻轻响起，音乐停后交流）

生：父亲悠悠地念着：“十个小伙伴。”

师：注意“悠悠地”的意思哟，再读——

生：（放慢语速）父亲悠悠地念着：“十个小伙伴。”父亲伸出了两只手，“分成两个班。”父亲又把两只手分开，“互相团结紧。”父亲把两只手握成了拳头，“倒海又移山。”

师：这儿都是父亲的动作，开头说了“父亲”，后面不要再说了，换一个词——

生：“他”。

师：对！连起来再说一遍。

生：父亲悠悠地念着：“十个小伙伴。”他伸出了两只手，“分成两个班。”他又把两只手分开，“互相团结紧。”他把两只手握成了拳头，“倒海又移山。”

师：很好！再请一位同学来说说。

生：父亲悠悠地念着：“兄弟两个一样长。”他伸出了两个食指，“形影不离总成双。”接着把两个食指靠在了一起，“只吃饭菜不喝汤。”最后做了一个夹菜的动作，“细长身子永不胖。”

师：好啊！这样的描写就形象生动了。我们一起再来欣赏欣赏作者的这段文字。男生读父亲的语言并做做动作，女生读“我”的话。

（师领读课文第 4—10 自然段）

师：父亲通过一个个谜语引导“我”学会观察、学会思考，给“我”带来好多知识。（板书：带来光明）

【评】

对于结合课文体会文章的写作方法，很多教师通常是让学生理解了写作方法，明白了这样写的好处，就结束教学了。李老师的高明之处是结合课文内容巧妙地设计了两处运用写作方法的练习。这两个谜语学生一开始都猜过，谜底是什么无须再花力气，这样就将学生的注意力引导到对学过的写作方法的迁移运用上。教师让学生相互做动作，再选一个谜语填写父亲的动作，保证了每个学生都有运用写作方法的机会。在学生运用实践之后，让学生再次朗读课文，体会这样描写的作用。从现场学生的反应看，这个环节的教学效果非常好。可以讨论的是，限于课堂教学的时间，教师只分别抽了一个学生来交流，如果再花些时间让更多的学生来交流不同的填空内容，然后引导学生适当地进行点评，教学效果可能会更好。

三、体会父爱的温暖

师：父亲的谜语还有什么神奇的作用呢？请大家自由读读课文的第 11 自然段。

（生自学）

师：我们来交流。

生：带来快乐。

师：如果不说“带来”，还可以怎么说？

生：“变出”，因为课文最后一个自然段就有这个词语。

师：我们一起来读读这个段落。

（生齐读最后一个自然段）

师：请你将“变出快乐”写在“带来光明”的下面。

（生板书：变出快乐）

师：真是太神奇了！父亲不管在什么时候，总能猜出“我”想要什么，或是巧克力，或是——

生：（齐答）大苹果、洋娃娃、蝴蝶结、花裙子、有小鹿的卷笔刀。

（出示填空一：

有一次，妈妈加班，没有做晚饭，我饿得头昏眼花。父亲便悠悠地念了起来：“早上开箱子，晚上__________。”笑眯眯的眼睛一张一合，然后问我：“镜子里面__________？”我不作声，他便猜：“__________。”）

（师生合作读）

师：有一次，妈妈加班，没有做晚饭，我饿得头昏眼花。父亲便悠悠地念了起来——

生：早上开箱子，晚上关箱子。

师：笑眯眯的眼睛一张一合，然后问我——

生：镜子里面有个什么呢？

师：我不作声，他便猜——

生：巧克力。

（出示填空二：

有一次，我生病了，躺在病床上，特别孤单。父亲便悠悠地念了起来："早上__________，晚上__________。"笑眯眯的眼睛一张一合，然后问我："镜子__________？"我不作声，他便猜："__________。"）

（师生合作读）

师：有一次，我生病了，躺在病床上，特别孤单。父亲便悠悠地念了起来——

生：早上开箱子，晚上关箱子。

师：笑眯眯的眼睛一张一合，然后问我——

生：镜子里面有个什么呢？

师：我不作声，他便猜——

生：洋娃娃。

（出示填空三：

有一次，我摆弄着小辫子，总觉得自己不够漂亮。父亲便悠悠地念了起来："__________，______________。"笑眯眯的眼睛一张一合，然后问我："______________？"我不作声，他便猜："______________。"）

（两生合作读）

生：有一次，我摆弄着小辫子，总觉得自己不够漂亮。父亲便悠悠地念了起来——

生：早上开箱子，晚上关箱子。

生：笑眯眯的眼睛一张一合，然后问我——

生：镜子里面有个什么呢？

生：我不作声，他便猜——

生：蝴蝶结。

师：有一次，怎么怎么样；有一次，怎么怎么样。作者有没有像我这样写呢？

生：（齐答）没有。

师：作者巧妙地用上一个词语，将我刚才说的几种情形都概括进来了。谁有发现？

生：是“每当”。

师：“每当”是什么意思？

生：就是任何时候，不管在什么时候。

师：对了。请你把这个词语写在黑板上。其他同学拿出笔，也圈出课文中的这个词语。

师：这段文字非常适合朗读。接下来，请大家再认真地读读，待会儿我请一位同学来朗读。

（生练习朗读，师请一位同学）

师：看过中央台的《朗读者》节目吗？

生：看过。

师：朗读呀，就是读文字中的自己，再把自己读给世界听。你想把这段文字献给谁呢？

生：我想把它献给我的父亲。

师：好的，开始朗读吧！

（《夜明》音乐响起，生有感情地朗读）

师：说起父亲和“我”的故事，我又想到了这部漫画集——《父与子》。老师选取了几页漫画，我们一起来感受浓浓的父子深情吧！

（播放《父与子》漫画，《夜明》音乐再次响起）

师：“渐渐地，我长大了。后来有一次，父亲猜不出我的心思了。”这是为什么呢？建议大家课后再去读读《父亲的谜语》后面的故事。

【评】

最后一个板块教师抓住了三个内容设计教学过程，一是关注课文写作方法，教师出示了三个填空，引导学生体会文章概括描写的方法，这是重点；二是结合朗读引导学生体会父爱温暖和父子深情，结合得非常自然，毫无做作感觉；三是推荐了一本课外读物——漫画《父与子》。可以讨论的是：这一板块教学的写作方法属于另起炉灶，与前一个环节的写作方法没有逻辑联系。如果能充分利用最后一段课文的语境，让学生再来写一次父亲和“我”猜谜语的过程，要求学生在新的语言环境中再次运用学到的写作方法，将父亲和“我”猜谜语时的语言、动作、神态描写具体，这堂课的目标会更集中，学生有更加充分的实践机会运用写作方法，因而效果可能会更好。

【总评】

第一次听特级教师李伟忠的课，非常欣赏李老师正确的语文教学观。他不是在教课文，而是将课文作为例子，重点教学生学语文。

李老师非常重视课文朗读，这堂课里学生的朗读贯穿始终：结合朗读让学生体会图像化阅读策略，通过反复朗读领会文章的写作方法，通过朗读感受父爱温暖、父子情深。朗读是语文课最重要的教学方法，李老师追求的不仅仅是让学生读懂课文，更是让学生通过反复朗读读熟课文，更加有效地实现课文语言的输入。其实学生对写作方法的理解必须有具体的语言为依托，如果没有语言的依托，那么学生领会的写作方法就是无本之木、无源之水。学生在吸收课文语言的同时，也潜移默化地吸收了课文的写作方法，对课文语言承载的写作方法会有更加正确而又深入的理解。

李老师教学写作方法，没有满足于学生对写作方法的理解，他重视的是学生对写作方法正确、灵活的运用。语文教师都知道，学生学习写作方法的目的是运用，而运用写作方法必须通过学生的写作实践。相比方法的理解，运用难度更高，因此需要花费的时间也就更多。李老师在第二个环节特意设计了两次迁移运用写作方法的练习，有利于学生学会运用，学生在运用过程中对所学写作方法的理解也更加正确，更加深入。

这堂课当然也有提高的空间。比如课文倒数第二段，教师抓住“每当”这个关键词，通过三次填空，让学生发现这一段的写法与前面写法的不同：前面是具体写一次猜谜过程，这一段写了几次猜谜，从而体会什么是概括描写。从课文本身的写作特点看，这样教学当然不错，但是教师教的是另一种写作方法，与学生前面所学的写作方法没有内在联系，学生只是理解、认识而已，基本不会运用。因此建议教师这堂课不再去教这个新的写作方法，而是将时间花在学生前面所学的写作方法的反复运用上，可以结合课文内容创设新的情境。如“有一次，妈妈加班，没有做晚饭，我饿得头昏眼花”，“有一次，我生病了，躺在病床上，特别孤单”，“有一次，我摆弄着小辫子，总觉得自己不够漂亮”——让学生具体描写一次父亲和“我”猜谜的过程，要求适当运用课文中的语句，写出人物的语言、动作、神态等，这样就可使这堂课的目标更加明确，学生表达实践的时间也会更加充分。

此外，这堂课中有些词语教得很精彩，比如“苦想冥思”“悠悠”，花时不多，学生理解很到位。但总体上词语教学还须加强，课文中学生理解有困难的新词不少，比如深邃、神秘、烦恼、忧愁、饱经忧患等，应该结合课文帮助学生理解词义。整个小学阶段每篇课文的生字、新词教学一定要扎实到位，精心设计。因为有些字词在以后的课文中不一定有复现机会，这一课不教就会留下隐患。

莫 高 窟

执教者：江苏省无锡市南长街小学　诸向阳

【教学目标】

1. 联系上下文理解“精妙绝伦”“瑰丽”“飞天”等词语的意思。

2. 正确、流利地朗读课文，抓住关键句子概括文章主要内容。

3. 品读课文语言，学习对称语言的节奏美、意境统一以及表达多样。

4. 感受莫高窟艺术之美。了解莫高窟被掠夺的历史，激发学生的爱国情感。

【教学过程】

一、对联导入

师：今天诸老师跟大家第一次见面，我送你们一个小礼物，给你们讲一个小故事好不好?

生：（齐）好啊。

师：明朝的时候有一个神童，叫解缙。（大屏幕出示名字）有没有听说过这个名字?

生：（齐）没有。

师：九岁的解缙，注意啊，九岁，有一天，跟父亲到长江边去洗澡，他把衣服脱下来挂在树上。父亲出了一联：千年古树为衣架，（大屏幕出示）九岁的解缙略作沉思，对出了下联：万里长江作浴盆。（大屏幕出示）你们觉得解缙对得妙不妙?

生：（齐）妙!

师：妙在哪里？

生：和父亲的上联对仗。

师：是啊，对联首先要讲究对仗。这副对联中“千年”对什么？

生：万里。

师：“古树”呢？

生：长江。

师：“为”对——

生：作。

师：“衣架”对——

生：浴盆。

师：这是妙之一，但不是最妙的地方。

生：两个比喻用得好。“古树”比作“衣架”，“长江”比作“浴盆”。

师：这是妙之二，但还不是最妙的地方。

生：这副对联与当时的场景非常吻合。

师：掌声！你找到了最妙的地方。一起来读一读这副对联。

生：（齐）千年古树为衣架，万里长江作浴盆。

【评】

对联是中国传统文化的瑰宝，是中华语言独特的艺术形式。教师以九岁解缙与父亲对对联的故事作为课文的导入，既是对中华文化的传播，又可以激发学生学习兴趣，更重要的是为本课教学重点——语言的对称埋下了伏笔。可见教师设计的导入部分很有文化含量，也与课文的教学目标紧紧相扣。

二、检查预习

师：今天我们要学《莫高窟》。有同学去过莫高窟吗？

生：（齐）没有。

师：没关系，今天跟随诸老师到文中去游览莫高窟。课文读过了没有？

生：（齐）读过了。

师：好，我来检查一下你们朗读的水平，请看大屏幕。这段文字谁来读？请你来读。

生：敦煌莫高窟是祖国西北的一颗明珠。她坐落在甘肃省三危山和鸣沙山的怀抱中，四周布满沙丘，492 个洞窟像蜂窝似的排列在断崖绝壁上。

师：她的朗读水平很高，但是有个小错误。听出来了？你自己知道了？那请你自己说。

生：492 个洞窟像蜂窝似的。

师：似的。“似乎”的“似”读平舌音，“似的”的“似”读什么？

生：翘舌音。

师：同学们，这是祖国的地图。（大屏幕出示中国地图）我们来看莫高窟的位置。莫高窟在哪里啊？在这儿。莫高窟里有蜂窝似的洞窟，（屏幕出示洞窟佛像）有彩塑，有壁画。所以，人们把莫高窟称作祖国西北的一颗——

生：（齐）明珠。

师：来，一起读一读这一段。

（生齐读）

【评】

检查预习环节用时很少，教师意在了解学生的朗读水平，因此只读了一个开头。结合朗读指导学生读准字音“似的”，利用地图让学生了解莫高窟的位置，简明扼要。只是指名一个学生读一段，检查预习的面似乎不够。如果让五个学生分别读完全文，可以对学生预习情况了解得更全面，也可以让学生对其他同学的预习情况有整体了解，其间可能还有不少容易读错的字需要指导，这样效果似乎更好。

师：再选一段话，请同学们来读。谁愿意读？举手！（很多学生举手）下面我请一个不举手的同学来读。（生笑）

师：请你起立，好好地来读啊。

生：莫高窟不仅有精妙绝伦的彩塑，还有四万五千多平方米宏伟瑰丽的壁画。

师：读得很好，以后大胆举手啊。请这位同学再来读。

生：莫高窟不仅有精妙绝伦的彩塑，还有四万五千多平方米宏伟瑰丽的壁画。

师：好！（手势给予全班同学）预备，读。

生：（齐读）莫高窟不仅有精妙绝伦的彩塑，还有四万五千多平方米宏伟瑰丽的壁画。

师：打开书，找到这句话，用波浪线画下来。

（生翻书，画句子）

师：这是第 3 自然段的第一句，是个什么句子？

生：过渡句。

师：谁来告诉我，过渡句有什么作用？

生：承上启下。

师：请问哪一个句子承上？哪一个句子启下？

生：“莫高窟不仅有精妙绝伦的彩塑”是承上，“还有四万五千多平方米宏伟瑰丽的壁画”是启下。

师：第一个分句是承上，说明第 2 自然段为我们介绍的是莫高窟里的——

生：彩塑。

师：第 3 自然段为我们介绍的是莫高窟里的——

生：壁画。

师：课文除了介绍莫高窟的彩塑、壁画，还介绍了什么？

生：文章还介绍了藏经洞。

师：哪个自然段介绍的？

生：第 4 自然段。

师：谁能在这句话的后面补充一句话？

（大屏幕出示：

莫高窟不仅有精妙绝伦的彩塑，还有四万五千多平方米宏伟瑰丽的壁画和________________）

生：莫高窟不仅有精妙绝伦的彩塑，还有四万五千多平方米宏伟瑰丽的壁画和藏经洞。

师：补充得不错。谁能在藏经洞的前面加一个词呢？谁再来补充？

生：莫高窟不仅有精妙绝伦的彩塑，还有四万五千多平方米宏伟瑰丽的壁画和面积不大的藏经洞。

师：同学们发现了没有，加上“面积不大”表达更加准确了。你们刚才说的这句话是课文的什么？

生：主要内容。

师：抓住过渡段可以概括课文的主要内容。

【评】

教师抓住了过渡句，用最少的时间帮助学生梳理全文的结构，了解文章的主要内容。这样可以将时间充分用于“对称语言”这一重点目标的教学。指导过程中用了填空的方式引导学生把句子说完整，特别是让学生在“藏经洞”前面加一个词，使学生的表达更加准确。可见教师设计的精心以及对学生语言表达的严格要求和细心指导。

三、认识对称语言

师：我们再来一起读读这个过渡句。

生：莫高窟不仅有精妙绝伦的彩塑，还有四万五千多平方米宏伟瑰丽的壁画。

师：这个句子里有两个短语，（大屏幕出示：精妙绝伦的彩塑，宏伟瑰丽的壁画）读！

生：精妙绝伦的彩塑，宏伟瑰丽的壁画。

师：什么叫精妙绝伦？

生：完美得没有东西可以和它比。

师：完美，没有什么东西可以和它比，这叫精妙绝伦。什么叫瑰丽？给它找个近义词。

生：美丽。

师：那为什么不说“宏伟美丽的壁画”，而要说“宏伟瑰丽的壁画”？“瑰丽”和“美丽”有什么差别？

生：“瑰丽”和“美丽”的区别就是它们的语气不同，“瑰丽”的语气要比“美丽”更强烈。

师：是“瑰丽”比“美丽”还要——

生：美！

师：我们再读这两个短语。

生：精妙绝伦的彩塑，宏伟瑰丽的壁画。

师：你们有没有发现，这两个短语像一个什么？

生：对联！

师：对，像一个对子，跟我们开课之初学的那个对子是不是很相像？这样的语言，叫对称的语言。

师：你看，“精妙绝伦”对——

生：宏伟瑰丽。

师：“彩塑”对——

生：壁画。

师：这样的语言是对称的语言，读起来朗朗上口。我们读读看。

生：精妙绝伦的彩塑，宏伟瑰丽的壁画。

师：像这样对称的语言在课文当中有多处，请你找一找、画一画。

（生浏览课文，圈画。师巡视）

师：我请一个同学来读自己找到的对称的语言。

生：慈眉善目的菩萨，威风凛凛的天王，强壮勇猛的力士。

师：（屏幕出示）慈眉善目的菩萨，威风凛凛的天王，强壮勇猛的力士。课文中还有这样的语言，由于时间关系我们不找了。我们一起来读一读。

生：慈眉善目的菩萨，威风凛凛的天王，强壮勇猛的力士。

师：谁能把这些对称的语言读出来？听了你的朗读之后，我们就能懂得这些对称的语言所要表达的是什么意思。谁来试一试？

生：精妙绝伦的彩塑，宏伟瑰丽的壁画，慈眉善目的菩萨，威风凛凛的天王，强壮勇猛的力士。

师：你们听出来了吗？“威风凛凛”，他读得怎么样？声音很高吧？“强壮勇猛”，声音也高。所以他懂得这个词的意思。来，我们像他一样来读。

（生齐读）

师：这篇课文中对称的语言特别多。除了这种形式的对称语言，还有其他形式的对称语言，请你找出来，做上记号。

（师巡视，一位同学举手示意老师，师走过去查看他找到的内容）

师：你找到了一种形式。来，读给大家听。

生：记录佛教故事的，描绘神佛形象的，反映民间生活的，描摹自然风光的。

师：他找到了这样一种对称的语言。（大屏幕显示刚才两种对称的语言）这两种对称的语言有什么不一样的地方呢？

生：它们的字数不一样。

师：字数不一样，是的，但这是表面的。

师：还有什么不一样？

生：结构不一样。

师：结构哪里不一样？

生：第二种前面都是什么什么的，第一种是用来描绘的。

师：你看，精妙绝伦的彩塑，记录佛教故事，在结构上确实是不一样的，有这个体会就可以了。来，我请男同学读第一组，女同学读第二组，注意这两组对称语言结构上的不一样。

（男女生分别读）

师：除了这两种对称语言，还有其他种类的吗？（走到举手的同学身边）把你找到的读一读。

生：臂挎花篮，采摘鲜花；怀抱琵琶，轻拨银弦；倒悬身子，自天而降；

彩带飘拂，漫天遨游；舒展双臂，翩翩起舞……

师：这又是一种对称的语言，它由几个字组成？

生：八个字。

师：八个字组成。来，读一读这一组对称的语言。（大屏幕出示）

（生齐读）

师：这一组对称的语言为我们描绘的是壁画里的什么？

生：飞天。

师：你们知道什么是飞天吗？

生：飞天应该就是在天花板上的壁画。

师：天花板上的壁画，画着无数的飞天，飞天是不是仙女？

生：是。

师：不仅仅是仙女，在天上飞的神仙都叫飞天，不分男女。谁来用自己的声音，把飞天的感觉读出来？

生：臂挎花篮，采摘鲜花；怀抱琵琶，轻拨银弦；倒悬身子，自天而降；彩带飘拂，漫天遨游；舒展双臂，翩翩起舞。

师：你们觉得他读得是不是比较轻柔？为什么？

生：因为这些语句都非常优美。

师：所以我们要用轻柔的声音来读，才能读出飞天的意境。

（生齐读）

师：这篇课文对称的语言特别多。刚才我们一起找了三种对称的语言，现在，我们把这些语句放到课文中去，（大屏幕显示课文）主要有这样三段内容。我们请第一组同学读第一段，第二组同学读第二段，第三段全班同学一起来读。我们看看这些对称语言放到课文中，该如何来朗读呢？

（生读）

【评】

第三板块从过渡句直接进入本课的教学重点“对称语言”，衔接得很自然。什么是“对称语言”，教师联系导入时学过的对子，简要而又具体地作了诠释。然后充分发挥学生的主动性，舍得花时间引导学生通过默读课文寻找“对称语言”。通过课文中三组不同结构“对称语言”的朗读和比较，学生对“对称语言”有了更加全面的认识和体会。在这个教学环节中，教师将“对称语言”的认识与课文朗读指导、词语理解结合起来，这样设计可圈可点。

师：我们来看，文章的作者是怎样来连接这些对称语言的？第一处，他是用哪个字来连接的？

生：有，还有。

师：第二处呢？

生：有什么什么的，有什么什么的，有什么什么的。

师：第三处呢？

生：有的……有的……

师：我想问同学们，为什么不用一种连接词来连接呢？

生：如果只用一种连接词的话，整个文章就会显得很单调、无味。

师：对的。同学们，文章要有变化，表达要多样。只有表达多样，你的文章才不会乏味。我们把这三组语言读好，注意它们连接词的不一样和文章表达的多样、丰富多彩。“这些彩塑个性鲜明”，读——

（生读）

师：注意，有一个字，轻拨银——

生：弦（xián）。

师：刚才读“xuán”的再读一遍。

生：轻拨银弦（xián）。

师：（大屏幕出示）我们来看壁画上的飞天，这一组谁来为我们朗读？

生：壁画上的飞天，有的臂挎花篮，采摘鲜花；有的怀抱琵琶，轻拨银弦；有的倒悬身子，自天而降；有的彩带飘拂，漫天遨游；有的舒展双臂，翩翩起舞……

师：读得好。你们能把这段话记在脑子里吗？自己花一分钟试一试。

（生自读记忆）

师：谁来试试看？（大屏幕显示这段文字的填空形式）

生：其中最引人注目的，是那成百上千的飞天。壁画上的飞天，有的（臂挎花篮，采摘鲜花）；有的（怀抱琵琶，轻拨银弦）；有的（倒悬身子，自天而降）；有的（彩带飘拂，漫天遨游）；有的（舒展双臂，翩翩起舞）……看着这些精美的壁画，就像是走进了灿烂辉煌的艺术殿堂。

师：掌声！了不起啊！这么短的时间内，把这一组对称的语言背下来了。我们一起来尝试着背一背，不会背的可以看书。“其中最引人注目的，是——”

（生齐背）

【评】

认识对称语言的优美和能够背诵这些优美的语言，完全是两回事。如果只是认识了这些对称语言，理解了对称语言的结构奥妙，换一个语言环境，大部分学生是不会运用的。学生熟读成诵，将其输入自己的语言仓库，才可能脱口而出，换一个语言环境，不少学生就能主动运用。对小学生而言，积累、背出这些对称语言比起理解对称语言的结构更加有用，因为这样可以直接提高他们的语言建构能力。教师花了几分钟时间，让学生将这些精彩的语句记在脑子里，再背出来，目的是为学生以后表达时主动运用课文中的精彩语句做好准备，值得提倡。

四、运用对称语言

师：我给同学们看一看壁画上的飞天，屏幕上这些飞天美吗？

生：美！

师：请同学们用你们的笔写出飞天的美。注意，要求用怎样的语言来写？

生：美的语言。

师：美的语言？要用什么样的语言？

生：对称的语言。

师：对，要用对称的语言来写。可以写一幅飞天，也可以写两幅，就写在课文纸上。

（生写作，师巡视）

师：写好一组的同学请举手，我们先来听听这些同学是怎么写的，可能会对你有所启发。

生：壁画上的飞天，有的彩霞跟随，漫天遨游。

师：用了书上的一个词，漫天遨游，你自己的一个词是彩霞跟随。彩霞跟随就是有彩霞在他周围，用“环绕”可能会更好一些，彩霞环绕，漫天遨游。

生：有的吹起长笛，清脆悦耳。

师：吹起长笛，清脆悦耳，非常好。还有没有其他的？刚才举手的同学，你来。

生：壁画上的飞天，有的手拿长笛，吹出优美。

师：“拿”能不能换一个词？

生：手握。

师：握还是不够好。

生：手持长笛。

师：持，用得好。掌声！“吹出优美”也不太好。应该是什么呢？清脆悦耳，或者是悦耳动听。好，改一改。还有吗？

生：轻声歌唱，优美起舞。

师：你为什么不用大声歌唱？

生：因为他就是像神仙那样歌唱，肯定是很优美的。

师：对呀，飞天的这种意境是什么呀？是柔美的，所以他就没有用——高声歌唱。他用的是——轻声歌唱。这是对的。同学们，你们在写飞天形象的时候，要注意意境的统一，不能违背飞天营造的这种轻柔的意境。

师：还有愿意交流的吗？

生：壁画上的飞天美丽无比，像优雅的仙鹤，自由飞翔；像多彩的蝴蝶，翻腾飞舞；像可爱的云彩，缓慢飘浮。

师：很有创造性，掌声！他没有被这八个字的对称所限制，写的也是对称的语言，非常好，这就是创造。同学们，如果把我们写的这么多对称的语言放到课文中去，行不行？

生：行。

师：但是课文为什么不写那么多，而是用什么来代替我们刚才写的内容？

生：省略号。

师：对，用了一个省略号来代替，这个省略号能给我们带来什么？

生：无穷的想象，无限的遐想空间。

师：给我们留下了想象的空间，还有许多美丽的飞天，不一一写出来了。来，我们一起来读，读出飞天的美。

（生齐读）

【评】

认识对称语言，背诵对称语言，对学生学习语言来说很重要，但这只是语言的输入，知识的储备。学习语言文字重在语言的运用，要学会运用必须靠学生亲身实践。这个环节设计的精彩之处就是以课文中的飞天为对象，引导学生即时使用对称语言写一幅或两幅飞天。难能可贵的是，教师不仅让学生动手去写，而且花大力气对学生的表达结果进行具体细致的指导。学生受制于词汇量和表达经验，遣词造句都会产生这样那样的问题，此时教师介入指导就非常必要。当然这对教师的临场经验和语感判断要求极高，诸老师是特级教师，语感好，反应快，不但当场判断学生表达的问题，而且能及时给出修改建议，一般教师很难具备这样的语文功力。其实换一种方式，一般教师都能做到：先让学生分小组相互评价，利用学生的聪明才智合作修改，然后再交流。这样对教师的要求大大降低了，而且学生都可以参与，能充分调动他们学习的主动性。

五、体会课文情感

师：课文的第 4 自然段，诸老师来为你们朗读，请看课文。莫高窟里还有一个面积不大的洞窟——藏经洞。洞里藏有我国古代的各种经卷、文书、帛画、刺绣、铜像等六万多件。由于清王朝腐败无能，大量珍贵的文物被帝国主义分子掠走。仅存的部分经卷，现在陈列于北京故宫等处。

师：你们有没有发现老师读的与课文不一样的地方？

生：老师把“曾”读漏了。

师：（大屏幕红字显示“曾”）我漏了一个字，你听得太仔细了。把这个字漏掉有什么关系？这个字漏掉，文章照样通顺。

生：是我国曾经藏有，不是现在，而是曾经。

师：这个“曾”里面有什么？

生：“曾”里面有曾经的意思，因为洞里的经卷、文书、帛画都已经被掠走了，那是之前才会有的。

师：难道你们仅仅就发现一个曾经吗？原来这里的文物特别多，现在文物都到哪儿去了呢？

生：我从这个“曾”里面体会到我们国家被掠走了很多文物，我们感到非常伤感，非常悲痛。

师：伤感、悲痛，这个“曾”里面是有感情的！

生：这么多的文物都被掠走了，我们有一种愤慨，有一种悲伤。

师：藏经洞见证了一个古老民族的历史。这个“曾”能去掉吗？

生：不能！

师：拿起课本，读第 4 自然段。

（生齐读）

【评】

教师抓住句子中的“曾”字，让学生体会作者用词的准确，这是第一层；然后适时引申，让学生了解侵略者的累累罪行，这是第二层；最后让学生通过朗读读出愤慨、悲伤，感受古老民族的屈辱和懦弱，这是第三层。教师对文本语言挖掘得很深，但仔细研读原文就会发现，只抓住“曾”做文章似乎有些牵强，愤慨、悲伤的情感在整段话中都有体现，“掠走”“仅存”更能表达作者的情感。如果放手让学生去读、去品，相信学生会感受出更加丰富的内在情感，这对提高学生品词品句的能力更有帮助。当然品词品句不是这堂课的重点，如果没有教学时间，压缩甚至删去这个环节也无不妥。

六、回读全文

师：同学们，今天诸老师带大家学这篇课文，主要讲语言的对称。你们觉得这篇课文为什么要用这么多对称的语言来写？这样写有什么好处？

生：可以把那些景物写得栩栩如生。

师：可以让景物更美。还有呢？

生：让我们读起来朗朗上口。

师：读起来朗朗上口。这篇文章是一篇关于莫高窟的解说词，我们到莫高窟去，导游要给我们做什么？

生：解说。

师：课文就是这样的一篇解说词。作为解说词，它应该说起来朗朗上口，所以它用了许多——对称的语言。同学们没有去过莫高窟，最后诸老师带大家游览莫高窟。请看大屏幕。（课件播放莫高窟导游词——配优美图画的课文朗读）

师：下课！同学们再见！

生：老师再见！

【评】

最后回扣本课的教学重点——学习对称语言，了解运用对称语言的好处，认识课文语言表达的亮点，说明教师对这堂课教什么，学生应该学什么，心中是非常明确的。如果一堂课结束，学生只能总结出课文写什么，只是留下对侵略者罪行的仇恨，对清政府屈辱懦弱的悲伤和愤慨，那么这堂语文课的性质就异化了，变成一堂历史课、社会课或思想品德课了。

【总评】

《莫高窟》是一篇难得的文质俱佳的课文。不少教师围绕课文内容激发学生对帝国主义分子掠夺我国文物的仇恨，对清政府屈辱懦弱的悲伤和愤慨，这当然是需要的。但要注意的是语文课是学习语言文字运用的课程。这堂课重点是指导学生学习认识汉语中“对称语言”的特点，在学习“对称语言”的过程中认识莫高窟的前世今生，从而激发学生的爱国主义情感。这样处理教学内容和设计教学过程，正确地把握住了语文课程的性质任务，把语文课真正上成了语文课。

细读文本可以发现，这篇课文可以选择的教学内容很多，比如总分总的文章结构，第3自然段里过渡句的运用，金刚、飞天的神态、外貌、动作描写，还有文中运用的生动准确的四字词以及比喻、排比等修辞手法，等等。如果要将这么多表达特点都设计在教案里，那么这堂课不知会上成什么样子了。诸老师在这堂课里只抓了“对称语言”这一个重点，按照“指导认识—自主圈画—实践运用—总结提升”四个步骤，从各个层面反复进行教学，重锤敲打。这样设计教学过程，学生才有可能对“对称语言”及其运用留下深刻的印象。可见教师对教学内容敢于取舍，集中抓住一个重点，才可能获得最佳的教学效果。当然这需要勇气，更需要眼光，其实关键取决于教师的语文教学观。

我最欣赏的还是这堂课第三板块中的背诵和第四板块对运用对称语言的指导，特别是利用课文中的飞天图像，引导学生运用对称语言写出飞天的美。我们知道，认识“对称语言”是语言知识的储备，背诵“对称语言”是语言的输入积累。但是语言学习重在运用，要会运用必须靠学生亲身实践。引导学生运用“对称语言”去建构话语，学生会运用了，才能真正提高自己语言建构的质量。诸老师在课堂里特意安排学生运用“对称语言”描写一幅或两幅飞天，给学生提供现成的写作对象，这样就将学生的注意力全部聚焦到“对称语言”的运用上。写完后再花时间进行指导点评，指导重点还是围绕如何正确运用对称语言。这样的教学设计重点突出，环环紧扣，对高质量地达成教学目标起了很好的作用。

这堂课还有提高的空间吗？我认为有。我在第四板块最后的评语中指出，学生运用对称语言描写飞天以后，教师介入指导非常必要，但这对教师临场经验和语感判断要求极高。而且一对一指导，其他学生只是当听众，不利于调动他们的学习主动性。第四板块如果增加一个环节，让学生先分小组评价，再全班交流、师生共同点评，那样学生就都可以参与，能充分发挥他们的智慧进行修改。如果在师生点评交流以后再增加一个学生自己修改的环节，这样的教学效果一定会更好。

如果增加小组点评和学生修改环节，时间哪里来？我的意见是压缩第五、第六两个板块，抓住句子中的“曾”字穷追深挖没有必要，也不一定正确。可以改为让学生读读最后一段，出示资料感受帝国主义分子的贪婪，体会清政府的无能，然后总结这堂课的收获体会，这样就可以将更多时间花在运用对称语言这个重点目标上。当然这只是我个人的意见，供诸老师和广大读者参考。

大瀑布的葬礼

执教者：上海市黄浦区教育学院　魏玉梅

【教学目标】

1. 学习积累词语“咆哮而下、滔滔不绝、一泻千里、生命垂危、形容枯槁、奄奄一息”；读准“奄”的字音；理解“形容枯槁、预测、惆怅”等词语的意思。

2. 有感情地朗读并积累描写大瀑布今昔不同情形的语句。

3. 能概括大瀑布逐渐枯竭的原因，感悟为大瀑布举行葬礼的特殊意义。

4. 结合巴西总统葬礼上的演讲进行写话训练。

【教学过程】

一、预习反馈

1. 默写词语并核对：

咆哮而下，滔滔不绝，一泻千里

生命垂危，形容枯槁，奄奄一息

2. 提醒“滔”右边部分的笔顺；理解“形容枯槁”的意思。

3. 练习读好瀑布名字：塞特凯达斯大瀑布。

二、了解今昔，积累并有感情地朗读有关语句

1. 看图片读词语。

咆哮而下，滔滔不绝，一泻千里

生命垂危，形容枯槁，奄奄一息

2. 学习第 4、第 5 自然段。

（1）观看大瀑布昔日雄伟壮观的视频。

（塞特凯达斯大瀑布幅宽 3 200 米，从瀑布的这一头走到另一头至少要 40 分钟的时间；落差 114 米，相当于 40 层楼那么高；年平均流量 13 300 立方米 / 秒；震耳欲聋的水声，30 公里外都能听得清清楚楚）

（2）有感情地朗读课文的第 4 自然段。

（3）师生合作读第 5 自然段。

（4）说话练习：

如果你是巴西人，你带着远道而来的朋友来到这世界著名的大瀑布前，

你会说——

如果你是一位观光者，此时此刻你站在这从天而降的巨大的水帘面前，

你会说——

你仰慕大瀑布的盛名，来到这里，置身于这细细的水雾中，感受着这清新的空气，

你会说——

理解：流连忘返。

（5）有感情地朗读第 4、第 5 自然段。

3. 学习课文第 8 自然段。

（1）自由读读课文第 8 自然段。

（2）说说“见此情景”是怎样的情景。体会“无奈”。

（3）理解“惆怅”的意思。

4. 对比朗读第 4、第 5 和第 8 自然段。（随机）

三、了解原因，理解葬礼的特殊意义

1. 科学家们预测，过不了多久大瀑布将完全消失。“预测”是什么意思？科学家根据什么作出了这样的预测？

2. 默读课文第 7 自然段，说一说。

3. 练习抓要点概括。

交流：拦河建坝　　水源大量减少

无节制用水　　水资源大量浪费

滥伐森林　　水土大量流失

4. 理解“大瀑布葬礼”的特殊意义。

昔日雄伟壮观的大瀑布，由于人为的破坏，逐渐枯竭，如今像生命垂危的老人一般。科学家们预测过不了多久大瀑布将完全消失。这令人们震惊！

（1）读第 10 自然段。

（2）理解“葬礼”的意思。

（3）理解“为大瀑布举行葬礼”的特殊意义。读第 11 自然段。

（4）拦河建坝已成事实，无法改变，但是我们可以呼吁人们赶快行动起来，我们再也不能……不能……

（5）交流板书：警示，呼吁。

四、读写训练，深化认识

请以巴西总统的身份把下面这份讲话稿补充完整，可以选用课文中的语句，也可以用上自己平时积累的语句。

女士们、先生们：

大家好！

今天，我们聚集在这里，沉痛悼念塞特凯达斯瀑布。因为科学家们预测，过不了多久，塞特凯达斯瀑布就会永远从地球上消失了！

我们不会忘记……我们也不会忘记……

可是今天，我们的塞特凯达斯瀑布是什么样子的呢？……

这一切，都是谁之过？

女士们、先生们！为了不让这样的悲剧重演，让我们携起手来，从现在做起……

菲格雷特

1986.9

五、拓展总结，布置作业

1. 总结：同学们，保护生态平衡，爱护我们生存的地球，任重而道远！

2. 作业（二选一）：

① 观看母亲河——黄河今昔对比的照片，感受保护环境的刻不容缓、义不容辞。

② 学习菲格雷特总统在大瀑布葬礼上的讲话，写一封倡议书，呼吁全中国人民行动起来保护黄河，保护我们的地球。

板书设计：

（塞特凯达斯）大瀑布的葬礼

［警示、呼吁］

昔日—雄伟壮观　　　　如今—逐渐枯竭

　　　咆哮而下　　　　　　　生命垂危

滔滔不绝　　　　形容枯槁

一泻千里　　　　奄奄一息

【总评】

今天，我听了一堂非常好的课，了解了卢湾区语文教学二期课改所取得的一些成果。我的感觉是享受了一顿语文大餐。这是最近我听到的一堂比较难得的、很正宗的语文课。

近来我听到的一些课，语文的味道越来越淡。不少语文课上，教师的表演很精彩，但一堂课下来，学生究竟有何收获，在语文方面有什么提高，好像总说不出个所以然。对于今天这堂课，我的感觉是：这样的语文课，学生很有启发，很有收获。

我们的语文课，特别是新一轮课程改革以后，课程标准强调工具性与人文性的统一。因为人文性的提法比较新，所以我们较多地在追求语文课中的人文感悟、人文教化，过度解读课文思想内容。这个情况比较严重，一时成为一种倾向。

前不久，我参加了两场全国性的阅读教学观摩活动。人民教育出版社《小学语文》杂志的编辑跟我说："吴老师，你对语言文字训练比较有研究，你能不能就这两次观摩活动中的六十几节课，把课中学生语言训练出彩的案例评点一下？"这项工作有价值，所以我应承下来了。我仔细地搜寻这些课例中语言训练的精彩设计，真的很辛苦。说是搜寻，一点儿也不夸张，因为有些课里，整堂课都在研究文本的思想内容、表达的情感，讨论交流学生的感悟体验。这是20世纪90年代我们曾经批评过的现象，在21世纪里又出现了。这种现象好像有相当的普遍性。怎么会造成这种情况呢？可能关键问题出在我们的语文课程形态上。现在的语文课就是教一篇篇课文，读懂课文的内容是硬任务，教师的主要工作好像就是让学生读懂这篇课文。这其实是一个误解。语文课其实不单是学这篇课文，正确的做法应该是用这篇课文来教语文。不是"教课文"，而是"用课文来教学生学语文"。老师们仔细辨辨这两句话，这完全是两个概念。如果是教课文的话，那么我们就要研究这篇课文的“道”。以《大瀑布的葬礼》为例，就是要研究怎么让学生认识大瀑布，知道它以前是怎样的，现在是怎样的；从大瀑布的变化、消失，认识到我们人类对环境的破坏，从而启示学生要保护环境。这是社会课的目标、思品课的结论。如果是“用课文教学生学语文”，那就不能只停留在大瀑布消失给人们的启示上，而是要在学生理解了这个思想内容以后，通过我们的设计、指导，让他们能在语文知识上，在“听、说、读、写”的实践活动中，获得更多的语文启示，更多的语文收获。也就是说要明确我们的立足点到底放在哪里，是放在教课文上，还是放在学语文上。立足点不同，学生得到的语文知识和语文能力是截然不同的。现在我们很多老师上课，包括参加全国教学比赛，就是在教课文，让学生感悟课文的内容，从中得到人文的感悟、人文的体验。其实正确的做法应该是让学生通过课文来学语文。

魏老师的这堂课是一个非常好的研究课例：让学生通过一篇课文来学习语文。我听了这堂课，有这样几点体会。

1. 语文课还是要抓实“字、词、句”——语文的基础知识，这是语文课的根本。现在，低年级识字教学抓得还比较实，因为大家都知道识字教学不抓紧是不好的。到了中高年级，字词教学逐步淡化，有的语文课堂上，几乎看不到字词教学，这很不正常。现在，媒体上经常披露有些大学生错别字很多，研究生、博士生写文章语病很多。什么原因？主要根子在中小学，特别是小学。语文学习习惯形成的关键时期在小学阶段。所以，小学语文课中“字、词、句”教学一定要抓住，要抓实。今天魏老师这堂课的词语教学一开始就先声夺人，我觉得这个处理相当有思想。让学生默写 6 个词语，我想后面还少了一个订正的环节。可能这个班级的学生水平比较高，识字量比较大。如果在一般的情况下，学生把 6 个词语默完了，应该订正一下，如果默错的话回家抄写 2 遍，这很有必要。整个过程当中，“滔”字的笔顺、“枯槁”的意思、生命垂危的“垂”与垂下头的“垂”两个词义的比较，都反映出教师备课的细致和深度，这太有必要了！语文课上，教师一定要扎扎实实地抓字词教学。例如，“惆怅”

的教学也非常好，在语言环境中让学生去感悟，让学生去理解。在我们的课堂里面，一定要实实在在地去抓好字词教学，要将其落到实处。

2. 多读、多积累。语文课要关注的还有语言的积累和语感的培养。这堂课里，教师让学生大量地积累词语，如板书中出现的这些词，在说话训练中又让学生反复地运用。这样的教学设计对学生理解词、积累词很有帮助。这些词必须深深地印刻在学生的脑子里。怎么印刻？最基本的方法就是读，多读，读到烂熟于心。我们学语文最基本的一个要点是熟读课文，熟读课文可以培养并规范学生的语言习惯，也能有效促进学生语感的形成。中国传统语文教学非常重视朗读、背诵，这大家都知道。读一篇文言文，一般的学生至少读 20 遍，差的学生甚至读 100 遍、200 遍，必须保证遍数。因为文言文不读，就不会有语感。现代语体文语感的形成也必须靠朗读。课文中包含各种各样的现代汉语词语和句型，怎样把这些规范的语句输入学生的头脑，最有效的办法就是朗读。现在，我们有些教师把时间花在抓关键词句的理解上，这样的教学效率往往不高。应该让学生通过朗读，把课文读熟，内化为自己的语言，这点做好了，学生的语言才有可能过关。其实，孩子的语病是怎么产生的？就是他本身头脑里的语言不规范。怎样使学生不规范的内部语言规范起来，还是要靠朗读，这是提高语文课堂有效性的基本途径。读，不是只读一两个关键句，而是整篇整篇地读，甚至熟读成诵。

熟读成诵不仅是规范语言，同时还是丰富学生语言的基本手段。语言丰富有几个标志：词汇量丰富、句型句式丰富。有的人说话都是一个个短句，都是大白话，白开水一般。如果句子经常有变化，说话时用的成语一串一串的，则给人感觉此人很有语言素养，很会表达。那么，这些丰富的词语句子哪里来？靠平时大量的吸收，多读课文。那么，我们小学阶段要读多少课文？我想小学教材里大概有 300 篇课文，（现在新教材可能还不止）如果从中挑选出一部分让学生熟读成诵，那么，我认为学生的语言规范化和丰富性问题就能够解决。可惜的是，我们语文课在这方面的工作做得还不到位。

3. 说话。语文课上，还要注重语言实践活动，给他们创设一个个语言环境，让学生用课文的语言来说话，把自己的感受、自己的想法说出来。这一点今天这堂课教师做得非常突出。这堂课为何给大家感觉语文味很浓？一个很重要的因素就是教师很注重学生的语言表达实践。例如，“如果你是巴西人（或游客），来到大瀑布前，你会怎么说？”这个环节学生的身份感很强，学生根据不同的身份有话可说，还可以用课文的语言来表达。这个环节，有4个同学进行了说话练习，时间很充分。但是如果让学生先在小组内讨论一下，每个同学先自己练习，可能效果会更好。第2处是让学生以巴西总统的身份来说话。教师指导得比较多，但很有必要，因为学生要把这段话说好不容易。类似这种命题说话平时出现得很少，如果经常出现，学生会说得更好。学生今后离开学校踏上社会，需要在各种场合说话，这种能力应该在语文课上进行训练。

如果每篇课文教师都能有意识地设计一两个话题让学生进行语言表达的实践，那就相当好了。最近，我还听了一中心乔燕老师的一堂课，网上评论说“语言文字训练又回来了”。这也反映了语文课要重视语文训练的思想。

语文课的确很难上，难就难在一堂课中要把“听、说、读、写”的训练和“字、词、句、篇”的教学融合在一起，而且要结合得非常自然，非常有机，这难度实在很大。今天，魏玉梅老师处理得相当好，很不容易，这是她教学智慧的表现。语文教师就要这样上语文课，这样才能不断提高语文教学的效率，增加语文课的有效性！

祖父的园子

执教者：广东省深圳市福田区岗厦小学　陈金才

【教学目标】

1. 有感情地朗读课文，理解作者童年生活的自由和快乐。

2. 多层次多角度地“看”园子，构筑立体的园子的形象，理解“园子”

的精神意义。

【教学过程】

一、导入

师：有一本书，读着读着，就让人不由得沉浸在烂漫的童年生活里，这本书的名字叫——《呼兰河传》，作者萧红。在书中，萧红通过一个四五岁女孩的视角，写下了她童年的生活以及对故乡的记忆，读起来非常动人。今天我们要学习的这篇课文节选自这本书的第三章。一起读课题——祖父的园子。

师：课文能读通顺了吗？真好，读熟课文是我们阅读的基础。那有谁是带着问题去读的？

生：这是一个什么样的园子？

生：萧红和她的祖父在园子里发生了哪些事情？

生：萧红的祖父是怎样的人？

生：我想看看萧红小时候是怎么样的。

师：带着这些问题，会让我们的阅读更有方向，更有收获。让我们带着问题一起走进这个园子。打开课本，轻声读读，一边读，一边想想刚才我们提到的问题。

【评】

带着问题读课文，边读边思考，这是一种很好的阅读习惯。教师在检查预习时，没有满足于学生读熟课文，还有意识地提出："有谁是带着问题去读的？""带着这些问题，会让我们的阅读更有方向，更有收获。"这些带有明确导向的提示语，对学生阅读产生了积极的牵引作用，有利于学生养成良好的阅读习惯。

二、学习第 2、第 13 自然段（感受快乐和自由）

师：轻声读读课文，边读边想想刚才提到的问题。

（生出声地自读课文）

师：同学们读得很投入，有的问题相信你们已经有了答案，有的可能还有疑惑。让我们一边讨论，一边思考，一边分享智慧吧。

1. 学习第 2 自然段。

师：这是一个怎样的园子呢？课文中有两个自然段是直接写园子的，找找在哪儿。

生：第 2 自然段和第 13 自然段。

师：是的，那我们先来读读第 2 自然段。在“我”眼里，这是一个怎样的园子？

（出示：

我家有一个大园子，这园子里蜂子、蝴蝶、蜻蜓、蚂蚱，样样都有。蝴蝶有白蝴蝶、黄蝴蝶。这些蝴蝶极小，不太好看。好看的是大红蝴蝶，满身带着金粉。蜻蜓是金的，蚂蚱是绿的，蜂子则嗡嗡地飞着，满身绒毛，落到一朵花上，胖圆圆的就跟一个小毛球似的不动了。）

生：在萧红眼里，这个园子是充满奥秘的园子。

师：什么奥秘？

生：有蝴蝶、蚂蚱……

生：是一个充满知识的园子。因为她可以细细观察昆虫，增长知识。

生：是个鸟语花香的园子。

师：有些什么？

生：蜂子、蝴蝶、蜻蜓、蚂蚱，样样都有。

师：还会有什么？

生：蜗牛。

生：小甲虫。

生：蚯蚓。

师：不管是天上飞的，草里藏的，知名的，不知名的，样样都有。再读一读——

（生读第 2 自然段）

师：真是一个充满生机的园子。这还是一个什么样的园子？

生：这还是一个美丽的园子。因为这些昆虫把园子装点得更加美。

师：有些什么色彩？

生：金的，绿的，白的，黄的，红的。

师：这么多颜色点缀着园子，这园子真——

生：美。

生：五彩缤纷。

生：神秘。

生：充满生机。

师：来读读这个句子。喜欢吗？

（出示：

蜂子则嗡嗡地飞着，满身绒毛，落到一朵花上，胖圆圆的就跟一个小毛球似的不动了。）

生：我喜欢，因为它把蜂子说得很可爱。

师：像一个——

生：小毛球。

师：就像一个特写镜头，放大放大放大，让我们看到蜂子可爱的样子。

生：我也喜欢这一自然段，因为作者写得这么生动，她是一个观察得非常仔细的人。

师：她会怎样向别人介绍这个园子？

生：她会介绍园子里有哪些动物，自己喜不喜欢，为什么喜欢这个园子。

生：她会通过一些事情讲自己对这个园子的了解和喜爱。

师：带着怎样的语气，怎么样的心情？

生：自豪。

生：激动。

师：请你向大家介绍介绍。

（指名读第 2 自然段）

师：听出了色彩的跳跃，不过不够自豪，不够兴奋。谁再读读？

（指名读第 2 自然段）

师：老师听出来了，言语中还带着小小的得意呢。我们一起来介绍。

（生齐读第 2 自然段）

师：就是这么一个四五岁的小女孩，在这个园子中，会和这些小昆虫有怎样的故事呢？

生：她会傻乎乎地把虫子当作宝贝，和它们说悄悄话。

生：蜂子会叮到她。

师：可是她在乎吗？

生：不在乎。

生：她会碰蜗牛，蜗牛的头会缩进去，她会和它们玩。

生：会像法布尔一样观察。

生：因为蜗牛太小了，她一不小心踩死了一只蜗牛，会很痛心。

师：还会流泪。

生：一直和蜜蜂玩，蜜蜂也不怕她了。

师：仿佛就是她的伙伴。

师：来看看萧红自己的描写，谁来给我们读读？

（出示《呼兰河传》中的片段链接）

师：多么有趣啊！你感受到这个笑着、跑着的是个怎样的女孩？

生：天真可爱，充满活力。

师：是啊，她的内心充满了天真、快乐。这个园子就是她的乐园。

【评】

教师让学生有感情地朗读课文第 2 自然段，通过反复朗读引导学生读懂“这真是一个充满生机的园子”“这还是一个五彩缤纷的美丽园子”，从而对“这是一个怎样的园子”获得了多层次、多角度的感悟。教师在整个过程中，多次提示学生“再读一读”，通过反复朗读，加深学生对文本语言的感悟，拓展学生的想象，感受语言的形象性，也促进了学生对课文中丰富语言的积累。

如果教师在讨论过程中，有意识地引导学生提取课文语言，加工整合成一段话，完整地表达“这真是一个充满生机的园子”“这还是一个五彩缤纷的美丽园子”，这样学生就不再是运用对话语言回答，而会采用独白语言完整地表达，对学生语言建构能力的提高更有作用。

2. 学习第 13 自然段。

师：在“我”的眼中，这还是个怎样的园子？再出声地读读这个段落。

（出示第 13 自然段）

师：读着读着，文中的哪个词令你印象深刻？

生：自由。

师：你从哪儿感受到了这份自由？

生：要做什么，就做什么，要怎么样，就怎么样。

师：你能不能完整地读读这个句子？

生：要做什么，就做什么，要怎么样，就怎么样，一切都是自由的。

师：好，看着屏幕再来读读，把前半部分放进去读，感觉会更好。

生：花开了，就像……（读得不通顺）

师：老师帮你纠正一个小小的错误，是“……似的”，“似”读 shì。咱们再来读读这段话，我们陪着这位同学一起读好吧？

（生齐读）

师：你别急着坐下，老师问问你，花开了，鸟飞了，虫子叫了，在“我”的眼里，就像——

生：就像人的动作。

师：像睡醒了，像上天了，像——

生：说话了。

师：是啊，这是多么美妙的感觉啊。你愿不愿意请个同学再读读这段话，把这份美妙的感觉读出来？（生请）你是一起读，还是请她读？

生：请她读。

师：你觉得怎么样？

生：很欢快，读出了这个句子的本意。

师：多么高的评价！还从哪里感受到了这份自由？

生：倭瓜愿意爬上架就爬上架……

师：什么是谎花？

生：只开花不结果。

师：倭瓜是爬上架还是爬上房，由自己决定。黄瓜结不结果，由自己决定。玉米长多高，由自己决定。蝴蝶飞到哪里去，由自己决定。这是多么自由的感受啊！

师：这段话写得非常特别，看看哪个句式出现得最多。（生回答）“愿意……就……”不觉得啰唆吗？

生：由自己决定，不受拘束，给人特别自由的感觉。

生：如果只有一个“愿意……就……”，还是感受不到很自由。

师：怎么能把这份随心随性的自由读出来呢？老师建议你们读好这几个句式，还有一个“随意”。自己试试。

（生自由读）

师：四个同学来读。

（指名分别读描写“倭瓜、黄瓜、玉米和蝴蝶”的语句）

师：它们都是那么自由。

师：萧红的文字就是这么朴素却充满活力。喜欢吗？假如要给这段文字配上音乐，你觉得能用怎样的旋律？

生：比较有童趣、欢快的。

生：活泼的，充满活力的。

生：配一首《童年》。

生：比较奔放的。

师：奔放的、跳跃的。好，就和着你心中的旋律读出这份自由吧。

（生自由朗读）

师：老师不仅听到了，还感受到了你们心中流淌的旋律。老师也来读

读，好吗？（配乐朗读）

师：听着，读着，感受着，此刻你的脑海里又浮现了哪些词语？你又有什么话要说呢？

生：生机勃勃。

生：这一切是多么美好啊！

生：多么美丽动人的情景啊！

生：就像春天一样，春意盎然。

【评】

这不仅是一个充满生机的园子，一个五彩缤纷的园子，还是一个满是自由的园子。这一段教师还是通过反复朗读，让学生对园子的理解更加深了一层。可惜的是教师在教学过程中追求的还是理解的深入，所以学生还是一个词、一个句子地回答问题，运用的还是生活中习惯的对话语言。如果教师有意识地引导学生运用独白语言表达，指导学生提取课文语言，加工整合成一段话，在表达的同时促进学生对课文意思的理解，这样就能将理解与表达有机地融为一体，有利于提高学生语言建构的能力。

三、学习“我”和祖父在园中的段落

师：是啊，在这个园子里，仿佛连空气中都弥漫着自由。花是自由的，鸟是自由的，蔬菜、植物都是自由的，那么“我”呢？

生：“我”也是自由的。

师：请同学们去读读课文的其他段落，用上“在这个园子里，我愿意……就……”来说说“我”怎么自由。

生：在这个园子里，“我”愿意帮祖父栽花就栽花，愿意帮祖父拔草就拔草。

生：在这个园子里，“我”愿意在地上打几个滚就打几个滚，“我”愿意喊几声就喊几声。

生：在这个园子里，“我”愿意吃黄瓜就吃黄瓜，愿意吃蜻蜓就吃蜻蜓。

（生笑）“我”愿意追蜻蜓就追蜻蜓。

生：在这个园子里，“我”愿意听祖父区分狗尾巴草和稻穗就听，“我”不愿意听就不听。

师：就跑一边去了。（生笑）

生：在这个园子里，“我”愿意睡觉就睡觉，愿意看倭瓜成长就看倭瓜成长。

生：在这个园子里，“我”愿意到祖父那里去乱闹一阵，就去乱闹一阵；“我”愿意帮祖父一起干活，就帮祖父一起干活。

【评】

这是教师有意识设计的第一次表达练习，让学生用上“在这个园子里，我愿意……就……”来说说“我”怎么自由。与前面相比，学生说的都是完整的一句话或两句话，不再是几个词，一个短句。学生说话时不仅对“自由”有具体的理解，而且运用句式建构话语，锻炼了语言运用能力。其实这个说话练习可以提前，和“这是一个自由的园子”的理解与表达整合成一个环节，这样可以节省很多时间。

师：同学们捕捉了许多“我”在园子里自由自在玩耍的画面，细读出滋味，咱们好好地去读读，细细品品。读着读着，你有什么感受？哪个镜头最吸引你？

生：第 3 自然段把我吸引住了。

师：给大家读读。

（生读，师出示段落）

生：很想帮祖父干活，可是她什么也不懂，有时还帮倒忙。

师：越帮越忙。把菜种踢飞了，祖父会怎样？

生：可能会很生气，还会说她是个调皮蛋。

师：祖父是真生气吗？那是佯装生气呢。再读读这段话，哪个画面也很有趣？

生：最吸引我的是“祖父戴一顶大草帽，我戴一顶小草帽；祖父栽花，我就栽花；祖父拔草，我就拔草”。在我脑海中是这样的：祖父戴顶特大号的草帽，站在前面，弯下腰在那里播种，我戴顶小草帽，站在后面，像个小跟屁虫似的。（生笑）

师：能够从文字中读出形象来，真好！那咱们来配合着读读这个段落。（男生读描写祖父的，女生读描写“我”的）与其说是帮忙，不如说是——捣乱。

师：真有意思！还有吸引你的画面吗？

生：我喜欢第 12 自然段。（生读）“我”很顽皮，把祖父用来浇菜的水都洒了。

师：读出了一个顽皮的“我”，谁来读出这种感觉呢？

（生读）

师：喊完，还要——咯咯地笑。有人说，快乐是藏不住的，一张口从声音里就能听出来，一起来把这份快乐喊出来吧。

（生齐读）

师：此时，站在身后的祖父又是什么表情呢？

生：看着她微微笑。

生：又好气又好笑。

生：无奈。

生：又生气，又好笑，还会恐吓：浪费水的孩子，祖父不喜欢，花园里的精灵也会惩罚你的。

师：其实说完，祖父自己也在——笑了。还有什么吸引你的？

生：最后一个自然段。（生读）写出了小时候的真实生活，平凡、自由。

师：就是这么——自由。不用——（生：枕头）不用——（生：席子）别吵醒她，吵醒她会怎样？

生：吵醒了“我”的美梦。

师：还有哪里也吸引你？

生：萧红很调皮，看见黄瓜长大了就吃黄瓜，又被新的事物吸引了，就去做其他的事情了。

师：想干什么就干什么。“我”还干了一件傻事。

生：帮爷爷铲地，不知道哪个是草，哪个是苗，把谷穗割了，留下了狗尾巴草。

师：祖父瞧着满是狗尾巴草的地，怎么样？

生：笑起来，“我”很调皮，太天真了。

师：是啊，祖父哈哈大笑，笑够了，才把“我”喊过去跟“我”讲。你从祖父的笑中读出了什么？

生：对作者很怜爱，就是做错了也不责怪。

生：祖父也是一个很幽默的人。

师：是啊，他有一颗不老的——童心。从语言中读出了形象，真好。

【评】

这一段教师设计的“哪个镜头最吸引你”，其实也是一个说话练习。学生回答：“最吸引我的是‘祖父戴一顶大草帽，我戴一顶小草帽；祖父栽花，我就栽花；祖父拔草，我就拔草’，在我脑海中是这样的……”这段话说得真好，这就是在引导学生运用独白语言进行表达。也许是时间不够了，教师最后请了四五个学生匆匆回答，学生运用的还是对话语言，教师也没有提出明确的表达要求，白白浪费了一次极佳的表达练习机会，真是可惜！

四、提升总结

师：不管是瞎闹，还是淘气，即使是越帮越忙，或者是闯出点小祸，在萧红的记忆中，祖父的眼睛总是笑盈盈的。“我”能够在园子里这样自由，是因为——

生：祖父的勤劳。园子是祖父的，不去开辟和种植，就不会有这么一个美丽的园子。

生：园子被自由的气氛笼罩着，她也就自由了。

生：有萧红童年的回忆。

师：是啊，正因为祖父的勤劳、宽容和爱，给萧红这么多的自由，所以，“我”眼中看到的一切也是——自由的。

师：其实，萧红的童年并不像我们看到的这么欢乐，母亲很早就去世了，父亲是个很冷酷的人，祖父成了萧红生命中最重要的人。在一篇文章中她这样写道：“从祖父那里，知道了人生除掉了冰冷和憎恶而外，还有温暖和爱。所以我就向这‘温暖’和‘爱’的方面，怀着永久的憧憬和追求。”（出示链接，生读）

师：读到这里，你就能明白，为什么时隔二十多年，萧红心中对那个园子还是念念不忘。在她心中，这还是一个——

生：充满温暖和爱的园子。

师：所以，我们再来读课题，不是祖父的园子，也不是“我”的园子，而是——“我”和祖父的园子。正如萧红在书中写的：“就这样一天一天地，祖父，后园，我，这三样是一样也不可缺少的了。”祖父的园子，成了萧红心中最温暖的地方，一进入这个园子，她就感到——

生：快乐和自由。

生：爱和温暖。

师：是啊，一进这个园子，她就自由自在，心仿佛也要跟着一起飞扬。

师：这个园子，萧红难以忘却。在《呼兰河传》的尾声中，她再一次提到了这个园子。

（出示链接，师朗读）

师：萧红难以忘却的是什么？

生：是祖父给予她的爱和温暖。

生：是她和祖父在园子里的快乐和自由。

生：不是那园子里的蝴蝶、蚂蚱、蜻蜓，也不是大倭瓜、小黄瓜，她忘不了的是园子里的欢快，和祖父在一起的日子的温暖，祖父给予她的爱。

师：你走进了萧红的心中。正是怀着对“爱”与“温暖”永久的憧憬和追求，无论在她的生命中有多少逃亡与饥饿，无论她面对多少困苦与不幸，她都用大气的文字写着这份爱，这份温暖，这份自由！让我们一同怀着这种美好的情感，再次吟唱起这支抒写心灵自由的歌。

（出示句子）

师：当我们轻轻走出这个园子，回眸看它的时候，你的心中留下了什么？

生：对祖父的感动。

师：留下了一份感动。

生：对祖父的怀念。

师：留下了一份怀念。

生：留下了一股暖流，人的给予是最重要的。

师：怀念、感动和感激。

生：看见了一个小女孩蹲在草丛里认真地观察着昆虫，她的祖父在厨房里做饭给他的孙女吃。

师：这成了你心中永远的画面。

【评】

第四板块教师介绍了萧红的生平，回扣课题解释了为什么不是“祖父的园子”，而是“我和祖父的园子”，还以填空的方式让学生理解“萧红心中对那个园子还是念念不忘”的原因，最后还以“当我们轻轻走出这个园子，回眸看它的时候，你的心中留下了什么”，让学生对自己阅读课文的感悟进行梳理。从中可以发现教师备课的细心、设计的用心以及文本解读功力的深厚。只是这堂课学生除了对“祖父的园子”有不同层次的理解之外，在语文运用方面到底有哪些新的收获，没有很好地总结，这可能是这堂课的一个缺憾。

五、作业

师：课前那些心中的疑问，现在有没有都解决了？（生：解决了）有没有新的问题产生呢？

生：萧红现在怎么样了？

师：在写完这本书之后，于 1942 年就去世了，年仅 31 岁。

生：祖父的园子到底怎么样了？

生：现在这个园子究竟什么模样？

生：她和祖父一起快乐地生活了多少年？

生：这份快乐是不是保持了一生？

师：同学们产生了太多新的疑问。好，带着这些疑问，走出课堂，去解决它，相信你的阅读视野也会不断拓展。

师：课后你打算给自己布置一份怎样的作业？

生：去书店买一本《呼兰河传》。

生：查找更多的资料。

生：给萧红写一封信。

师：这封信永远不会寄出，那就把它永远地留在心中。

师：老师也有一个建议。文中祖父和“我”的趣事留给我们的印象很深，相信你和你的家人朋友一定也有许多的趣事。学会捕捉，放大细节，你的文字也会像萧红那样自然流淌出来。记下爱和温暖的故事吧，让我们一同分享你的快乐童年。

【评】

这个结尾很出彩，学生带着问题走进课堂，学完课文又产生新的问题。教师在结束前再次引导学生提出新的问题，着力培养学生提问的习惯，这种意识难能可贵。作业布置也很有特点，“课后你打算给自己布置一份怎样的作业”，把自主权留给学生，可以激发学生完成作业的主动性和积极性。我很欣赏那位学生的回答“去书店买一本《呼兰河传》”，说明通过教师指导，学生产生了强烈的阅读原著的动机，这是语文课成功的一个重要标志。

【总评】

20 世纪 20 年代我国取消了读经教育，语文独立成为一门课程，白话文替代文言文成为语文课程目标语，开启了现代语文教学的进程。尽管语文课程的教学内容和目标语发生了质的变化，但是延续千百年的以文选阅读为主要形式的课程形态却传承了下来。与课程形态相适应，语文教材沿袭的基本也是文选式的编写思路。朱绍禹教授说："自本世纪初迄今为止的全部语文教科书，无不是文章的集锦，这似乎已经定型化了。"国人对这种课程形态习以为常，以为语文课就是讲读一篇篇课文。其实中华人民共和国成立以来的语文教学实践非常充分地证明：这种以讲读课文为主要方式的语文课程形态，并不适合现代小学生的语文学习，更不是现代语文课程教学的最佳形态。教师面对的是一篇篇人文思想鲜明的课文，人文教化目标的显形呈现，使得语言学习的目标隐性化了。在当下的语文教学中，课文思想内容的感悟理解往往成了刚性任务，语言教学反而变成软任务。在这样一种特定的语境中，语文课的语文含量全凭教师对语文本体教学内容的认识和教学行为的自觉。如果教师对语文课程性质认识比较正确而又深刻，课堂教学中语文含量就高些；如果教师对语文课程性质任务认识比较肤浅，特别是那些教学经验不足的新手教师，就很容易将课文思想内容当成教学的主要内容，语文课程本体教学内容往往被边缘化。当下语文课经常会遭遇上成常识课、思品课、社会课或者历史课那样的尴尬，原因盖出于此。

陈金才老师上的《祖父的园子》之所以能给人留下比较深刻的印象，关键就在于他正确地把握住了语文课的性质任务，努力将语文课上成了"语文课"。陈老师在引导学生朗读理解课文的同时，重视学生阅读习惯的培养，"边读边思考""带着问题阅读课文""带着问题走进课堂，学完课文又产生新的问题"，这样指导学生阅读，学生学到的是一种好的阅读方法，进而能够养成良好的阅读习惯。如果仅仅是读懂课文，仅仅着眼于理解感悟园子的"快乐、美丽和自由"，那么这堂课的语文含量就比较有限。

语文是一门学习语言文字运用的实践性课程。陈老师对语文课程本体教学任务的深刻认识更体现在后半堂课两处情境说话的设计和指导上。第一处是用"在这个园子里，我愿意……就……"说说"我"怎么自由，第二处是说说在这个园子里"哪个镜头最吸引你"。课后在和陈老师探讨这堂课里两次说话练习的有效性时，我提出了两点建议，一是让每个学生都有充分的准备，先让学生自己读课文进行说话准备，自己讲给自己听，然后同桌互讲，再全班交流，教师加以点评，让全体学生都有练习说话的机会；二是在学生说话交流时引导学生主动运用课文中丰富而有文采的语言，比如，学生以玉米的身份讲述园子里的快乐：我是一棵长在爷爷园子里的玉米。园子里的一切都是那么美好，太阳在园子里特别大，天空在园子里特别高。花开了，好像睡醒了似的；鸟飞了，好像在天上逛似的；虫子叫了，好像虫子在说话似的。凡是在太阳下的，都是健康的，漂亮的。在这样的园子里生长，我感到快乐、自由。加上了课文中的这些语句，学生的话语质量能够明显提高。而且这样的练习能够增强学生主动运用课文中精彩语言的自觉性，促使他们在阅读中更加积极地内化课文语言。

在写这篇评语时，我再次深入研读课堂实录，感觉陈老师分三个层次理解讨论“这是一个怎样的园子”，花时过多，而且学生都是运用一个词语或一个短句答问。其实可以将这些问题的讨论和表达练习融合起来，设计成一个个话题：“这真是一个充满生机的园子”“这是一个五彩缤纷的美丽园子”“祖父的园子满是自由”，引导学生提取课文语言，再组织成一段段完整话语进行表达，这样的表达练习能有效地提高学生的语言建构能力。对学生而言，理解“这是一个怎样的园子”，并不意味着改善或提高言语质量，学生在学这篇课文之前，其语言水平如果是“1”，通过理解讨论以后，其语言水平可能仍然是“1”。因为感悟文本内容的作用主要是提高理解能力，而言语建构能力的提高必须通过言语的实践。

结合课文设计情境性说话，是简便也是非常有效地提高学生语言建构能力的方法和途径。在这类情境说话中，学生运用的不是对话语言，而是在他们的生活中不常使用的与书面语言非常接近的独白语言；学生说的不是一个词或短语，也不是一句或两句话，而是一个个完整的语段。这类表达不仅可以直接提高学生语言建构能力，而且可以让学生体验遣词造句的策略，增强当众说话的自信。如果语文教师立足于提高学生语言建构能力来设计教学，那么学生不仅可以提高语言表达质量，同时也可以加深对课文思想内容的理解。按照这样的思路来设计，语文课实践性的特点会得到充分体现，语文课堂教学的效率也会得到极大的提高。

特级教师陈金才英年早逝，谨以这篇短文表达我的敬意！

丑石（第一课时）

执教者：陕西师范大学附属小学　王林波

【教学目标】

1. 能够独立学习生字，认识“腻、翘”等8个生字，会写“覆、卧”等11个生字。

2. 能够正确、流利、有感情地朗读课文，通过品味语言，体会丑石之美，提高对美和丑的认识。

3. 学习课文从不同侧面描写丑石之丑的方法，了解作者先抑后扬，通过对比表现哲理的方法。

【教学过程】

一、导入新课，引发思考

1. 板书“丑”字，引出“美”字，明确美与丑不仅是一对反义词，它们之间还有着各种各样的联系。

2. 完整板书课题，引发思考：作者怎样借助丑石写出美与丑之间的关系？

二、学习字词，整体感知

1. 自读课文，注意读准字音，读通句子。

2. 检查自读情况，认读词语。

（1）出示词语，认读：錾、庇覆、浣纱捶布、翘望天边。

（2）联系成语“翘首以待”，读准“翘”的字音。

（3）指导“覆”的书写，注意每个部分都要写得小一些，把整个字写紧凑。

3. 再读课文，找出表现美和丑关系的句子读一读。

学生交流句子：

是的，丑到极处，便是美到极处。

它是以丑为美的。

读一读。

【评】

识字学词是每一篇课文最基本的教学内容，即使是六年级课文也不例外。教师出示了“錾、庇覆、浣纱捶布、翘望天边”四个词语指导学生认读，这些都是学生非常陌生的新词，“錾、庇、浣”都是学生容易读错的字。教师还联系“翘首以待”这个成语要求学生读准“翘”的字音，具体指导了“覆”的书写，可见词语教学经过了精心设计。

三、精读课文，习得语言

1. 汲取信息，在运用中体现积累的价值。

（1）自由读课文第 1—3 自然段，画出作者直接描写丑石的词语。

（2）交流分享，说说自己画出的词语。

（3）尝试着用自己圈画的词语来形容丑石：________的丑石。

（黑黝黝；牛似的；模样极不规则，没棱角儿，也没平面儿；河滩边随便捎一块回来也比它强；不像汉白玉那样的细腻，也不像大青石那样的光滑；丑得不能再丑）

（4）试着多用几个词语，连成句子来说一说丑石。

【评】

此处设计了一组两次说话练习。第一次是“用自己圈画的词语来形容丑石”，学生比较多的是说一句话，“黑黝黝的丑石”“模样极不规则，没棱角儿，也没平面儿的丑石”等，这个说话练习对六年级学生而言难度较低，价值一般。可以圈点的是“试着多用几个词语，连成句子来说一说丑石”，这个说话练习要求学生重新建构词语，重新加工整合句子，是非常有效的语言建构活动，对培养学生熟练的表达能力非常有效，很值得提倡。

2. 聚焦语言，在运用中体会作者语言表达的独特魅力。

（1）再读课文第 1—3 自然段，说说这三段都讲到了哪些人，他们对丑石是什么样的态度。

（2）交流分享，学生上台板书人物及态度，把握主要内容。

奶奶	伯父	石匠	我们
碍地面	没看上	不采用	嫌弃、咒骂

（3）出示句子：只是麦收时节，门前摊了麦子，奶奶总是要说：这块丑石，多碍地面哟，多时把它搬走吧。

① 指导学生正确、流利地朗读句子。

② 学生阅读课后资料袋的内容，了解贾平凹的原名叫贾平娃，教师引导学生关注方言味的表达。

③ 教师补充贾平凹的相关资料，引导学生运用方言味的语言和老师打招呼，感受方言味的表达效果。

④ 学生用方言味的语言朗读奶奶说的话，感受作者语言表达的魅力。

⑤ 聚焦“哟”字，感受老人语言表达的特点，在读中体会。

⑥ 引导学生创造性地使用“哟”字，读好这段话。

只是麦收时节，门前摊了麦子，奶奶总是要说：__________！这块丑石，多碍地面哟，多时把它搬走吧。

（4）奶奶建议石匠用这块丑石来洗一台石磨，但石匠直摇头，想想看，他会怎么说呢？可以用方言味的语言来表达。

出示句子：石匠看了看，摇着头，嫌它石质太细，也不采用。

石匠看了看，摇着头：______________________________

【评】

这是本课的第二次表达练习设计，引导学生体会方言味的表达效果。教师引用课后资料袋对贾平凹的介绍，让学生通过朗读奶奶的话来感受贾平凹作品中浓浓的方言味；再让学生用方言味的语言来表达石匠说的话。从感受语言表达的方言味到尝试运用方言进行表达，教师的设计可谓匠心独运。尽管这个环节设计很有创意，课堂中也容易激发学生的兴趣，然而其合理性和必要性值得商榷：首先，各地方言的地域性很强，林波老师是在安徽合肥上的这堂课，让安徽学生体会陕西的方言比较困难，再要求学生用方言说石匠的话，其实难度很高。其次，语文课堂中学生应该学习用普通话来表达，如果学生用方言表达，教师应该加以提醒并予以纠正；而这个环节恰恰是引导学生用方言表达，这不利于培养学生用规范的普通话来表达的习惯。因此这个环节设计是否合理值得商榷。

3. 品味语言，感受文字背后蕴含的深意。

（1）精心赏读，感受表达的魅力。

过渡：写奶奶的语言，如此的质朴、简洁，让我们感受到了浓浓的乡村气息。不过，大作家就是大作家，笔锋一转，接下来，你将感受到的是匠心独具的遣词造句。

自己安安静静地读一读第 3 自然段，你被哪句话吸引住了？用笔画下来，再多读上几遍。

① 学生自读课文第 3 自然段，画句子。

② 指名读画出的句子。

③ 出示句子，师生合作读，感受语言的对仗。

它不像汉白玉那样的细腻，可以凿下刻字雕花，也不像大青石那样的光滑，可以供来浣纱捶布。

④ 这篇课文明明写的是丑石，这里却不断地在写汉白玉的细腻、大青石的光滑，究竟是为什么呢？引导学生发现对比手法的运用。

⑤ 作者巧妙地运用对比手法，让丑石的丑给我们留下了深刻的印象。课文中这样的对比不止一处，引导学生读第 4 自然段，发现其中暗藏的对比。

⑥ 交流，明确作者用丑石的小作用与它闯下的大祸对比，表现出了丑石的丑与没有用。

（2）尝试运用，提升表达能力。

① 师："奶奶总是要骂的，害怕我们摔下来。果然那一次就摔了下来，磕破了我的膝盖呢。"想想看，在奶奶眼中，这碍地面，也没什么用的丑石现在竟然把自己宝贝孙子的膝盖磕破了，她会怎样抱怨呢？注意语言要简洁质朴，要形成对比才能让人印象深刻！

奶奶总是要骂的，害怕我们摔下来。果然那一次就摔了下来，磕破了我的膝盖呢。奶奶指着丑石开始抱怨：________________

② 学生动笔写，落实语用。

③ 交流分享，教师相机点评。

【评】

这是教师设计的第三次表达练习，写奶奶抱怨丑石的话，要求"语言要简洁质朴，要形成对比，让人印象深刻"。教师从文本中解读出两处对比写法：一处是将丑石与汉白玉的细腻和大青石的光滑进行对比，突出了丑石的丑；一处是用丑石的小作用与它闯下的大祸对比，表现出了丑石的丑与没有用。尽管本课教学目标有了解作者"通过对比表现哲理的方法"，但这两处对比方法不属一种类型，而且不很典型，因此让学生迁移运用难度相当高。所以学生写话之前，教师在指导上应该更加具体些，点拨几种思路，给学生一些具体的建议，以降低学生写话难度。

（3）潜心细读，领悟字词背后的深意。

① 出示句子，指名读，齐读。

人都骂它是丑石，它真是丑得不能再丑的丑石了。

② 师：不过，王老师在读课文前半部分的时候，特别是读到课文第 3 自然段时，突然有了另一种感受，觉得丑石不再丑了，而是伟大的，甚至有一种精神是值得我们学习的。请同学们认认真真地读一读这段话，看看你会关注到哪个句子，哪个词语。

③ 交流，出示句子，多种方式读。

它静静地卧在那里，院边的槐荫没有庇覆它，花儿也不再在它身边生长。

④ 讲解“卧”字：左边一个臣字，右边是“卜”。《康熙字典》中这样解释道：从人臣，取其伏也，人臣事君俯偻也。

⑤ 师生配乐合作读，感受丑石不屈于误解，默默忍受一切的伟大。

师：课文中的丑石就是这样默默地低着头，曲着背，静静地卧在那里。奶奶抱怨它碍地面——

生：它静静地卧在那里。

师：伯父嫌没用，没看上它——

生：它静静地卧在那里。

师：石匠也不采用它——

生：它静静地卧在那里。

师：孩子们咒骂它，嫌弃它——

生：它静静地卧在那里。

师：院边的槐荫没有庇覆它——

生：它静静地卧在那里。

师：花儿也不再在它身边生长——

生：它静静地卧在那里。

师：人都骂它是丑石，它真是丑得不能再丑的丑石了——

生：它静静地卧在那里。

四、总结全课，设置阅读期待

的确，这丑石是美的，作者为了写它的美，先写它的丑，先抑后扬的方法给我们留下了深刻的印象。课文后半部分又会怎样写出丑石的美呢？我们下节课继续学习。

课后请同学们完成“我的摘录笔记”，还可以读一读贾平凹先生《爱的踪迹》《心迹》《秦腔》等更多的作品。

【评】

这堂课结束时教师通过多种方式的朗读，引导学生感受丑石不屈于误解，默默忍受一切的精神。教师先告诉学生自己在“读到课文第3自然段时，突然有了另一种感受，觉得丑石不再丑了，而是伟大的，甚至有一种精神是值得我们学习的”，然后采用指名读、齐读、配乐合作读等多种方式，引导学生加深对这种精神的体会。成人与学生的体会是不同的，教师没有要求学生围绕自己的阅读体会展开讨论，而是通过朗读让学生自行体会，既节约时间，又体现对学生阅读感悟的尊重，分寸拿捏得当。

【总评】

贾平凹写的散文《丑石》内涵深刻，哲理性强，是一篇不容易教的课文。林波老师知难而上，在全国性的公开课上上这篇课文，而且取得了很好的教学效果，真是难能可贵。

引导小学生理解课文所表达的“丑石之美”“丑到极致就是美”这样比较深奥的哲理，很不容易。因此很多教师设计这堂课，不约而同地围绕课文哲理的理解，层层分析，步步深入，提高学生对美和丑关系的认识。这样设计教学，聚焦的是对文本哲理的解读研究，而非语言运用的学习，不利于提高学生语言建构与运用的能力。林波这堂课聚焦课文语言的习得，围绕语言运用的学习设计了三个层次的教学环节：先是提取课文中描写丑石的词语，理解课文词语运用的丰富；然后体会贾平凹作品中浓浓的方言味，感受方言表达的独特魅力；再是体会课文中的对比描写，学习对比描写的方法。在习得语言的同时逐步引导学生领会课文所表达的哲理。这样设计教学，生动诠释了用课文教学生学语文的思想，凸显的是语言的习得，同时也渗透了课文哲理的理解，体现了语文课程工具性与人文性统一的特点。

值得注意的是林波老师指导学生学习语言运用，没有仅仅停留在方法的理解上，比如理解方言表达的魅力，对比方法的作用等，而是通过实践引导学生运用所学的表达方法，追求的不是学生学过，而是学生学会。整堂课以三组表达练习设计贯穿教学过程，这三组表达练习分别与所学的方法对应，通过表达实践能有效促进学生对表达方法的理解，较好地体现出了语文课程实践性的特点。

当然这堂课并非尽善尽美，还有较大的提升空间。整堂课的亮点之一是三个说话练习，但是值得讨论的也是这三个表达练习。首先是这些练习都是随课文分别设计，缺乏内在联系。一堂课的表达练习设计最好围绕一个目标，由低到高，由易到难，体现学生循序渐进的学习过程。其次是教师指导的用方言表达和用对比方法表达，尽管与课文的表达特点比较切合，但是对小学生而言难度较高，很难迁移运用，也超越了课程标准给出的年段目标。林波老师是一位很有灵气的优秀教师，希望他能够精益求精，再接再厉，为广大语文教师奉献出更加精彩的练习设计。

习作教学

我喜爱的动物

执教者：广东省广州市越秀区教育发展中心　黄莉莉

【教学目标】

1. 选择一种你喜欢的小动物，观察它的外形特点和生活习性，填写观察作业纸，准备写作素材。

2. 通过素材分享学习选材，借助例文引路学习表达。

3. 练习用准确生动的语句描述动物的特点，学习通过与动物相处的事例，表达对小动物的喜爱之情。

【教学过程】

一、说说写写来分享

师：我们今天一起来谈谈小动物、写写小动物。（投影同学的课前观察作业）

师：课前，同学们都做了观察小动物的作业，自己可以选一种小动物，观察它的外形特点和生活习性。哪些是属于它的生活习性呢？比如睡眠（它睡觉的习惯）、嬉戏（它怎么玩的）、进食（它吃什么），还有它的脾气等。

有些同学养了小动物，有些同学观察了他的邻居、朋友家里养的小动物。我知道大家对小动物一定有很深的认识。现在，请同学们拿出课前观察纸，同桌之间先交流一下，好吗？

（生交流）

附：《我喜爱的动物》观察作业

［实践观察］

1. 我们周围有很多小动物，请选一种你感兴趣的仔细观察，如果能亲自饲养就更好了。如果没有条件饲养，也可以观察亲朋好友家养的小动物。

2. 细致观察它的外形特点与生活习性，了解它的脾性与作用，做好观察笔记，并作追踪调查，如果能拍摄它的照片就更好了。

［收集整理］

查一查书报、网络，或者与你熟悉的饲养同一种小动物的人交流交流，记录整理有用的资料，把它们补充进下面的表格里。

小动物名称：	饲养时间：		观察时间：
观察内容	我的观察	资料补充	资料来源
外　形			
进　食			
嬉　戏			
睡　觉			
脾　气			
本　领			

师：怎么交流呢？请同学们按照这样的句式，把你观察到的小动物最可爱或者是最有趣、最特别的一个方面，和你的同桌交流一下。

［PPT 出示：

我喜爱的小动物是________________，它最_____________（可爱、有趣、特别……）的地方是________________，它____］

（生同桌交流）

师：下面我请四位同学来交流，请大家用心听，听完后我们来评比一下，四位同学中哪位同学观察最细致，哪个讲得最吸引人。首先请这位同学来交流。（出示投影作业）请把你觉得它最可爱、最有趣或者最特别的一个方面和大家分享。好，我们掌声鼓励一下！

（生鼓掌）

生：我最喜欢的动物叫健健，它是一只聪明漂亮的小乌龟。健健全身上下都是灰绿灰绿的，像只披着灰绿色大盔甲的爬行将军。健健最特别的地方是它有着一个结实的壳。健健还有小小的头、大大的眼睛，小巧玲珑，可爱极了。

（生鼓掌）

师：她介绍的动物叫健健，是个小乌龟。她介绍了健健的哪一个方面？

生：介绍了它的外貌。

师：形容动物应用“外形”。她用了一个什么词？

生：小巧玲珑。

师：噢，抓住了小乌龟漂亮的外形。观察是不是很细致？

生：是！

师：好！我希望同学们向她学习，把你喜欢的动物讲清楚、讲生动。下面请第二位同学。

生：我最喜欢的动物是纳多雷，它是一条狗。它吃东西的时候最可爱，把肥肥的屁股撅得高高的，跟小木偶似的。

师：吃相真有趣。下面请第三位同学。

生：我喜爱的动物是只小乌龟，它的名字叫灵西。最特别的地方是它红红的耳朵，就像戴着一个红色的耳机。

师：小乌龟的耳朵真特别。第四位同学。把机会给你。

生：我最喜爱的动物是小黄，它是一只鸭子。它的样子最可爱，像披着一件黄色的羽绒服，羽毛十分柔软。它的眼睛乌黑发亮，小小的尾巴微微上翘，有一双灵活的、红红的小脚掌。

（生鼓掌）

师：同学们给你掌声了。看来你的表现很不错，大家都认可你。刚才四位同学不约而同都对小动物的外形特别感兴趣，讲得都很吸引人。

【评】

这次作文是写一个小动物。教师以观察作业的方式要求学生事先观察一种自己喜欢的小动物，要求从外形、进食、嬉戏、脾气等多个方面进行仔细观察。学生事先做好了材料准备，有效化解了学生作文“写什么”的困难。课堂上对作文材料讨论的时间大大缩短，可以将宝贵的课堂教学时间用在更需要指导的“怎样写”上。

师：我们为什么会喜欢这些小动物呢？可能就是因为它们的样子特别可爱、有趣，有很多特别的地方吸引着我们。下面，请大家拿出课堂练习纸，把你们刚才所说的内容写下来。能说，也要能写。

师：（巡视，指点）要把动物的种类写出来，不要光写它的名字。有些同学写他喜爱的动物叫小猪，我以为他养的是小猪，结果发现是他养的小狗的名字叫小猪。

（师请生朗读他写的内容）

生：我喜爱的动物名字叫金龙，它最特别的地方就是全身金黄，像披着龙袍，像一位威武的一国之君。

师：同学们说他写得好不好？

生：好！

师：给他掌声！

师：其实，我们喜爱小动物可以有各种各样的原因。我们可以通过观察或者收集资料来进一步地认识这些小动物的可爱或有趣之处。同学们可以上网查资料，或者跟养相同动物的同学互相交流，或者通过其他人的介绍去进行进一步的认识了解。大家再来看看我们第一个汇报的同学所做的这份观察作业。（看投影）她养的是小乌龟，通过查资料，她知道了乌龟有哪些品种，了解了乌龟的一些习性，比如她观察到乌龟喜欢翻跟头，喜欢在水里游泳。这些资料可以让我们从更多的方面去了解小动物。要记住，好问爱读可以使我们的视野更开阔。

（师再投影同学的课前观察作业，表扬他观察细致，会查找资料）

师：我看到很多同学的课前观察作业都做得很不错。等一下你们可以把观察的内容写在作文里面，让你们的作文更加精彩。

【评】

这是学生第一次动笔。教师事先要求学生进行多方面的观察，课上交流了两位同学的观察作业，特别肯定了他们观察时注意收集资料的做法，这样点评对学生更全面地观察一样小动物很有指导意义。只是按照指导的逻辑顺序，在学生写出小动物最有趣的特点以后，接下来应该是让学生将观察到的小动物其他有趣的地方写下来。但教师在下一个环节改换了思路，没有充分利用学生观察的成果，有点可惜。

二、儿歌游戏抓特点

师：怎样才能进一步认识这些动物的特点呢？这里有一首好玩的儿歌，里面介绍了各种各样的小动物，我们一起来读一读。这些字我相信大家都会认，自己先读一读，然后我们一起来朗读。

（师生齐声朗读：

青蛙眼睛大，老鼠眼睛小，蜜蜂嗡嗡嗡，小羊咩咩叫，小鸟吃虫子，小鹿吃青草，公鸡起得早，小猫睡懒觉，蜗牛慢慢爬，小兔快快跑，鱼儿水里游，雄鹰冲云霄。）

师：这里一共介绍了多少种小动物？你最快举手，请你回答。

生：12 种。

师：对，给他掌声！从儿歌里，我们认识了动物的哪些特点呢？

（师生对话，明确：不同的动物有不同的特点，长相不一样，叫声不一样，饮食不一样，睡觉的习惯不一样，行为习惯不一样，生长环境不一样。归结起来是外形和生活习性都不一样）

师：这些特点，可以通过我们的观察发现，也可以通过与其他小动物作对比来发现。像这里说眼睛的大小，单独看看不出来，跟其他动物相比后，你就知道青蛙的眼睛特别大，老鼠的眼睛特别小。

师：下面我们来玩个游戏，我知道大家最喜欢玩游戏了。请大家来比较两种常见的小动物，小猫和小狗。你们知道这两种小动物有什么不同的地方吗？首先比较明显的不同之处，猫是怎么叫的？

生：喵喵喵……

师：对，会写吗？

生：会。

师：狗怎么叫？

生：汪汪汪……

师：除了叫声，还可以从哪些方面比较小猫和小狗呢？下面我们以小组为单位来竞赛一下。请按照 8 人小组进行讨论，小组长负责填写记录，时间为 3 分钟。看看哪个小组完成得又快又好！注意，讨论的时候声音要稍微控制，不要影响别的小组哦。

比较的方面	猫	狗
叫声		

（生小组讨论，填写答案）

师：纸上都填满的小组，举手看看。（有两个小组举手）我们来看看这些小组的情况。好，你们组从哪几个方面来比较，比较出了什么？大家留心听，说对了就鼓掌表示。

生：第一是叫声，小猫的叫声是喵，小狗的叫声是汪。第二是耳朵，猫耳朵是竖起来的，狗的耳朵是耷拉下来的。第三是尾巴，小猫尾巴长，小狗尾巴短。第四是鼻子，小猫的鼻子是迟钝的，小狗的鼻子很灵敏。最后一个是眼睛，小猫的眼睛比较大，小狗的眼睛比较小。（生鼓掌）

师：不错！一共比较出五个方面的不同，其中好几个方面都是围绕外形来讲的。我们看看其他组还有没有别的答案。你们这一组谁是组长？好，你来说一下。有没有和刚才一组不同的地方？把不同的地方说出来。

生：小猫吃的食物是鱼和老鼠，小狗吃的是骨头和肉。

师：对不对啊？

生：对！

师：哦，你们也写了耳朵和鼻子。看来大家都关注到了猫和狗的外形不一样。那么尾巴长短是不是它们最突出的不同呢？因为猫有很多品种，狗也有很多品种，所以尾巴的长短不一定就是它们最突出的特点。黄老师给大家一个参考。

（投影：

外形：猫如虎，狗像狼。叫声：猫喵喵，狗汪汪。食物：猫吃鱼，狗啃骨头。作用：猫捉老鼠，狗看门口。习性：猫爱干净，狗随地大小便。脾性：猫温顺、淘气、胆小，狗忠诚、乖巧、勇敢……）

师：如果要比较它们的样子的话，小猫长得像哪一种动物？

生：虎。

师：老虎。狗更像——

生：狼。

师：对呀，猫的脸比较圆，像老虎；狗的脸比较长，像狼。吃的东西不同，刚才有同学比较出来了。习性里面还有一点是小猫爱干净，它怎么个爱干净法啊？

生：它不会随地大小便。

师：除了这个呢？最突出的是它吃完东西之后，会怎样？

生：擦嘴巴。

师：对呀，猫会自己洗脸。但是，你看过小狗自己洗脸没有？

生：没有。

师：还有一个不同的地方，若是从本领和脾气来讲，狗是最听话、最忠诚的，所以狗可以帮人们看门口。而猫最大的本领是——

生：抓老鼠。

师：是啊，其实每种小动物都有它们各自的特点，如果我们多观察，多了解，对我们写好小动物是不是很有帮助啊？

生：是。

师：但是要注意，就算都是猫，比如说这一只猫和那一只猫，它们是不是一样的？（指着 PPT 里两只不同种类的猫的图片）

生：不一样。

师：是的，就算是同类动物，也会有不一样的地方。它们的毛色不一样，品种也不一样。如果都是波斯猫，你家养的和他家养的是不是一样的？

生：不一样。

师：所以要细心观察每一个小动物，了解它的特点。了解了小猫和小狗的不同，我们明白了每一个小动物其实都有自己特殊的地方。

【评】

这个板块指导学生如何认识小动物的特点，教师通过一首儿歌引入，然后让学生小组讨论，填写猫和狗的不同特点，再全班交流。其实教师在布置观察作业的时候只是提出多方面观察的要求，并没有刻意提出抓住特点。不过学生在观察时都抓住了小动物的特点，比如前面交流的学生都抓住了乌龟的外形特点，小狗吃食时的特点。其实学生分辨小动物的特点不难，难的是如何写出小动物的特点。因此不如将这些时间花在让学生当场写小动物的特点上，写完以后再去点评哪些同学写出了小动物的特点，哪些同学没有写清楚，这样有针对性的指导更加有效。教师应该将时间花在刀口上。

三、佳作引路写具体

师：了解了小动物的特点以后，我们怎么把这个特点写具体、写清楚呢？下面，黄老师给大家看一段文字。

（生看投影，齐声朗读：

海马的长相非常奇特：头部像马；身体像一只长着硬甲壳的恐龙；尾巴

向内卷曲，像山羊的角；它还有一个大肚袋，又有点像小袋鼠，真是个“四不像”。）

师：介绍的是什么动物啊？

生：海马。

师：好，你们见过海马吗？

生：见过。

师：就算没见过也不要紧，我们一起来认识一下海马的奇特之处。好，请大家大声地把海马奇特的地方读出来。

（生朗读）

师：把海马跟哪几种动物作了比较？

生：马、恐龙、山羊、袋鼠。

师：对了，把海马跟这四种小动物作比较，就知道它奇特的地方在哪里了。下面我们再看另一个片段。同样是猫，正如刚才图片所见，有一只是白猫，有一只是虎皮花纹的猫。那这只猫又有什么特点呢？你们自己看看，告诉我这只是什么样的猫。

（生看投影，自由读：

小猫一身的白毛像雪似的，中间夹着数块墨色的细毛，黑白相间，白的显得越白，而黑的越发显得黑了。脸一半儿白，一半儿黑，一条全黑的尾巴在地上悠然自得地摇摆着。）

生：这是一只白毛的猫。

师：白毛的？

生：这是一只黑白相间的猫。

师：很好，抓住了关键词语——黑白相间。我们看，它的毛是黑白相间的，脸是一半白一半黑的，尾巴是全黑的，这些都是围绕它的黑白相间来写的。所以我们观察小动物的时候就要注意到它最突出的特点。

师：下面请拿出你们的观察作业，说说你观察的小动物长什么样，有什么特点。（有学生举手要发言）先别忙着举手，自己在座位上练习着说一遍，把它的特点说出来。

（生个人练习）

师：好，下面黄老师请三个同学跟大家分享，说说你观察的小动物长什么样。说的同学不能说出小动物的名称，只讲它外形的特点。听的同学猜一猜，他说的是哪一种小动物。如果能够猜出来，说明说的同学抓住特点了。好，那么谁来试一试呢？哦，你最先举手，这次机会给你。

生：它披着一身黑色的棉袄，鼻子是粉色的，漂亮极了。眼睛黄黄的，到了晚上就像两颗漂亮的小珍珠。

师：嗯，你想让谁来猜？

（生选同学来猜）

生：应该是小猫咪吧？

师：对不对啊？

生：对。

师：好，猜对了，证明他抓住了特点。第二位，你来。大家认真听。

生：阿吉有着一身乌黑乌黑的皮毛，像一个帅气的小子。它长着一对机灵的大耳朵，还有一双尖尖的眼睛，一瞪眼就显得很聪明。但是，阿吉的鼻子老流鼻涕，就像一条懒惰的鼻涕虫。

师：你想请谁来猜？

（生又选刚才的同学来猜）

师：哦，同学们都请你，你最会猜谜是吧？（生点头）

生：它是一只狗。

师：对不对啊？

生：对。

师：是不是她预先知道你养了一只狗啊？

生：不是。

师：你从哪里猜出它是狗的？

生：它耳朵很大。

师：还有吗？

生：嗯……

师：你还有补充吗？从哪里看出它是狗？除了耳朵外，还有哪些特点说明它是狗呢？

生：眼睛尖尖的。

师：哦，眼睛尖尖的。猫的眼睛，我们说它是圆圆的，狗的眼睛我们可以说它比较尖，像三角形。再请一位同学。

生：咪咪的毛是雪白的，像披着一件白色的衣裳，真像一位仙女。它有一双红红的眼睛，长着一对长长的粉红色的耳朵，一个奇怪的三瓣嘴。吃草时，它的嘴像一个巨型的吸铁石，把草吸进笼子里。

（生纷纷举手）

师：哇，这么多同学想猜。

生：应该是一只小兔子。

师：你从哪里猜出它是小兔子的？它最突出的特点是什么？

生：它的三瓣嘴。

师：对吧？

生：对！

【评】

此处有三位学生交流了自己喜欢的小动物的特点，教师让学生猜猜说的是什么小动物。其实这里最好是让学生点评他们是否将小动物的特点说清楚，说具体了。

师：看来，我们的同学都能认真观察，都知道抓住动物最突出的特点来写。另外，我们还要通过具体的例子，来把这些特点写清楚、写生动。下面，黄老师给大家看两段文章，一个是大作家老舍写的满月的小猫。好，我们读一读，读了之后告诉我这是一只怎样的小猫。

（生看投影，自由读：

小猫满月的时候更可爱，腿脚还不稳，可是已经学会淘气了。一根鸡毛，一个纸团，都是它的玩具，耍个没完没了。一玩起来，它不知要摔多少跟头，但是跌倒了马上起来，再跑再跌。它的头撞在门上，桌腿上，撞疼了也不哭。它的胆子越来越大，逐渐开辟新的游戏场所。它到院子里来了，院中的花草可遭了殃，它在花盆里摔跤，抱着花枝打秋千，所过之处，枝折花落。）

师：“枝折花落”中的“折”是一个多音字，注意读shé，不读zhé。好了，这是一只什么样的小猫？

生：这是一只胆大包天的小猫。

师：哦，胆大包天。你认为呢？

生：淘气的小猫。

师：淘气，文中有没有这个词呢？

生：有。

师：你认为呢？

生：调皮的小猫。

师：淘气也是调皮的意思。还有吗？

生：不怕疼的。

师：不怕疼，你从哪里看到的？不怕疼是什么特点？

生：顽强。

师：顽强的小猫，行！

生：可爱的小猫。

师：哦，可爱有很多种表现，你看它哪一方面可爱呢？

生：贪玩。

师：哦，贪玩的小猫。其实呢，这只小猫说它淘气、调皮、顽强、坚强都可以，还有同学说它胆大包天。这些都是我们看到的小猫的表现。

生：我觉得这只小猫很像一条好汉。

师：哦，像条好汉，你从哪里看出它像条好汉？

生：一玩起来，它不知要摔多少跟头，但是跌倒了马上起来，再跑再跌。

它的头撞在门上，桌腿上，撞疼了也不哭。

师：好，我看到男孩子特别欣赏小猫的坚强，撞疼了也不哭。那你小时候跌过吗？

生：我小时候跌过，就是不哭。

师：哦，那你是英雄惜英雄，欣赏这只小猫的坚强。这只坚强、淘气的小猫，作者是通过一些具体的事例把它的特点写出来的。好，下面我们再来看一个小朋友写的猫。这个小朋友是黄老师的女儿，是她读四年级的时候写的。

（生看投影，听录音：

我的小猫非常贪玩。它总爱到我的房间里“偷”东西玩，我的发夹、橡皮、铅笔、弹珠等常常被它偷去当玩具，可每次被它玩过以后，我的东西就不翼而飞。它要是不“偷”东西，就会钻到我的被窝里滚来滚去，然后就呼呼大睡，弄得我的被子都是猫毛。当小猫的所作所为被爸爸发现后，它就会被爸爸“教训”一顿。“教训”其实是爸爸抱着小猫荡秋千，吓得小猫夹着尾巴逃跑了。因为我的小猫不能出门，所以它就常常趴在我的窗台看风景，了解外面的世界。有一次，小猫可能太兴奋了，跳上窗台时冲过了头，掉下去了，吓得我“啊”的一声哭出来了。小猫从八楼摔下去，幸好只跌破了鼻子，有点内出血，疗养了几天就好了。）

师：好了，这只也贪玩，刚才那个也淘气，各有各的贪玩的地方。这一段话是围绕哪一句来写的？大家读出来——

生：“我的小猫非常贪玩。”

师：这里通过种种的事例，写了这只小猫的贪玩。好，我想问一个问题，文中的小主人是喜欢这只猫呢，还是讨厌这只猫？

生：我觉得小主人有时候喜欢这只猫，有时候讨厌这只猫。

师：先说喜欢它的地方。

生：“有一次，小猫可能太兴奋了，跳上窗台时冲过了头，掉下去了，吓得我‘啊’的一声哭出来了。”

师：这说明了什么？

生：这说明了小主人很心疼。

师：她怕小猫摔死了，非常心疼，代表她喜爱这只猫。那你又从哪里看出她讨厌小猫呢？

生：“我的发夹、橡皮、铅笔、弹珠等常常被它偷去当玩具，可每次被它玩过以后，我的东西就不翼而飞。”

师：这里可以看出她讨厌小猫吗？小猫是真的偷东西吗？爸爸是真的教训它吗？

生：不是。

师：大家有没有发现，这里加了双引号。“偷”其实不是真“偷”，是贪玩，“教训”也不是真惩罚，是逗它玩。这是讨厌吗？

生：不是。

师：对。小主人不是真的讨厌这只猫，而是喜爱。其实有时候不光听话、乖巧的小动物让人喜爱，像这种又顽皮又淘气的小动物也让人既担心又喜爱。写动物，我们可以写它的长相、习性的特点，也可以通过与它相处的一些小故事来表达喜爱之情。

板书： **我喜爱的动物**

长相 ⎫ 抓特点
习性 ⎬ 写具体
相处 ⎭ 表喜爱

【评】

学习佳作的写法对提高学生作文质量确实有一定的帮助。这个板块教师花了大量时间，分两次讨论四个文段，想从不同角度帮助学生理解写具体的方法，用心是好的。这里可以讨论两个问题：一是如果选择例文，教师可以事先选好例文，也可以选择学生当场习作作为例文。这两种例文选择的途径，后者效果肯定好于前者，因为身边的榜样学生更容易接受，与他们实际写作水平接近，针对性也更强。二是例文讨论指导的时机，许多教师都喜欢先指导再写作。其实学生写作后再来讨论可以从例文中学习什么，效果会更好。因为学生有过亲身实践，可以与自己的习作进行对比。许多教师都喜欢例文引路，其实学习例文移放至习作之后更可以发挥例文的作用。

四、片段练写显身手

师：接下来，我们自己来练写。请拿出课堂练习纸，尝试着把你喜爱的小动物的一个特点写具体。注意参考你课前观察和收集到的材料。好，现在开始动笔。

（生动笔写 6—7 分钟，师巡视）

师：下面请几位同学分享他写的片段。请大家认真听，听的时候要注意听一听他写了小动物的哪一个特点，写具体了没有。还有一个任务，就是听听他用的哪些词句是值得你欣赏的。请你读读你写的片段。

生：我喜爱的小动物是我家的一只小乌龟，叫“灵西”。灵西背甲扁平，像穿了一件绿色的跳舞裙，漂亮极了。有一次，奶奶出去买菜，叫我在家看好表妹。因为我实在太困了，一不小心，就倒在沙发上睡起觉来。表妹十分胆小，看到了一只吓人的玩具蝴蝶就“哇哇”大哭了。灵西马上叫醒了我，我才知道表妹哭了。

师：请一个同学来评一评。

生：我觉得小乌龟在沙发上睡着了这一段很有趣。

生：我觉得不可能一转身就睡着了。

师：不过这里写的睡着的是“我”，而不是小乌龟。我觉得小乌龟把你叫醒的地方很有意思，不过它是怎么把人叫醒的呢？我建议你写具体、写清楚，不然就变得不可思议了。有没有同学养过小乌龟的？

（生举手）

师：小乌龟是怎么睡觉的？

生：我觉得小乌龟是缩进壳里睡觉的。

师：是不是真的缩进壳里啊？

生：是。

师：有个同学说不是，那你的小乌龟是怎么睡觉的？

生：我的小乌龟睡觉的时候脚都伸出来，一般不会缩进去的。

师：哦，看来，就算同一种动物，在不同的情况下，在不同的地方睡觉，也会有不同的表现，对吧？我们再请一个同学来分享。

生：我的小狗“纳多雷”进食的时候很特别，刚吞进一口，就把骨头都吃完了，真是不可思意（议）啊。吃完了还要叫几声，好像在说“我还要吃”。

师：哎，这里写的“不可思意”有错别字，应该是议论的“议”。文章写完之后要读一读，读的时候就会发现问题了，自己要学会纠正过来。好了，谁来评一评？

生：我觉得他好的地方是会用词。

师：你听到了哪个词？

生：不可思议。

师：老师刚才课堂上用到这个词，他马上就用进去了。

生：我还建议他朗读时有感情一点。

师：哦，那行。那写的方面呢？

生：没有。

师：那好。这位同学很认可你，觉得你再加一点感情来读就可以了。好，再请一位同学来评一评。

生：我觉得他读得不够清楚。

师：看来同学们对你写的内容没有多大的意见。好，掌声鼓励。

师：大家回去继续写，把这篇文章写完整。最后，黄老师还有一个要求，写完以后要注意修改。希望我们从三年级开始就养成这样的习惯，每一次写完作文都要自己朗读三遍。第一遍，用圆圈画出错别字，包括写错的词语和标点符号，在旁边改正。有时候你在写的时候没注意，但是回过头来读的时候就能发现了。第二遍，用横线画出不通顺的句子，然后改正。第三遍，用波浪线画出好词好句，学会自我肯定，自我欣赏。

【评】

这是本课的第二次动笔写作，写完以后教师请了两个学生交流，并及时进行点评指导。点评时教师提出两点要求，一是小动物的特点写具体了没有，二是用的哪些词句值得你欣赏。可以看出在学生习作以后进行指导是最有效的。可能是因为时间关系，对学生习作后的讨论没有充分展开。比如第一个学生写乌龟叫醒了“我”，“它是怎么叫醒的呢？要写清楚”，教师指出了这个问题，其实应该和学生一起讨论怎样把这个有趣的情形写清楚。还有第二个交流小狗进食的时候很特别的学生，从这个片段可以看出，这堂课教师指导的一些写作方法这位学生基本没有听明白。教师如果抓住这一个案，请大家一起开动脑子，把小狗进食的时候的特别之处写得更清楚，更具体些，那么这样有针对性的指导比起空泛的例文学习会更加有效。

五、好书推荐开眼界

师：（图片演示）最后，黄老师要带大家看一本很奇妙的书，是法国小女孩蒂皮的《我的野生动物朋友》。蒂皮是一位法国小姑娘，她从小跟着拍摄野生动物的父母在非洲纳米比亚的丛林中长大，与许许多多的野生动物成了好朋友。

师：你看她现在骑的是什么啊？

生：鸵鸟。

师：我们就一起来看看蒂皮和野生动物的故事。这是什么？

生：青蛙。

师：她可以抱着大青蛙亲吻。这是——

生：鹰。

师：是雏鹰，她可以抱着雏鹰一起奔跑。这是——

生：猫鼬。

师：猫鼬可以伏在她的耳边和她说悄悄话。这是——

生：变色龙。

师：变色龙在吃蚱蜢，这是它的猎物，她在旁边看着。好，这些都是小动物，我们再来看看庞然大物。这是什么呀？

生：鸵鸟。

师：她可以骑着鸵鸟当跑车，可以跟豹子交朋友，可以抱着象鼻荡秋千，还可以——

生：跟狮子一起睡觉。

师：是不是很神奇啊？有人说孩子天生是动物，他们的心和动物是相通的。同样，在没有受到外界干扰的动物世界里，动物们都能够很好地和人类相处。我们一起来读一读蒂皮的话。

（师生齐读：

所有我认识的女孩子都是家养的，只有我例外，我是野生的。我生活在非洲丛林，野生动物就像我家里人一样。

我的天赋就是与动物相亲，我会跟动物说话，用眼睛跟动物交流。）

师：蒂皮的经历告诉我们，很多动物都是有灵性的，只要善待它们，动物可以是人类的好朋友。欢迎大家课后多读这样的书。只要细心观察，用心感受，生活就处处有惊喜。好，下课！

生：谢谢老师，老师再见！

【评】

习作课是否应该推荐好书？当然并非不可。只是课堂教学时间是一个常数，在鱼和熊掌不可兼得的情况下，教师的重点应该放在学生的动手写作上，因为这才是作文课的主要任务。其实习作课应该将更充分的时间用于学生的写作实践、交流以及修改上，这对提高学生习作能力更加有效。所以我建议这个环节可以删去，空出的时间用于更多学生的交流点评，并且安排适当时间让学生修改自己的习作，这样可以实现交流点评的效果最大化。

【总评】

作文写什么内容一直是小学生作文的难点。尽管教师经常教导学生，要认真观察生活，平时要注意积累，学生也明白生活是作文的源泉，但是到了作文课上看到作文命题，不少学生还是感到无从写起，于是只能虚构内容，胡乱拼凑编造一篇交差了事。类似情况不仅出现在小学生作文中，也出现在中考作文、高考作文中。不是有一年高考作文，一个考场居然出现了 10 多篇作文同时写“妈妈重病去世”的怪事吗?

如何解决小学生作文材料问题，各国语文教师采取的对策各不相同。著名教育家苏霍姆林斯基明确表示:“小学生不能从写记忆性的命题作文开始，而是要写观察作文，进行‘实物写生’。”苏霍姆林斯基为自己实验学校 1 至 10 年级的学生推荐了 233 个作文题，其中观察类作文题共有 116 个，占总数的 50％。小学阶段作文题目中有 80% 以上都是观察类作文题目。日本中小学写作教学很少让学生写回忆性记叙文，而是提倡写“生活作文”，引导学生事先进行社会观察以后写文章，如果按照文体划分的话，大致属于说明文或调查报告一类。日本学者认为，在生活作文中，提高学生语言表达能力并非其唯一的目的，还要引导学生关注周围的生活世界、参与社会活动，使学生形成主体性的人格，把作文能力培养与人格塑造有机地结合起来了。英国是崇尚文学的国度，其小学写作教学干脆分为虚构作文和非虚构作文：虚构作文允许充分想象，鼓励学生写童话、故事这类文学作品；非虚构作文则多写应用文体。国外同行这些做法，非常巧妙地化解了小学生作文材料不足的问题，不要求学生当堂写回忆性记叙文，当然就不会产生学生作文无材料可写的尴尬。

国外同行的做法其实是有心理学依据的。研究表明，人们认识一样事物，开始只有一个初步综合的印象，是笼统的，不精确的，以后随着认识的深入，对各部分进行比较精确的分析后，才能进一步理解这一事物各部分的关系和联系，达到分析与综合统一的程度。据心理学家的研究，小学生知觉中分析与统一水平是很低的。法国的比奈认为，儿童知觉发展经过三个阶段：3至7岁是列举阶段，7至9岁是描述阶段，从12岁起才是解释阶段。即使学生身边有趣或有意义的事情经常发生，因为他们的知觉是模糊的，不清晰的，不能认识事物的性质，所以很难自觉地意识到这些就是作文的材料。小学生作文无内容可写的尴尬，主要不是主观上的原因，不是他们不想仔细观察，更多的是源于客观上儿童知觉发育的不成熟。我国小学作文教学长期要求引导学生写回忆性记叙文，其实是高估了小学生的知觉发展水平。

现行课程标准虽然回避了“小学生以写记叙文为主”的观点，要求“写纪实作文和想象作文”，但由于受长期形成的传统观念的影响，我国语文教材中写回忆性记叙文的命题仍占有很高的比例，学生作文时“难为无米之炊”的困难仍然广泛存在。如何破解这一难题？黄莉莉老师的作文课例给了我们很好的启示。她提倡“作文教学应从‘前作文’开始”，把指导学生从生活中“摄取作文素材”的工作安排在作文指导课之前，事先将作文题目布置给学生，让学生在作文前有目的、有意识地去观察生活，去收集材料。我们可以从教师投影的课前观察作业里看到，学生事先为准备作文材料做了大量工作。他们仔细观察了自己喜欢的一种小动物的外形特点与生活习性，了解它的脾性与作用，还上网收集了有关这种小动物的各种有趣的资料，并且在观察和收集资料的过程中做了大量的读书笔记。有了这样充分的准备，学生“手中有粮，心中不慌”，“写什么”的问题自然就迎刃而解了。

黄老师的“前作文”，其实质就是改“当堂回忆”为“事先观察”，将写回忆性的记叙文转变为写观察作文。这是一种非常有效的记叙文写作指导的策略，可以很大程度上缓解学生写作文无材料的难题，更重要的是能够引导学生细致、精确地观察，有效地刺激他们认知水平的提高。

为了让学生更加有效地准备材料，黄老师发给学生一张作业纸，上面提示了学生收集材料的两项工作：一是观察实践，选自己喜欢的一种小动物，可以是家里养的，也可以是亲朋好友家养的，观察的内容包括小动物的外形、嬉戏、进食、睡觉、脾气、本领等方面；二是收集整理资料，“查一查书报、网络，或者与你熟悉的饲养同一种小动物的人交流交流，记录整理有用的资料”。这其实是一种十分简便，但非常有效的收集作文材料的方法指导，并且基本不占用课堂教学时间。有些教师作文前也要求学生事先收集材料，但是对学生如何观察、积累，没有进行具体的方法指导。这样的话，能力强的学生当然没什么问题，苦的是那些能力差，又不善于观察的学生。其实三年级学生处于作文起步阶段，作文方法需要教师指导，如何收集材料同样需要教师给予具体的方法指导。如果只提要求，不具体教方法，学生的观察效果就会大打折扣。黄老师设计了这样一张作业纸，对指导学生观察实践起了综合性的引导作用：不仅让学生收集到了作文材料，而且让学生经历了收集材料的过程，还能够使学生通过实践，体悟收集材料的方法策略。所以我们不要看轻这张薄薄的作业纸，它把“前作文”的指导思想落到了实处，体现了教师的精心设计和具体的指导方法，着实是这堂作文课的一大亮点。

由于实施了“前作文”指导思想，这堂作文课的指导不需要再从回忆“写什么”开始，可以直接从分享所收集的作文材料开始，提高了教学的起点，这样教师就可以有比较充裕的时间指导学生“怎么写”。新课程改革以来，语文课程在加强人文教育的同时，一度出现了淡化语文知识教学的倾向，表现在作文教学上，就是重内容、重情感，而忽视写作方法的指导。似乎小学生写作文，只要解决“写什么”的问题，学生“怎么写”则可以无师自通。这是一种错误的想法。学生作文能力的形成固然需要经历大量的写作实践活动，但是适当的写作方法教学，可以缩短学生暗中摸索的过程，加速作文学习的进程，这正是学校教育的目的，也是作文指导的价值所在。课例中教师设计了指导写作方法的三个环节：儿歌游戏抓特点—佳作引路写具体—片段练写显身手，教师对写作方法的指导是颇费心思的。只是这堂课教师的方法过于烦琐，指导的时间也过多。其实掌握写作方法的途径有二：一是通过师生对话，让学生认识并理解所教的写作方法；二是引导学生动手实践，让学生在运用实践中掌握方法。“纸上得来终觉浅”，理解了并不等于会用，只有通过亲手操作，在实践中运用这种方法，学生才可能真正理解，最终掌握这种写作方法。因此建议这堂课压缩教师指导时间，将写作方法指导放在学生习作实践之后，提倡利用学生当场写出的习作作为例文。这样的例文讨论更有针对性，指导性更强，也能节约更多的教学时间。

这堂课最大的问题就是学生动笔写作的时间严重不足，这也是当下写作课普遍存在的问题。语文教师都以为教师的指导作用应该体现在习作方法的指导上，指导得越细致越具体，学生的习作质量提高越快。其实这是一种严重的误解。学生的写作能力是在实践中形成的，对写作知识的学习也是在写作实践中进行的，无论是能力提升还是知识学习，都不能离开学生的动笔实践。语文课上学生书面表达训练的时间已经非常有限，作文课再不安排充分的时间让学生动笔写作，那就会影响学生书面表达能力的形成，对学生真正理解写作知识也非常不利。这堂课应该是上两个课时，其间学生有两次动笔机会，第一次是3—5分钟，第二次安排了6—7分钟，加起来只有十来分钟，多数学生没有写成一篇完整的习作，这是很不妥当的。因此建议教师将方法指导的环节作些调整，大幅度删减习作方法讨论和例文学习的时间，最后一环节“好书推荐开眼界”也可以舍弃，让学生有充分的时间完成这篇作文。如果有时间再安排写作中的指导和学生相互修改，那么可以取得更好的教学效果。

素描作文

执教者：江苏省苏州市吴江区盛泽实验小学　薛法根

【教学目标】

1. 学习用准确的词语将观察到的实验过程写清楚。

2. 能从多个角度思考实验的启示，并学习“命题”。

【教学过程】

师：同学们，其实写作文并不难，要用好我们身上的四样宝贝。（板书：四宝）首先要用好我们的眼睛，要会看，会观察。（板书：眼）能看到细微之处，看到别人看不到的东西，这就有了眼力。眼力是要练的。现在我们来练练眼力好吗？

生：好啊。

【评】

“要用好我们身上的四样宝贝”，第一就是眼睛，所以苏霍姆林斯基说，儿童作文要从观察开始。观察能力是作文能力的重要组成部分。教师首先让学生练眼力，观察讲台上的东西。

师：看看讲台上，后面的同学可以站起来，讲台上放着什么？看清楚的请举手。

生：有石头。

师：说话说完整，好吗？

生：讲台上放着石头。

师：还有呢？（生摇头）如果看不清楚可以上来看，一定要看清楚。好，现在你说，讲台上放着什么？

生：讲台上放着沙子、石头和水。

师：沙子放在这里，水是怎么放在讲台上的？你看，要会观察，要有眼力。怎样才能把讲台上的这些东西说清楚，还要有一个观察顺序。你看，这是？

生：一杯水。

师：好，是半杯，还是一满杯？

生：一满杯水。

师：这是——

生：一满杯沙子。

师：这是——

生：空的杯子。

师：这是什么？

生：这是一堆沙子。

师：你看，首先要把这些看到的东西说清楚，明白吗？不能说“讲台上放着一堆石头”。这是几个杯子？

生：三个。

师：三个杯子，里面分别装着什么？边上还放着什么？现在你能说吗？

生：讲台上放着三个杯子，一个杯子装满了水，一个杯子装满了沙子，一个杯子里什么也没有。

师：那就是一个杯子是空的。

生：还有一个空杯子，旁边还有一堆石子。

师：现在有一点点眼力了，但说得还不够。要把自己看到的东西说清楚，并不是一件容易的事情。

生：桌子上放着三个杯子。

师：好的，这是第一句。

生：一个杯子里面装满了水，一个杯子里面装满了沙子，一个杯子是空的，旁边还放着一堆石子。

师：这叫会看，看了以后还要会说。如果只会看，不会说，那样也不能叫有眼力。如果能写下来，就成了一段文字，这就叫作文。

【评】

要把桌上的东西说清楚，首先要把事物看清楚，这是观察能力。小学生观察事物往往比较笼统，不够细致，容易看到的往往是事物的表面，比如杯子、石子、黄沙。要细致注意到每只杯子里装着什么东西，每样事物的方位等，就不是其目力所及的了。所以就需要练眼力，一要练习观察事物的细节，二要学会观察完整。这其实是观察方法的指导，是在教一种非常有用的策略性知识。不仅会看，还要会说，这就需要提高表达能力。让学生将看到的事物说清楚，说明白，是最基本也是最重要的表达训练。这是写好作文的重要基础，也是作文指导的起点。薛老师的作文指导就从这两种最基本的能力开始。

师：大家仅仅看到这些还不够。接下来老师要做一个小实验，这次你要看清楚，老师是怎么做的，你看到了什么现象。后面的同学可以站起来。但这时候光靠眼力是不够的，还要用耳朵，要会听，听听老师问了什么，同学们答了什么。清楚了吗？

师：（做了个拿东西的动作）这个动作叫什么？

生：拿。

师：不用“拿”，可以用其他更恰当的词。

生：举。

师：不是“举”，“举”应该是这样。（做了个向上举的动作）

生：抓。

师：不是“抓”，“抓”是这样的。（做了个抓东西的动作）

生：取。

师：“取”可以，或者——

生：拾。

师：对，“拾”可以。注意，看到老师的动作要用准确的词语来表示。（取了一个石子放到盛满水的第一个杯子里，水溢出）

师：看清楚了吗？再看一次。

生：看到老师把两块石头放进了水杯。

师：完了？看到了什么现象？

生：水溢出来了。

师：有一个字用得好，“溢”出来。这叫有眼力啊。

师：再看，看到了什么？（取了两块石子放在第二个装满沙子的杯子里，石子露出来了）

生：看到了石头下不去。

师：什么叫“石头下不去”？应该怎么说？

生：石头很难下去。

师：所以说，看到了不一定能说出来。谁能说清楚？

生：老师把两块石头放在了沙子上，石头并没有成功。

师：石头可不会那样想。你看，（师指着杯沿）这叫杯沿，老师放的石头——

生：老师放的石头露出了杯沿。

师：露出了，或者呢？

生：老师放的两块石头冲出了杯沿。

师：他看到的是冲出了。

生：冒出。

师：冒出或者高出都可以，对不对？这是第二个杯子。第三个杯子，看——（取了一些石子搁到第三个杯子里，石子超出杯沿）

【评】

把词用准，把句子写通顺，看似简单，其实并不容易。教师拿石子这个动作，用哪个词最合适？“两块石子放在了装满沙子的杯子里，石子露出来了”，这句话怎么说才能表达清楚？学生说的“石头下不去”“石头很难下去”“石头并没有成功”，都没有说清楚。教师指着杯沿，让学生改换一种思路来说，“老师放的石头露出了杯沿”“老师放的两块石头冲出了杯沿”。改换一种构句方法，才把话说清楚。这就是话语构建的策略。对小学生来说，需要指导的就是把话说清楚，这是重要的基本功，在整个小学阶段必须抓实抓好。

师：这个杯子还能装东西吗？

生：不能。

（师将沙杯里的石子取了出来，将沙子倒进第三个杯子里，又将这只装了石子和沙子的杯子晃了晃）

师：看到了什么？（继续将沙子往第三个杯子里放）

生：我看到了沙子从石头缝隙中掉到了杯底。

师：不叫掉，叫什么呢？

生：流。

师：不是流，水能流，沙子不能流。

生：沙子把缝隙填满了。

师：哦，填满了，渗进去了，对吗？好，这些词用得好。你看，渗进了多少沙子啊？

生：半杯。

师：大半杯。（指着第三个杯子）那么现在这个杯子还能装下东西吗？

生：能。

师：很好。（将水倒进第三个杯子）

师：放进去多少水？

生：一小杯。

师：现在这个杯子还能装东西吗？

（生犹豫）

生：不能。

师：很好。刚才我们看到了三个杯子，第一个杯子装满了水，老师放进了石头，还能装东西吗？不能，水都溢出来了。第二个杯子装满了沙子，老师放进了两颗石子，石子高出了杯沿。第三个杯子，先装什么，再装什么，还装了什么，清楚吗？记住老师问了什么问题，同学们怎么回答的吗？听清楚了吗？

生：听清楚了。

师：听清楚了，看清楚了，那就赶快把这个过程写下来。注意第一句话：讲台上放着……

写的时候注意两点：① 要把刚才的过程完整、有条理地写下来；② 用词要准确。好，开始写。

板书： 完整　有条理

用词准确

【评】

这是本堂课的第二个环节。学生观察老师做的小实验，然后把实验过程写下来，围绕两个重点，一是把过程有条理地写下来，二是用词准确。虽然要求不高，但对小学生而言并不很容易。

师：（巡视）注意写的时候，把看到的、听到的，完整地、有条理地写下来，用词要准确，特别是老师做的动作。

师：（巡视中提醒）要注意老师问了什么，同学们答了什么。有些同学仅仅写了看到的，没有写听到的。

（师继续巡视，看学生作文）

师：大部分同学都已经写完了。

（师将一学生的作文打出，用投影展示）

师：停笔。同学们写作很投入，非常专心，这是一个很好的品质。同样一个现象，同样一个事件，写出来的文字是不一样的，有的同学写得比较简单，有的写得比较具体。我们先来看看这位同学怎么写的（请学生上来），再看看你是怎么写的，好吗？我们请她来读，我来改。你们看老师怎么改的。

生：（读）讲台上放着三个杯子，一个杯子里放满了水，一个杯子里装了一满杯沙，还有一个杯子是空的，旁边还放着一堆石子。

师：停，你们是这样写的吗？要注意“讲台上放着三个杯子”这里应该是句号，因为意思讲完了。接下来是老师做实验了，所以应该——

（生沉默）

师：应该另起一段。好，继续往下读。

【评】

如何正确使用标点符号，如何分段，不仅是语文基础知识的指导，更是一种良好的表达习惯的培养。现在不少成人写作习惯不好，标点经常出错，写文章不会分段，其实与小学教师不关注作文基本功的指导有着直接的关系。

生：（读）老师把两颗石头拣起来放进了第一个杯子里，水溢了出来。

师：看这里有一个字“拣”，表示从一堆东西里面挑选，我刚才是挑选吗？不是，是随便拿出了两颗石子，所以应该是这个“捡”。（板书：捡）好，继续读。

生：（读）老师又把两颗石子放进了第二个杯子，石头高过了杯沿。

师：这里“又”字用得好，表明是有条理的。好的，继续读。

生：（读）接着，老师又把剩余的石子都放进了第三个空的杯子里。

师：是都放进了吗？你看——

生：没有。

师：这个“都”字可以删掉，这样就更准确了，重新读一下。

生：（读）老师又把剩余的石子放进了第三个空的杯子里，石头又高过了杯沿。

师：“又高过了杯沿”，“又”字用得很准确。好，继续往下读。

生：（读）这时，老师看见了还可以放东西。

师：是老师看到了吗？应该是——

生：老师问大家。

师：这里换成“老师问”。

生：（读）“这个杯子里还能放东西吗？”

师：那是谁看见了杯子里还能放东西啊？

生：同学们。

师：照着上面，读。

生：（读）这时，老师问：“这个杯子里还能放东西吗？”同学们回答：“还可以放。”

师：对，可以。

生：（读）于是再把——

师：谁再把，说清楚。

生：（读）于是，老师再把大量的沙子倒进了第三个杯子里面。

师：这里的“里面”就不要了，接着往下读。

生：（读）最后，老师把一滴水又倒进了这个杯子。

师：一滴水？是小半杯水，要注意用词的准确。再读一遍。

生：（读）最后，老师把小半杯水又倒进了这个杯子。

师：你们发现了没有，这里的“又”放到哪里更合适？重新读一读这个句子。

生：（读）最后，老师又把小半杯水倒进了这个杯子。

师：嗯，好。

生：（读）这下，第三个杯子再也装不下东西了，老师才停了手。

师：清楚了吗？你把看到的、听到的完整地写下来了。请你把这段话完整地读下来。

（生读）

师：注意最后一句话，如果这是你想的，我建议在这里加上一个“我想”，就是“我想，第三个杯子再也装不下东西了”。老师不是才停了手，而是也停了手。

生：（读）这下我想，这个杯子再也装不下东西了，老师也停了手。

师：你认为还能装，但她认为不能再装了。每个人都可以写出自己的看法和想法。好的，谢谢你。

师：看清楚了吗？自己一边读，一边改，把这段文字改得通顺连贯。

（生修改）

师：修改的时候要轻声地读出来，自己做自己的老师。

（师巡视）

【评】

把实验过程观察仔细，然后再写清楚，相比之下，写清楚的难度更高。教师在学生写完之后，以一篇习作为例，非常细致而又具体地进行了面批。面批的重点还是聚焦在用词准确，表达清楚这两个点上。比如“‘老师又把剩余的石子都放进了第三个空的杯子里’，这个‘都’字可以删掉”“‘老师把小半杯水又倒进了这个杯子’，这里的‘又’放到哪里更合适”等。这是小学作文指导应该关注的大问题。教师面批的是一个学生的作文，但目的是为全体同学修改作文作示范。这一环节用时不少，但效果很好，性价比高。

师：停笔，下面我请这位同学读一读他改好之后的这段文字。其他同学认真听，注意他写得是否完整、有条理，用词是否准确。

生：（读）讲台上有三个杯子。

师：好，我们发现很多同学都喜欢用“有”，“什么地方有什么”。我们能不能把这个“有”字换成一个更准确、更恰当的词呢？

生：放着。

生：（读）讲台上放着三个杯子。

师：这个“放”就比“有”好多了。

生：（读）讲台上放着三个杯子。第一个杯子装满了水，第二个杯子装满了沙子，最后一个杯子是空的，旁边还有一堆石子。老师首先取出两个石子放进装满水的杯子里，石头扑通一声沉进水里，结果杯子里的水溢出来了。

师：你看，她还写出了声音，听到了“扑通”一声，因为她离讲台比较近，听得比较清楚。

生：（读）接着老师又取出两颗石子，放进了装满沙子的杯子里，这样石子盖过了杯沿。最后老师把剩下的石子装进了第三个杯子，直到装不下为止。

师：你看，很准确，直到装不下为止。

生：（读）老师问：“这杯子满了没有？”“没有！”所有的学生大声回答。

师：她把听到的对话写完整了。

生：（读）老师又把装满了沙子的杯子里的沙子倒进了装满石头的杯子里，杯子里还剩下小半杯沙子。老师又问：“这杯子满了没有？”“没有！”同学们又大声回答。

师：你看，又大声回答，说得多好啊。

生：（读）老师又将杯子里的水也倒了进去，直到装满为止。

师：不是“装满为止”。

生：直到装不下为止。

师：装不下什么？

生：装不下水。

师：你看，“直到……为止”，这个词语用得非常好，把我们看到的现象描绘得非常准确。好的，谢谢你。

师：我们每个同学都可以像她一样，把这段文字完整而有条理地写下来。

【评】

纵观前半部分教学过程的设计：先观察，再说话，然后尝试习作，再面批交流，最后修改。要求明确，指导具体，步步推进，层次非常清楚。从这位学生交流的结果看，习作中用词准确，过程记叙比较清楚。事实说明，这样扎实的指导对培育小学生规范的表达习惯是非常必要的。

师：好，你看我们用了眼力、听力就可以把这个实验完整、有条理、准确地写下来。但是这还不够，还有第三个宝，就是我们的脑袋，所以我要考考大家。（板书：思考力　想象力）看了刚才的实验，你有什么感想？这个实验对你有什么启发呢？静静地思考一分钟。想到了举手，每个人都应该有自己的想法，每个人也都能有自己的想法。

生：老师做的这个实验让我想到了新加坡的沙滩。

师：看到一点沙就能想到整个沙滩？

生：我看到沙就想起小时候在沙滩上玩，受了伤。

师：看到沙，你就想起小时候在沙滩上受的伤，也就是想起了一段生活的经历。沙子触发了你生活的联想。我们现在要想的是，这个事件对你有什么启发，有什么教育意义。如果能从这个角度去思考，那就更有意义，更有价值了。

【评】

学生联想起“小时候在沙滩上玩，受了伤”，产生这样的联想很正常，但这不是这个实验的启示。学生说得离题了，教师发现后立即加以提醒：“有什么启发，有什么教育意义。如果能从这个角度去思考，那就更有意义，更有价值。”不轻易否定学生的回答，又将学生的思路导向“从事物包含着人生哲理、生活道理”的角度，反映出教师对课堂极强的掌控能力，又不失对学生的尊重。

生：做人不能太骄傲了，自以为已经学得很好，其实还有很多没有学到的。

师：就像——

生：就像那个装满石头的杯子一样，装了沙子之后还可以装水。

师：学习无止境，说得多好啊！他是从学习的角度思考的，有价值。

生：我想到了要保护我们的地球。石块就像倒的垃圾，石子到处都是，也就是垃圾很多，那么地球就变成糟糕的样子了。

师：你是从环境保护的角度去思考的，请坐。

生：我觉得要感恩我们的父母和老师，因为那个空杯子就像无知的我们，老师和父母为我们付出了心血和汗水，把我们教育成人。我们现在就像空杯子装满了沙子、石头和水一样。

师：多好啊，我们的人生一开始是空杯子，老师和父母在我们人生的空杯子里注入——

生：心血与汗水。

师：多好啊，注入了心血和汗水。她是从我们的成长经历来思考的，有价值，有深度。

生：我也想到了环保，我觉得现在地球上水资源越来越少了，就像刚才一满杯水，把石头放进去水会溢出来一样，我们一定要节约用水。

师：他想到了节约用水，也可以。

生：很小的东西也可以容纳很多东西，就像杯子很小，但它里面可以容纳很多石子。

师：一个小的事情、小的现象往往蕴含着深刻的道理，就像这小小的杯子可以装这么多东西。她是从事物包含着人生哲理的角度来思考的，也很有价值。

生：我觉得人生不能太大意，就像杯子一样，石子已经装满了，可是你再细心一些就会发现还能装下东西，最后还能装下水。

师：哦，他看得比较仔细，是从细心的角度考虑的。石子之间有缝隙，沙子之间有缝隙，只要你细心，还是可以装的。

生：我觉得人是有极限的，就像这第一个杯子，石子放进去，水还是会溢出来的，所以不要太勉强自己。

师：哦，人是有极限的，不能太勉强自己了。你已经满了，不能再装东西了。

生：不能太勉强。

师：很有意思，我们不能承受太多的东西，满了就满了。

生：我想说的是第一个杯子，因为现在社会上人人都在竞争，如果自己太软弱，像水一样的话，就会被石头挤出来，在社会上没有立足之地。

师：我们要坚强，要像石头，不能像水一样，会被人排挤的。要坚强、要刚强。你是从毅力、意志这个角度来思考的，这个我真的没有想到。

生：我觉得人做事要细致。比如你和别人谈了一笔大生意，可是因为粗心大意会导致后果不堪设想。

师：就像——

生：就像第三个杯子一样，装满了石头，可还有缝隙，那缝隙就表明粗心大意，就好比做事有没有想到的地方。

师：也就是说我们要考虑周全。

生：我说第三个杯子。第三个杯子装满了石头后，还能装沙子，装了沙子之后还能装水，说明我们人生道路很长，要慢慢品尝以后的生活。

师：说得真好，人生有百味，既能品尝到“石头”，还能品尝到“沙子”，最后还能品尝到“水”，人生的路还很长啊。

生：我觉得石头、沙子和水就是人生中的酸甜苦辣，如果不经历这些，可能难成大才。

师：你是从人成长的角度来谈的。

生：我想说如果你想得到，就必须付出。放进石头水就溢出了，石头就像你想得到的东西，那么水就是你必须付出的。

师：要得到就要先付出，有道理。想不想听听老师是怎么想的？

师：同学们有的从学习方面谈，有的从感恩的角度谈，有的从人生道理的角度谈，还有的从付出与得到的角度谈，都有道理。我们的人生就像这个杯子，一开始就要装进那些重要的、珍贵的东西，如果你不先装这些珍贵的、贵重的东西，以后可能就装不下了，会留下很多的遗憾。哪些东西就像这石头一样重要？

生：生命。

生：诚信。

师：对，人身上诚信、勇敢、诚实这些品格就好比生命中的大石头，明白了吗？

【评】

这个环节主要引导学生谈“这个实验对你有什么启发”，要求学生“从事物包含着人生哲理、生活道理”的角度谈自己的感悟。教师想法是好的，这个实验也确实可以从诸多方面给人以启示。但从学生的发言情况分析，真正贴切的感悟凤毛麟角。除了第二位学生说的学无止境有点道理，大多数学生说的如保护地球、节约用水、团结、人生有局限等，要么是理解有误，要么是没有把想表达的意思说明白。可见这个要求超越了学生的最近发展区，小学生的生活经验和抽象思维能力、概括能力都没有达到那样的程度。花费时间不少，教师教得很吃力，但效果与教师的预期差距很远。

师：现在请同学们把刚才我们讨论的经过，同学说了什么，老师说了什么，你作了哪些思考都记录下来。记录的时候要注意两点：第一，要有选择地去记录。这么多同学说了这么多话，你不可能都记录下来，要选取你印象最深的，现在你脑子里还有印象的，把它写下来。第二，要有自己的感受。你对这个实验到底是怎么想的？怎么认识的？写出来，好吗？

（给学生 10 分钟的时间写作，师巡视指导）

师：一个内容写完了，换个自然段来写，注意分段。有选择地把一些观点写下来。

师：我们请几个同学前来交流一下，他们在念的时候其他同学要会听，什么地方写得比你好，哪些好词好句可以学习。

生：（读）老师问，看了这个实验，我们有什么感想，同学们都举起了小手。有一位同学说，他想起了在新加坡的海滩上，他的脚被石头碰伤了；还有的同学说，学习就要像第三个杯子一样。很快有的同学说学习，有的同学说感恩，老师也说出了自己的想法：人要把最珍贵的东西学好，才能成人。我觉得人的心胸要宽广，这样才能像第三个杯子那样装下许多东西，不然如果像第一个杯子那样心胸狭窄，再装东西水就会溢出来。人还要学会包容，不然就像第一个杯子装不了石头。

师：好的，把自己的感受写得非常清楚和具体。

【评】

教师对学生语言组织的标准二元化，前面作文是一个标准，结尾讲道理的部分没有要求。学生想到的意思是对的，但没有把话说清楚，用词的准确性和说话的条理性都大有问题，因此所表达的意思不好理解。可能因为时间关系，教师没有抓住这些问题进一步指导，与上面提出的用词准确，把话说清楚的要求相悖。

生：（读）老师问我们，看了这个实验有什么感想，同学们纷纷举起了小手。一个同学说，我们做事要仔细，就像装满了石子装沙子，装了沙子还能装水的第三个杯子一样，只要有耐心，细心一点，就没有什么做不到。还有同学说，父母和老师在我们身上投入了太多的汗水和心血，我们要记得他们的关心和爱护，要学会感恩。老师说出了他的观点：在人生中，我们要学会很多东西—智慧、诚实、勇敢等“大石头”要保存着，而其他的“沙子、水”也要学会积累。我听了大家的话，很感慨：一个人的一生中有很多事情在等待你去探索，有很多知识在等待你去学习，不要以为懂得了那么多知识就可以了，学海无涯呀！

师：有选择地写了同学的观点、老师的观点，最重要的是写出了自己的观点。

师：我们看看这边同学写得怎样，好吗？

生：（读）实验过后，老师出了一个新问题："看到这个实验，你有什么感想？"开始全场一片寂静，同学们有的低头沉思，有的紧锁双眉。

师：这叫什么？这叫形象。她把我们回答之前的思考写下来了，很多同学都把这个忽视掉了。这是一个非常重要的描写，写得非常细腻、生动。请你再把这段话读给大家听，特别是读给那些觉得你写得啰唆的同学。

生：（读）开始全场一片寂静，同学们有的低头沉思，有的紧锁双眉。不一会儿，我们就开始了激烈的讨论。有的说人是有极限的，不能太勉强自己；有的说人不能太软弱，不然会吃大亏。其中最让我记忆深刻的是张远的回答。

师：最后这句话非常重要，重点要写这部分的讨论了。

生：（读）人生的路还很长，我们必须品尝人生的酸甜苦辣，这样才能成就出色的我。我觉得他说得很对，不经历风雨，怎能遇见美丽的彩虹呢？就像第三个杯子装满了石子还能装沙子，装了沙子还可以装水一样。

（掌声）

【评】

从语言表达的角度看，最后这位学生写得很不错，描写具体生动，句子连贯，衔接自然。但从实验感悟的角度看，这位学生感悟的"必须品尝人生的酸甜苦辣，这样才能成就出色的我"，与这个实验基本不相干。其他几位学生写的"心胸要宽广"等，也是不确切的。以法根老师的语文素养，肯定能够发现学生发言中存在的这些问题。然而这些问题对抽象思维能力不强的小学生而言，花再多的时间也难以讲清楚，何况也没有那么多的时间。

师：刚才我们写的是实验过后讨论的过程，在写的过程当中我们发现，要有选择地接受同学的观点，可以有两种写法：第一种是选取几个同学发言的原话，直接写；第二种是把同学的观点提炼成一个词，或者一个短句，一个小片段，然后重点写自己的想法。这两种写法都叫有选择地写，明白吗？因为我们在一个情景中会听到很多人发言，你不可能把每个人说的话都一字一句地写上，要有所选择。我们先写了一个实验，后又记录了一场讨论，如果要给这篇作文取一个题目，你想想看，可以起什么题目？可以从不同的角度说说。

生：《实验给我们带来的感受》。

师：《实验给我们带来的感受》太长了，不好。“感受”不好，换个词。

生：感想。

师：不好。

生：启发。

师：还是不好。

生：启示。

师：好，《实验的启示》。这是第一个题目，还有其他题目吗？

生：《实验后的感受》。

师：这是一样的，都是从我们写的角度来命题的，有没有更妙的命题？

生：《作文的快乐》。

师：《作文的快乐》？这个题目太宽泛了，跟今天做的这个具体的事情联系不大，这个不采用。

生：《装满了石头、沙子和水的杯子》。

师：《装满了石头、沙子和水的杯子》这个题目虽然长，但是可以用。她用这个杯子命题，角度不一样。

生：《渺小的东西与巨大的感悟》。

师：哇，这个有哲理了。

生：《感恩的实验》。

师：《感恩的实验》，因为你写的文章是关于感恩的，对吗？

生：《实验的哲理》。

师：好。

生：《三个杯子》。

师：这个题目好不好？

生：好。

生：《三个杯子》能引起人们的联想。

师：三个杯子，三个什么样的杯子？人们会怎么样？三个杯子，让人们想象。

生：《水、沙子和石头的启示》。

师：启示就不要了，就用《石头、沙子和水》。还有从其他角度来命题的吗？

生：《小实验大启发》。

师：《小实验大启发》，这个题目有意思。

生：《实验后的教育》。

师：也可以。

生：《小故事剖人生》。

师：好。

生：《三个杯子的启示》。

师：不错。

师：同学们，看一下这些题目，每个人起的题目都不一样，有的是以事物命名，如《装满了石头、沙子和水的杯子》《三个杯子》《石头、沙子和水》；有的是写受到的启发，像《实验的启示》《小实验大启发》《小故事剖人生》，都是可以的。但是要注意，你写的这个题目和内容要有关联。比如《三个杯子》《石头、沙子和水》重点要把这个实验的过程写清楚；如果你写的是《实验的启示》，文章的中心或者重点应该放在哪个位置？

生：讨论。

师：对，讨论。明白了吗？

生：明白了。

师：好，如果是《小故事剖人生》，那你讨论的重点应该放在哪个位置？

能不能放在环保上？能不能放到联想的沙滩上面？

生：不能。

【评】

学生题目起得不错，不少题目很有创意。教师点评也非常到位，特别是最后提醒学生“题目和内容要有关联”，很是恰到好处。

师：对，不行，要和人生有关联。好，现在给你的文章选一个恰当的题目，并且根据这个题目读一读你的文章。“四宝”还有“一宝”是什么？用嘴念自己的作文，这叫什么力呢？（板书：修改能力）

师：修改能力要靠自己读，就像读课文一样，一边读一边对照自己的题目，看和题目相称吗。如果不相称，可以进行修改，该具体的地方要补充具体，该简略的地方删减一下。今天我们的课就上到这里。

师：老师问一下，写作文容易吗？

生：（齐）容易。

师：好玩吗？

生：（齐）好玩。

师：其实生活当中到处都是作文素材。今天老师不过给大家看了一个小实验，你们就悟出了很多生活哲理。生活中还有很多我们习以为常的现象，只要你有眼力、听力，更重要的是要有思考能力，那么很多素材我们都可以把它写成作文。写一件小事，或者说一些小的现象，然后自己作一些深刻的思考，或者和别人作一些交流，那么你就有了新的观点，这样你写出来的作文既有鲜活的内容，又有自己独立的见解，这样的作文才称得上好文章。好，下课。

【评】

这堂课以“四宝”开头，从眼睛——观察能力，耳朵——倾听能力，脑子——思考能力、想象力，到结尾的口——修改能力，一步一步引导学生理解怎样写好作文。学生在教师循循善诱的指导下，不但写好了习作，也明白了写作文其实并不难的道理。

【总评】

新课程改革背景下的作文课如何上，是广大语文教师十分关心的重要话题。薛法根老师的素描作文课以生动的教学过程，阐述了自己对新课改作文教学的理解，给广大的语文教学工作者许多有益的启示。

1. 循循善诱的方法指导。这堂素描作文课指导学生完整地记叙了一次小实验的过程。薛老师的教学目标没有就事论事地囿于指导如何写好小实验，而是从大处着眼，将教学目标锁定在写作文“要用好我们身上的四样宝贝”：用好自己的眼睛，会看，会观察；用好自己的耳朵，会听；用好自己的脑子，会思考，会想象；用好自己的嘴巴，会读，会修改。并且通过深入细致的指导，让学生切实感受如何进行观察，如何用耳朵倾听，如何用脑子进行思考，如何通过读发现要修改的地方，从而体验用好这“四宝”对写好作文的重要意义。比如要把桌上的东西说清楚，首先要把事物看清楚，这就要练好眼力，就是观察能力。小学生观察事物往往比较笼统，视域比较狭窄，观察事物往往不够深入，不够仔细。比如能够看到桌子上放着的杯子、石子、黄沙，但是要细致注意到每只杯子里装着什么东西，各样事物的方位等，就不是其目力所及的了，所以就需要练眼力。薛老师引导学生：一要学会仔细观察，二要学会有顺序地观察，这样才能观察完整。这其实就是观察方法的指导，是一种对提高观察能力有用的策略性知识。相信通过这样一堂作文课，学生收获的不仅仅是写一次小实验的文章，更重要的是收获了写作文要“用好四宝”这样一种深刻的认识。这种认识对学生今后的写作、学习甚至生活，都是相当重要的。

2. 作文指导要抓好基本功。大家都知道，小学教育是基础教育。学生以后还会接受中等教育，甚至高等教育。因此，整个小学阶段的作文教学其实都是起步作文教学，应该从最最基本的作文训练开始。如何用准词语，如何写通句子，如何将看到的事物说清楚、讲明白，这些是最基本也是最重要的表达训练，是小学作文指导的起点。薛老师的这堂课，目标定位和着眼点很高，但是指导的切入点却是从最基本的表达能力训练开始。把词语用正确，把句子写通顺，这些看似简单，其实对小学生来说着实不易。教师拿石子这个动作，用哪个词最合适，对小学生而言，就是最基本也是最重要的表达训练。学生说“石头下不去”“石头很难下去”“石头并没有成功”，都没有把话说清楚；教师指着杯沿，让学生改换一种思路来说，“老师放的石头露出了杯沿”“老师放的两块石头冲出了杯沿”，改换一种构句方法，学生才把话说清楚。这就是话语构建的策略（经验），学生通过大量建构语言的实践，才能逐步积累起把话说清楚的经验。在社会交际中，成人也经常会遭遇这种不能把话说清楚的情况。从说不清到说清楚，让学生经常亲身体验，学生就会获得话语构建的策略。这种话语构建的策略对小学生来说是非常重要的。与指导如何让文章主旨深刻、内容生动、构思巧妙等相比，让学生学会正确地遣词造句是最低层次的指导，却也是最最重要的指导。不能正确用词，不能把话写通顺，基础没有抓牢，其他再高明的写作方法都是空中楼阁。因为我们面对的是小学生，他们刚刚开始学习写作文。如果教师将目光聚焦于中等生或是后进生，那么就会发现这些初始指导其实是最有必要的。从学生的现场表现看，这样的指导完全符合学生的实际认识。还比如，在讲评学生作文时，薛老师及时指正学生使用标点符号的错误，指导学生写作时要学会分段写等，这些既是对语文基础知识的指导，更是一种对规范的表达习惯的培养。现在不少成人写作习惯不好，标点经常出错，文章格式不规范，写文章不会分段，诸如此类的毛病其实与小学教师不关注作文基本功的指导有直接的因果关系。我们知道，评价一堂课是否成功，主要指标不是教师个人的语文素养，而是学生（特别是中等以下学生）的学习效果，因为学生的学习结果才能真正反映出教师的教学效果。

3. 习作修改的指导要具体。修改是作文指导过程中的重要环节，教师一般都不会忽视。但是如何提高学生作文修改的有效性，使修改不流于形式，让学生通过修改真正提高作文水平，则需要认真进行研究。薛老师在课堂上通过当场面批，并且用投影展示批改实况的方式，为学生作了一次非常生动而又具体的作文修改示范。指导过程大致分四步：第一步是将一名学生的作文投影在大屏幕上，让学生读自己的文章面批，肯定学生作文中的亮点，并且指出不当之处。比如“老师又把剩余的石子都放进了第三个空的杯子里”，这个“都”字用得不准确，要删掉；“老师把小半杯水又倒进了这个杯子”，这里的“又”放到哪里更合适；这里的一个标点用得不对，这里开始写另一层意思，应该另起一段，等等。从小学生表达习惯的培养这一视角看，这些都不容忽视。第二步是让学生将面批好的文章再读一遍，既是检查学生对教师面批指导的理解程度，对其他学生来说，又能起到很好的修改作文的示范作用。第三步是让全体同学修改自己的作文，这一步设计得太好了，可以将面批作文这一环节的效果发挥到极致。教师修改的是一篇作文，但是目的在于为全体同学修改作文作示范。第四步是再请一位学生读修改的作文，并且随即指出仍然存在的问题，让学生明白修改作文也是无止境的。整个面批和修改作文用时约 17 分钟，这绝对是值得的。

这堂作文课共 2 课时，第一课时主要指导学生观察并写实验过程，第二课时主要指导学生讨论并写出实验中自己的感悟。其中学生讨论个人感悟用时约 13 分钟，写感想并交流约 17 分钟。从结果看，要求小学生从这么一个小实验中概括出“人生哲理”或是“生活道理”，难度确实非常高。教师指导不可谓不精心，对学生发言的即时评价也比较到位。但仔细揣摩学生的感悟，诸如“人生要仔细”“要学会感恩”“要记得长辈的关心和爱护”“品尝人生的酸甜苦辣”等，许多都有对小实验的误读之嫌。问题不在教师如何指导，实在是小学生的认知水平尚未达到这一程度。要对这一实验作正确的解读，可能初中甚至高中以上学生才能做到。需要指出的是，学生在谈感悟时，在遣词造句方面存在大量的问题，但是教师只顾及学生感悟是否合理，无暇再去指导用词的正确性、说话的条理性和表达的清楚与否。这样就与第一课时提出的把词用准确，把句写通顺的要求不一致了，有可能会降低甚至消解前一课教师指导的效果。

小学作文课教师在意的往往是一篇习作指导过程的完整。这篇作文从观察指导开始，然后让学生写实验过程，写自己的感悟，最后给习作起题目，整个指导过程完美精致，似乎无懈可击。其实从教学目标看，写过程与写感悟隐含着两个不同层次的教学目标，而且差异巨大，很难融合在一堂习作课之中。我在想，如果第二课时仍然循着第一课时的指导目标，再让学生观察一个小实验，要求看仔细，有顺序，然后说清楚写下来，要求用准词，写好句子，或许对学生作文能力的提高更加有效。习作课不必求全，切忌求深，还是应该从基础抓起。

成长的故事

执教者：山东省济宁市邹城市东滩煤矿学校　董蕾

【教学目标】

1. 按照“起因、经过、结果”的顺序把一件事情说清楚，写具体。

2. 学习运用语言、动作、神态等描写方法把事情的经过写具体。

3. 通过师生共同交流评议，学习修改习作的方法，提高习作水平。

【教学实录】

一、激活情感，回顾生活

1. 欣赏歌曲《共同长大》。

2. 看大家小时候的照片，猜猜“我”是谁。

师：下面请同学们来看几张照片，猜猜照片上的人是谁。如果猜对了，就请这位同学走到我的身边来。这是谁呀？

生：吴怡然。

师：真是越长越可爱了！再看看这个大胖小子是谁？

生：王鹏飞。

师：看来你从小就长得白白胖胖的，是个帅小伙。这张照片上的小姑娘是谁？

生：好像是陈姿颖。

师：远在天边，近在眼前。这就是我呀！（生大笑）

师：我也从一个小丫头变成了现在的孩子王。成长带给我们的变化可真大呀！就让我们带着这份成长的快乐开始今天的学习。

3. 回忆成长故事。

师：同学们，还记得上幼儿园时的情景吗？那时的我们就像一群叽叽喳喳的小鸟，后来我们慢慢长大，现在已经是一名小学四年级的学生了。在这个成长的过程中，我们学会了许多本领，认识了很多伙伴，也经历了一些难忘的事情。

师：请大家静静地想一想，哪件事让你印象深刻并从中有所启发呢？

（生静静思考）

师：同桌互相说一说，看看谁能从“起因、经过、结果”三方面把一件事说清楚。

（同桌互相说）

师：哪位同学愿意和我们分享你的成长故事？勇敢地把你的小手高高地举起来。

生：我骑自行车的时候，不小心摔倒了。爸爸看见了就对我说，学骑自行车不是那么容易的事情，要慢慢地练习。在爸爸的指导下，我学会了骑自行车。这让我明白了，学本领要慢慢地学，认认真真地学。

师：那你一开始怎么想起来学骑自行车的呀？

生：因为我看见别人会骑自行车，我很羡慕别人。

师：“羡慕”这个词用得真好。羡慕别人，所以你也开始学。请坐。这个小女孩是按起因、经过和结果的顺序来把这件事情说清楚的。（一边说一边板书）当然，我们也可以在“结果”的部分说一说这件事情带给我们的启示。我们要简单地说“起因”和“结果”，重点说“经过”。同学们真棒！学骑自行车属于学会了一种本领，除了这一类型的事情还有其他方面的成长故事吗？

生：我从四岁半开始学习舞蹈。有一次，老师让我们练习劈叉，疼得我都哭了。回到家，我对妈妈说："学舞蹈太苦了，我不想学了。"妈妈对我说："孩子，学本领不能半途而废，要坚持下去，这样才能有一技之长。"

师：这句话说得特别好，学本领不能半途而废。那也就是说，我们做事情要坚持不懈，持之以恒。老师期待你精彩的习作。好，请坐。

【评】

以童年照片激发学生情感，回忆成长中发生的印象深刻的故事。导入环节简明扼要，重点解决本次习作的两个问题：一是激发学生的习作兴趣；二是帮助学生解决写什么的问题。解决习作材料问题是这个板块的教学重点：要求按"起因、经过、结果"的顺序把一件事说清楚，并且说出自己的启示。第二点要求"说出启示"目的是为突出这件事情与自己成长有关。"成长"主要指的是思想上、精神上的进步，所以这里提出"说出启示"的要求是合适的。教师设计的教学步骤非常得当，先让学生静静思考一分钟，然后同桌互相说一说，再指名两位学生全班分享。这样使得每个学生都有思考的时间，并且有交流机会。只是第二位学生分享的学舞蹈这件事情，虽然可以反映自己的成长，但是没有说清楚事情的结果，也没有说出启示。可能是时间关系，教师也没有指出。其实这里应该点明，并且引导这位学生把事情说完整，最好能说出自己的启示。

二、例文引路，领悟方法

师：同学们，我们把一件事情说清楚了之后，怎样才能够写具体呢？老师这里也有一位四年级的小学生的作文，他也写了一件自己印象深刻的事情，并且得到启发，而且还得到了老师的表扬呢。大家拿出"习作准备单"，默读一下，用一双善于发现的眼睛来看一看这篇习作好在哪里呢？

（生一边默读习作一边思考）

师：有发现的同学可以把你的小手举起来，畅所欲言。

生：我发现小作者用了许多四字词语。

师：非常好，这位同学关注到了语言上的特点，通过一些四字词语、好词好句来为我们的文章增添色彩。

生：我发现小作者从这件事中明白了一个道理。

师：而且这个道理他还引用了一句名言警句——世上无难事，只怕有心人。我们在“日积月累”中学习了许多的名言警句，习作的时候就可以调兵遣将，给它们一个用武之地。大家再看一看，我们在写“经过”的时候，可以用上一些表示顺序的词语，让文章显得有序。比如说，“首先、接着、然后、最后”。

生：我发现小作者写了他和爸爸的语言。

师：除了语言，还写了什么？

生：还有心理描写。

生：还写了人物的动作。

师：同学们说得真好。这些描写能够帮助我们把一件事情写清楚、写具体。

【评】

用例文引路，引导学生体会习作方法，让学生领会怎样把一件事情写具体，出发点很好。前两位学生发现的是“用了许多的四字词语”“从这件事中明白了一个道理”，说得不错，但与预设的目的无关。后面三位学生发现的写“他和爸爸的语言”“心理描写”“人物的动作”等写作方法，与教师的预期相吻合，因此以“同学们说得真好。这些描写能够帮助我们把一件事情写清楚，写具体”这句话作总结。其实找出文中的这些人物描写方法，笼统肯定这些写作方法能够把事情写具体，这样的指导是不到位的。这里教师最好能引导学生进一步体会：删去这些描写，改用叙述的语言，让学生读一读，体会文章表达效果发生了什么变化。这样学生才能真正明白这些描写在文章中的作用，从而对例文的写作方法会有比较具体、切实的体会。

三、动笔写作

师：老师相信咱们班的同学肯定也能像这位同学一样，把自己印象深刻的一件事情写清楚、写具体。有没有信心？

生：（大声回答）有。

师：老师相信，你一定能行。拿出我们的作文纸，开始写吧。注意自己的写字姿势。

（学生动笔习作。教师边巡视边纠正写字姿势。用时 12 分钟）

四、讲评习作

师：大部分同学已经写完了。这位戴眼镜同学的习作很具有代表性，请他来读一读。我们一起认真倾听，帮助他找一找问题出在哪里。

生：我的题目是“学骑自行车”。

我六岁的时候，看见邻居家的大哥哥和大姐姐在自由自在地骑自行车，我心里直痒痒，我也想学骑自行车。

第二天，我从地下室推出自行车，我以为学骑自行车很简单。但是和我想象的完全不一样，我刚刚骑上去，就摔了个四脚朝天。我想放弃了，爸爸走过来对我说：“做什么事都不能放弃，要认真做，不要害怕困难。来，我教你。”经过爸爸的指导和训练，我终于学会了骑自行车。

学习骑自行车让我懂得了一个道理：只要认真做，克服困难，就能学会一种本领。只要功夫深，铁杵磨成针。

（通过实物展台，展示学生习作，教师现场批改错别字以及个别词句，然后讨论）

师：从整体来看，这篇文章的起因、经过、结果都写清楚了。现在我们把目光聚焦这篇文章的“经过”这一部分，你发现存在什么问题吗？结合板书，看一看他写具体了什么。

生：我觉得他没有把这件事情写具体。

师：没有写具体，也就是说没有把这件事情展开来写。我们一起开动脑筋，想一想怎样才能把这件事写具体呢？许多同学有学习骑自行车的经历吧。你当时是怎么学的？我们可以增加哪些内容呢？

生：我觉得应该加上骑自行车的动作。比如说，双手紧紧地握住车把，脚踩车蹬，眼睛平视前方，身体放松坐正，保持平衡。

师：说得非常好，联系自己的生活实际，加上动作描写就具体些了。再想象一下，我摔倒之前自行车是什么样子的？

生：东倒西歪。

生：东摇西晃。

生：自行车一会向左，一会向右，就是不走直线，像一个喝醉了酒的人。

师：突然，啪的一声，我就重重地摔在了地上。可以加上一个拟声词。摔到哪了？感觉怎么样？

生：摔到屁股了。疼死了，我不想学了。

生：这时候可以写一写爸爸的教导和你的进步。

【评】

这个环节指导非常有效。学生写学骑自行车，选材正确，起因、经过、结果也是完整的，问题出在经过部分不够具体。怎样把经过部分写具体，这是这次习作的难点。教师以这篇习作为例，提示学生“你当时是怎么学的？我们可以增加哪些内容呢？”让学生联系自己学骑自行车的经历讨论怎样把经过部分写具体，讨论中学生加上了骑自行车的动作，骑车时东倒西歪的样子，摔倒后叫喊的语言等，这样结合实际的讨论比起抽象地强调要描写人物的语言、动作、心理效果不知好多少倍。

小学生认知特点是感性的、具体的，没有具体事例作背景，笼统地指导学生要运用人物描写方法，其实作用不大。学生需要的就是结合具体事例的讨论，学骑自行车时哪些地方可以添加人物语言描写，哪些地方可以添加动作描写，这样的指导才真正有效。如果这里再出示另一位学生的习作，比如前面写学跳舞的学生的习作，再次讨论如何把学跳舞的经过部分写具体，那么效果一定会更好。

五、修改习作，展示交流

师：大家根据刚才的讨论体会，修改自己的习作，要把经过部分写具体。

（学生修改习作，教师巡视，个别辅导）

师：首先我们来看一看刚才交流的这位同学的习作，修改之后有没有进步呢？只要有一点进步，我们就把热烈的掌声送给他，好吗？

生：我六岁的时候，看见邻居家的大哥哥和大姐姐在小区的广场上自由自在地骑自行车。我羡慕极了，心里直痒痒，我也想学骑自行车。

第二天，我从地下室推出自行车。我原以为学骑自行车很简单，但是和我想象的完全不一样。我刚刚骑上去，自行车就一会儿向左，一会儿向右，就是不走直线，一点儿也不听指挥，像一个喝醉了酒的人似的。突然，啪的一声，我就重重地摔在了地上，摔了个四脚朝天。我一边摸着摔疼的屁股一边抱怨道："哎哟，疼死了，疼死了！我不想学了。"爸爸听见声音走过来，扶起地上的自行车，摸着我的头亲切地对我说："孩子，做什么事遇到困难都不能放弃，要认真做，不要害怕困难。爸爸相信你一定能学会的。来，我教你。"

听了爸爸的话，我擦干了眼泪，重新鼓起了勇气，决心认认真真地从头学起。首先爸爸教我骑自行车的基本动作：双手握住车把，脚踩车蹬，眼睛平视前方，身体放松坐正，保持平衡。可是由于我太紧张了，双手紧紧地握住车把，一会儿手心里全是汗。接着爸爸扶着后面的座位跟着我，我骑了一圈又一圈，越骑越熟练。后来不知什么时候爸爸松开了手，我竟然也没有摔倒，真是太好了。经过一段时间的练习，我终于学会了骑自行车，我高兴得一蹦三尺高。

我会骑自行车啦！我不仅学会了一项本领，而且还懂得了一些道理：不管做什么事都不能半途而废，要不怕困难，坚持到底就是胜利。只要功夫深，铁杵磨成针。

（生掌声）

师：修改之后的习作果然具体了许多，写经过部分时学会了怎样展开。你的进步可真大！还有哪位同学愿意和我们一起来分享一下你的成长故事？

（生朗读习作《成长故事》。通过实物展台，学生一边朗读习作，教师一边现场批改）

师：这位同学通过多种描写方法写得既清楚又具体，掌声送给他。还有谁愿意读？

（生朗读习作《学轮滑》。通过实物展台，学生一边朗读习作，教师一边现场批改）

生：我发现了一个错别字，“幸好”的“幸”写错了。

师：你可真是听得认真，看得仔细。咱们班的同学既会写作又会倾听。

【评】

第一篇习作218个字，第二篇习作568个字，翻了一倍还多。修改后的作文的经过部分写得非常具体，同学和老师讨论中提出的一些建议，这位学生几乎照单全收了。如果将第二板块结合例文进行的作前指导与第四板块学生习作后的作中指导相比较，就会发现作中指导的效果非常之明显，其作用远远超过了教师的作前指导。

六、课堂总结

师：这节课我们学习了怎样把一件事说清楚，写具体。课下请同学们继续完善、修改自己的习作。让我们在一个个美丽的成长故事中体验成长的快乐，留下成长的足迹。

【总评】

这堂作文指导课整体上得很不错，反映出一位青年教师对作文教学比较深刻的认识。下面我结合这堂课，对如何上好习作指导课发表几点个人的想法。

作文课一定要让孩子多动笔写作，要安排充分的动笔写作时间。当下很多作文指导课，还是以教师讲为主，以讨论习作内容和写作方法为主，真正用于学生动笔写的时间非常有限。我曾经听到这样一堂作文指导课，整堂课学生没有动过一次笔，这很不正常。

这堂作文课学生动笔的时间一共是18分钟。学生第一次写用了12分钟，一般教师在这个环节大多安排10分钟，这节课安排12分钟，那么写完的学生就会多一些。第二次动笔是修改习作，大概是6分钟。前后两次加起来是18分钟。去年我在浙江义乌参加全国性的作文教学研讨活动，十位教师现场上课。我统计了一下学生动笔写的时间，有两节课为17分钟，4节课在10—15分钟之间，还有四节课在10分钟以下。10节课平均动笔时间是12分钟。前几年我还在桂林参加一次研讨活动，这次活动4位教师上作文课，平均动笔时间是11分钟。最多的一位教师用时20分钟，也是两次动笔；最少的一位教师是6分钟。平均动笔时间也就10来分钟。今天董老师用了18分钟，这个时间超过了绝大部分作文课的学生动笔时间，应该肯定。中国的语文课四分之三时间用于阅读教学，作文教学时间不到四分之一，用于学生作文的时间已经很少了，作文课再不让学生有充分的动笔实践，孩子的书面表达能力怎么提高？这种现象必须引起我们的重视。所以作文课上一定要留出充分的时间让学生去动笔。作文课不动笔，就不是合格的作文课。到底多长时间这不一定要硬性规定，但是一定要保证学生有时间去动笔写，这应当成为评价一堂作文课是否合格的硬指标。

作文指导课除了要学生动笔写作，还有一项工作就是动笔以后师生进行点评交流，以及点评后学生修改。董老师这节作文课第二个值得肯定的亮点是，在学生动笔写作以后安排了一个点评交流的环节，并且在交流后再让学生动笔修改。这两个环节很重要，因为动笔以后的点评针对的是学生习作中存在的真实问题，而且学生有了动笔实践的体验，这时候对教师的点评指导更容易接受。比如那位写《学骑自行车》的学生，一开始口头交流的这件事，和第一次动笔写出的这件事，其实没有什么区别。虽然期间教师通过例文对如何写具体的方法进行了指导，可是这位学生并没有将经过部分写得具体些，仍然停留在原有写作水平。可见教师的这次作前指导效果不好。学生经过自己写作实践，再来听师生的点评讨论，然后修改自己的写作，第二次交流的习作进步非常明显。

通过这个案例可以发现，教师作后进行的指导效果远远超过作前指导。也就是说，学生没有经过动笔实践，没有亲身体验，教师即使认真指导，其效果也十分有限。学生真实的学习行为可能更多地发生在第二次动笔修改的时候。因此我是提倡作文课先让学生自己去实践，然后大家一起来交流，一起来点评，再让学生去修改。这次修改对孩子来说，他的进步是实实在在的。老师指导的最佳时机是在学生第一次动笔以后，是作中指导。

现在我们老师上作文课特别是公开课，前面一般都会安排一个习作方法指导的环节。好像习作课不指导方法，教师的指导作用就没有充分体现。习作方法指导这个环节到底安排在什么课上进行更加合理？我认为习作方法指导更适合安排在阅读课里。阅读课干什么呢？阅读课当然要教学生写作方法，阅读课上教了写作方法以后最好再让学生去实践，去写一写。这样到了作文课上才可能迁移运用。习作指导课的起点在哪里？就是以阅读课学过的写作方法为起点，可以稍稍复习一下，之后就引导学生结合这次习作内容自己去迁移运用。如果作文课里再去传授新的写作方法或写作知识，这其实是放错了位置。学习写作方法应该是阅读课的工作，习作课上是运用写作方法，是学过知识的运用，是已有知识的迁移。

当然现在很多作文公开课，教师是借班上课，不知道前面的阅读课带班老师是怎么教的，因此就只能将写作方法作为新知识放在作文课里指导。其实这个环节严格说应该是搬到阅读课里。阅读课不仅要教方法，而且要让孩子能够有运用实践、有动笔练习的机会。这样作文指导课就可以去检查学生在写作中是否能正确运用写作方法，运用了以后再来检验学生对写作方法是否真正理解。老师和学生一起参与点评，点评以后进行修改，补充一些内容，提高学生的写作水平。作文课的时间主要应该用于学生表达实践、点评交流和修改习作，这样阅读课和作文课的分工就比较清楚了。

今天我们的董老师安排了2次动笔，我觉得这只是做到了保底，如果有时间能够安排3次动笔更好。第二次修改以后还可以交流到底怎么改得更好。

学生每一次修改都是实实在在的进步，他对作文方法的认识是不断地深入的。

这堂课董老师在修改时抓住了一个要害问题组织讨论，就是“学习骑自行车还可以增加哪些内容”。这个讨论是抓到点子上了。学生写文章，写的事情很简单，一件事情展不开，问题就出在不会展开。一般孩子都能把起因、经过、结果写清楚，但是孩子往往不知道经过部分怎么展开。所以老师指导重点应该放在经过部分怎么展开，许多教师只是进行抽象的、概念化的指导：要把动作、语言、神态描写具体。但是到底写哪些动作、语言、神态呢？其实描写人物的动作语言心理必须依托具体的事情，有特定的情节内容，先有情节内容，然后才能依托情节展开描写。董老师结合骑自行车这个具体事例，引导学生讨论如何把经过部分描写具体，这样指导就非常有效。但是这个环节怎么处理效果更好？我提几点建议。骑车的情节怎样展开，先让同学分小组讨论。这样的讨论是一场头脑风暴，学生相互补充，相互碰撞，这样就会找出很多的展开方法。这个小组提出哪些地方可以增加情节，另外一个小组提出不同的地方可以增加情节，哪个小组的想法更合理，哪个小组的想法更有创意，每个小组展开的情节都是不一样的，这样就产生了思维碰撞，这样有助于学生了解怎么展开一件事情，怎样丰富文章的内容，还可以促进孩子认知能力的提高。三个臭皮匠，顶个诸葛亮，大家一起来凑，集思广益，经过这样的学习，孩子的习作进步就会特别大。学骑自行车和学舞蹈这两件事情的展开方法是不一样的。不同的事情有不同的展开方法。老师指导的案例越多，学生的认识越完整越深入。所以如果有时间的话，组织学生进行 2 次或 3 次像这样的讨论都是很有价值的。

最后还想谈一个想法，就是我们的作文课应该重视学生表达的基本功训练。在作文课中，无论写哪篇文章，无论在哪一个年级，都要抓作文基本功训练：正确遣词造句，不写错别字，标点符号正确，行款格式规范，这些都是小学生必须掌握的基本功，老师一定要抓实抓牢。作文课里对表达基本功的要求尤其要严格把握。贾志敏老师非常重视学生作文后当场评价修改，发现学生习作中有写错的字、用错的词、不通顺的句子即时指出，并引导学生及时改正。

这几年我听贾老师的课，发现修改的正确率逐渐降低。我统计过，贾老师在高峰时修改正确率可以达到90%以上，但还是有10%是可以商榷的。现在的正确率可能80%都不到了。可见课堂上即时评改学生作文不那么容易，这对老师自身的语文素养和语感要求很高。这种情况怎么办？我觉得最好的方式不是回避问题，而是直面问题，积极寻找化解问题的方法。化解办法其实也很简单，就是可以充分发动学生集体评改。我们教的虽然是小学生，但是一个班级几十个学生应该是人才济济，长大以后某些人可能成为作家、记者甚至语言大师——这些孩子的语感素养不一定会比教师差，因此即时评改可以放手引导学生评改。习作课上老师应该做一项工作：文章写完以后一定要求同学们再读一读，哪些词应该修改，哪些句子怎么改可以更通顺。个人修改后再集体评改，这时那些语感好的学生一定会提出修改意见，教师当好裁判就行。这种当场修改对学生是最有效的。不仅能够促进他们把词用准确，把句子写通顺，更重要的是培养学生的一种习惯。作文写好以后要严格地修改，要杜绝错别字，要用词准确，要文从字顺。这对小学生的书面表达来说是最基本的要求。如果基本功不扎实，将会影响学生一生。所以我们小学语文老师在这方面一定要舍得花时间，让学生进行严格的基本功训练。小学是抓基础的，文从字顺就是小学作文指导最需要抓的基础工程。当下作文指导中往往忽视抓学生的基本功，这一问题在全国各地语文教学中都很普遍。我每次发现这个情况，都会积极呼吁：习作课一定要抓紧、抓好学生的基本功。

“老虎来了”（第一课时）

执教者：江苏省江阴市教师发展中心　费洁

【教学目标】

1. 以照片为引子，激发学生的习作动机，让学生懂得生活中处处是习作材料，改变对作文的畏难心理。

2. 引导学生认真观察，关注神态和动作，感受故事的推进过程，然后将故事的经过说清楚。

3. 引导学生发挥想象，通过添加语言，再现故事情景；通过加入照片中看不到的动作和神态，丰富故事内容。

【教学实录】

师：我们第一次见面，先来做一个热身运动。谁来填一填？

出示：

如（虎）添翼　　猛（虎）下山

（虎）口逃生　　（虎）视眈眈

谈（虎）色变　　狐假（虎）威

藏龙卧（虎）　　（虎）啸龙吟

生龙活（虎）　　（虎）背熊腰

师：都是填“虎”，由此看来，这老虎在人们心目当中，那可是——

生：凶猛无比、威风凛凛。

师：（出示图片）老虎有百兽之王之称。你们看，它有尖利的牙齿，锋利的爪子，还有像钢鞭一样的尾巴，肌肉很发达，怪不得人们会谈虎色变，怪不得人们说老虎屁股——

生：摸不得。

【评】

习作前让学生填有关老虎的词语，既可以检查学生平时词语积累的情况，又为本次习作做好词语准备。在词语填空后如果能再让学生交流平时积累的有关老虎或熊的词语，效果会更好。

师：而熊呢，人们会这样形容，当一个人衣服穿得多，我们就说穿得像熊似的；而调皮捣蛋、惹人头疼的孩子就叫——

生：熊孩子。

师：是熊孩子的，请点点头。不是熊孩子的，请摇摇头。（众笑）如果熊和老虎相遇，会发生什么事情呢？这就是我们今天的课要讲的内容。

师：（出示图片）有一天，熊妈妈驮着它的两个宝宝出来找水喝，被老虎盯上了。猜一猜，会是什么结局？

生：其中一个熊宝宝被老虎叼走了。因为老虎太凶猛。

师：很有可能。

生：熊妈妈为了保护它的宝宝，牺牲了自己，让宝宝逃走。

师：你将来一定是个好母亲，真是善良的孩子。

师：真实的结局想不想看？当时的新闻报道是这样写的——7 月 14 日，摄影师阿迪塔·星恩在印度拉贾斯坦邦伦滕波尔保护区拍摄到了一组令人震惊的照片。当时，一头母熊正驮着两只幼崽找水喝，老虎匍匐着悄悄向它们逼近，熊妈妈发现后飞身一跃扑向老虎，一场三分钟的战斗开始了……事实证明母爱的力量不可阻挡，这只约 300 公斤的老虎最终夹着尾巴落荒而逃。

师：谁来读读新闻的标题？

生：英勇母熊击退猛虎保护幼崽，母爱感动世界。

师：那么，摄影师拍到了哪些照片呢？我们来看。

（屏幕逐一显示照片）

师：一共三张照片。第一张，母熊发现老虎，这是起因。最后一张是结果，你能否也概括一下？

生：老虎落荒而逃。

师：对，也可以说母熊击退老虎。中间这张就是经过。你们看，母熊四蹄腾空，张大嘴巴，飞扑过去，准备为了宝宝决一死战。而老虎呢，脑袋昂起，前腿撑着，后腿稍稍弯曲，随时都准备——

生：扑上去。

师：所以，一个是背水一战，一个是绝不示弱。事情的经过我们可以概括为——

生：激烈的战斗。

师：很好，就叫“激战”。这三张照片，按照事情发展的顺序，告诉了我们母熊发现老虎，和老虎激战，最后击退老虎的经过。同学们，照片是静止的，是不动的。所以，它们的动作和神态也是定格不动的。照片也不能把它们说什么、想什么放出来给我们听。但聪明的孩子能通过它们定格的动作、神态，想象出它们说了什么，或者想了什么。

【评】

照片内容选择得非常好：一是这两种动物学生非常熟悉，很容易激发学生的习作兴趣；二是照片中的情境冲突明显，可写的内容非常丰富，降低了学生在写作内容方面的难度，有利于将习作重点集中在表达方法的指导上。

师：老师先来试试。第一张，熊妈妈和小熊发现前方有老虎后会说些什么或想些什么呢？仔细看，认真想，再仔细看，认真想，哎哟，它们会说话啦！（熊宝宝说：“天！前面有老虎！妈妈，我们快逃！”熊妈妈说：“来不及了。宝贝，藏在妈妈身后。有妈在，别怕！”右边这只熊宝宝说：“要……要把……我们吃……吃掉了！”）

师：这里，熊妈妈和宝宝，老师让谁先说话的？

生：熊宝宝。

师：右边这只小熊说得很轻很轻，仿佛是自言自语，也可以叫做心理活动。我也可以让熊妈妈先说话。（熊妈妈说：“宝贝们，小心！前面有老虎！快躲在我身后！”左边的熊宝宝说：“妈妈，我们可以躲起来，那你呢？”右边这只熊宝宝说：“我……好害怕！老虎很凶的，我们恐怕不是它的对手呀！”）

师：由此看来，谁先说都不要紧，只要符合照片的意思就行。但是，老师凭什么把右边这只熊宝宝说的话或想的话写得结结巴巴的呢？看看图，猜猜老师的依据。

生：这只熊宝宝胆小。

师：你怎么看出胆小的？

生：它的身子缩成一团，很害怕。

师：给他掌声！这就叫仔细观察。你看，它缩着脖子，趴在妈妈的背上，快要掉下去了，所以话都说不连贯了。因此，老师刚才配在旁边的语言或心理都是根据它们的动作、神态——

生：想象出来的。

师：下面两张照片（出示图片，配以紧张的音乐），讲的是“激战”和“击退”。请关注它们的动作、神态，发挥想象，像老师一样，在圈圈里面写下它们的语言或心理。

（生写 6 分钟）

【评】

以一张照片为例指导写作，指导得非常具体：一是要仔细观察，二是要符合照片的意思，三是要展开想象。要言不烦，很明确，又很有效。然后引导学生根据要求自己练习观察并描写下面的两张照片，既体现了教师的指导作用，又给了学生写作实践的机会。

师：倾听是一种非常好的学习。咱们来分享一下。你写得挺快的，敢交流吗？

生：（老虎）“喂，别挡道，我要吃东西了！”（母熊）“不许你伤害我的宝贝们，要吃它们，先过我这关！”

师：“激战”的语言还可以，“要吃它们，先过我这一关！”这里有拼死一搏的气势。“击退”这部分，你接着说。

生：（老虎）“唉，这只母熊也忒厉害了！”（母熊）“死老虎，叫你吃，以后见一次，打一次！哼！”

师：写出了老虎落荒而逃的无奈，不错。谁来向他挑战？

生：我先说“激战”部分，“你这母熊可真是不自量力！给我走开！”“为了我的两个孩子，我就是死也要和你拼到底！接我一掌！”。“击退”部分，“算你跑得快，你这只死老虎，下一次不要让我看到你，不然我就对你不客气了！”“这头母熊太厉害了，还是快跑吧！”

生：“激战”部分，“老虎，有我在，就是拼了命也不会让你伤害我的宝宝的！”“哦！是吗？我看你有没有这个本事。”“击退”部分，“哼，没想到你也挺厉害的嘛！这次就先放过你。”“知道我的厉害了吧，只要有我在，你就休想伤它们一分一毫。”

师：刚才我们观察了动作和神态，顺利地想象了它们的语言或心理，玩得有趣吧？这么好玩的事情，怎么少得了费老师呢，课前我也玩了一玩，想看看老师写的吗？（屏幕显示。老师绘声绘色地说）

老虎：留下小的，你就能回老巢！不然，哼哼，不要自不量力！

熊妈妈：留下我可以！想动我的孩子，哼，门都没有！

老虎：哈！哈！我会怕你？真是天大的笑话！

熊妈妈：那走，我们找个地方，单挑！赢过我，再回来动我孩子也不迟。

老虎：啊呀，这老狗熊眼睛都红了，这架势，是要和我殊死搏斗？有孩子的老狗熊惹不起，好汉不吃眼前亏，撤吧。

熊妈妈：哦，总算走了。谢天谢地！宝宝没有吓到就好！

【评】

学生根据照片内容分别描写了老虎和母熊的语言，都符合照片的内容，说明学生对语言描写并不陌生。但学生描写动物语言是一个回合，老虎说一句，母熊说一句，这就反映出学生语言描写的真实水平，可以视作此次习作指导的起点。

师：细心的孩子已经发现了，在激战过程中，老师让老虎和熊不止说了一次话。母熊和老虎一来一去各说一次，就叫一个回合，再各说一次，就叫——

生：两个回合。

师：请问，老师为什么在“激战”过程中写两个回合？谁来猜一猜？

生：因为老虎和熊它们两个实力相当，怎么打也打不退，所以要写两个回合。

【评】

教师在学生一个回合对话描写的基础上不失时机地出示了两个回合对话描写的样例，让学生认识到描写对话可以不止一个回合，出乎意料，又合乎情理，一下子打开了学生的习作思路。这是本次习作指导的亮点。很多教师指导语言描写，多局限在提示语位置的摆放，语言要符合人物身份和性格，反映人物的情感等内容。费洁老师能另辟蹊径，提出多回合对话语言描写，很有创意，符合中年级学生习作学习的最近发展区。

师：对呀！老虎不会善罢甘休，不是那么好对付的，母熊也会拼死一搏。我们四年级的孩子写好一个回合就已经很棒了。同学们，在激战过程中，母熊和老虎的动作、神态一直都在变化。但是，照片不可能——

生：动起来。

师：是的，这些变化，靠一张照片没法反映出来。但我们能想象，想象照片中没有的动作和神态，像动画片一样在脑子里放出来，并通过文字再现当时的情景。想不想玩一玩？老师怎么玩的呢？看老师怎样把想象到的动作和神态加上去，和刚才的语言合并成一段完整的文字。我们合作，我读神态和动作，你们读语言和心理。

（屏显图文，师生合作朗读）

老虎见母熊丝毫没有让开的意思，就把尾巴用力一扫，张大嘴巴往前扑了扑。

它瞟了一眼母熊，还把屁股撅了撅，轻蔑地说：“留下小的，你就能回老巢！不然，哼哼，不要自不量力！”

母熊毫不示弱：“留下我可以！想动我的孩子，哼，门都没有！”

它瞪圆眼睛，大吼一声，举起熊掌在老虎面前挥了挥。老虎愣了一下。于是母熊索性站了起来，眼睛死死地盯着老虎。啪的一声，母熊把旁边的树给拍断了。

师：哪些动作或神态是照片中没有的？

生：母熊把树拍断了。

生：老虎撅一撅屁股，尾巴用力一扫，照片中也没有。

生：举起熊掌在老虎面前挥了挥，这个照片中也没有。

生：老虎愣了一下，也没有。

师：这些都是想象出来的。这样写就像动画片一样，好激烈哦！你们会不会想象？会不会在脑子里放动画片？

生：会！

师：请选择“激战”或“击退”，发挥想象，在横线处写上它们动作、神态的变化，和刚才已经写好的语言、心理合并成一段完整的话。刚才你们已经写好的语言可以像老师一样用省略号代替。

【评】

这一环节的指导提出了描写动作和描写神态两个新的要求，加上前一个环节的语言描写，学生习作时面临的是如何将语言、动作、神态描写具体三个难点。这对部分优秀学生而言也很具有挑战，对一般学生来说难度有些高。

（学生认真写 7 分钟）

师：又到了分享的时刻了。老师请了四个同学，写“激战”的两位先来交流。

（生交流）

母熊张大嘴巴向前扑去，老虎先是一愣，接着，迅速地反应了过来，用尾巴扫了扫地，轻蔑地说：“就你？我这个森林之王可不是浪得虚名的！真是不自量力！”母熊也不甘示弱，吼道：“想要吃我的孩子，可以，但先打败我再说！”老虎发怒了，张着血盆大口向前一扑，母熊敏捷地闪了过去，举起熊掌挥了挥，顿时，旁边的树倒了下去。老虎一惊，竟愣住了。

老虎大吼一声，尾巴像根鞭子一样抽来抽去，眼睛死死地盯着母熊叫道：“我太饿了！快把你的小熊给我，我就可以饶你，你可不是我的对手！”母熊毫不示弱，举起熊掌拍打老虎，还不停地发出恐吓的叫声。最后后腿蹬地，站了起来，吼道：“你想都别想！我不可能把小宝宝给你的，哪怕你吃了我！快走开！”母熊的前肢在地上不停地拍打着，扬起了阵阵尘土。

师：交流“击退”的，请。

（生交流）

三分钟的战斗结束了，老虎把尾巴一夹，头一抬，说了声“我一定还会回来的！”就跑了。母熊在后面追了一段，边追边大声吼叫。老虎跑远了，母熊说：“看你还怎么伤害我的宝贝们！哼，以后见一次打一次！”说完，它拍了拍爪子，踢了踢腿，斜着眼睛看了看越走越远的老虎，就走了。

【评】

从几个学生的习作看，动作和神态描写具体了，但是语言描写还是一个回合，还不够具体。

师：真好！刚才我们只是写了一段，要是写整篇文章那就更好玩了，真的就是动画片了。我们来听一听，这位四年级的小朋友是如何发挥想象写好整篇文章的。（播放录音）

师：你们敢不敢向他挑战？

生：敢！

师：第二节课我们就来写。你们看，照片也能写成作文。诀窍在哪里呢？

生：想象。想象它们的动作、神态、语言和心理。

师：对，我们可以先按照起因、经过、结果的顺序把内容梳理清楚，根据动作和神态发挥想象，再现它们的语言和心理，还可以通过想象添加照片中没有的动作、神态的变化。下节课，我们来比一比谁是编故事的高手。

【总评】

一、利用照片指导学生习作是一种非常有效的习作指导方式。小学生习作首先遇到的难点是“写什么”，因此教师指导很容易将重点放在习作内容的指导上。有些教师花费半节课甚至更多的时间让学生讨论“写什么”，这样就很难有时间再顾及“怎么写”的指导。小学阶段习作训练的重点毫无疑问应该是训练学生的书面表达能力，因为“怎么写”才是小学生习作的难点和习作教学的主要目标。这堂课教师精心挑选了三幅照片，内容丰富，学生一看就懂，这样就可以用最少的时间化解“写什么”的难点，留出更充分的时间指导学生“怎么写”。我国语文课原本就存在读写不均衡的结构性矛盾，学生书面表达练习时间偏少，严重影响了学生书面表达能力的发展。如果习作课上再花费大量时间解决学生习作内容的困难，势必挤占学生书面表达练习时间，这是不可取的。费洁老师的这堂课用照片直接提供习作内容，这样就可以将时间放在“怎么写”的指导上，并且留出充分时间让学生练习写作，这样的设计思路是很值得提倡的。

二、这堂课学生有两次动笔写作的机会。第一次是以第一幅照片为例进行指导，教师提出了描写语言、神态和心理活动等写作要求，然后让学生动笔写作第二、第三幅照片。第二次是在学生动笔习作以后，针对学生习作中存在的不足之处，展开指导，然后再让学生用7分钟时间修改自己的习作。从第二次交流的习作情况分析，学生习作的进步十分明显。第一次动笔反映的是学生原有的习作水平，经过教师第二次有针对性的指导，写出来的文章反映的是学生通过这堂课学习以后的进步，这是这堂习作指导课的教学效果。两次动笔练习，学生第二次的习作水平明显超过第一次，这是为什么？一是因为学生有过第一次动笔实践练习，对教师第二次指导所提出的要求有了更切实的理解，因而更加深刻；二是因为教师的指导更有针对性，切中学生习作时存在的问题，学生有了动笔实践的亲身体验，有了经验，也遭遇了困惑，因此更容易接受教师的指点；三是学生有第二次动笔实践的机会，能结合教师作后指导提出的问题及时修改自己的习作，因而实现两次指导效果的最大化。可见，有效的习作指导必须和学生的动笔实践密切结合，学生的认识不是一次达成的，习作教学中的作后指导效果往往超过作前指导。费老师这堂课设计的两次习作符合学生的认识规律，值得学习并提倡。

三、对小学生进行习作指导的方法要具体，要有创新，要有新的增长点。这堂课教师指导最成功的是描写母熊和老虎的语言，这是这堂课最大的亮点。学生根据照片内容都能描写老虎和母熊的对话，说明对语言描写并不陌生。但学生描写动物语言都是一个回合，老虎说一句，母熊说一句，这是学生对语言描写的已有认识；教师在此基础上提出语言描写可以有两个回合、三个回合甚至更多，这就是学生学习语言描写的最近发展区。学生三年级就开始尝试描写人物语言对话，四年级如何在三年级基础上进一步加以提高，费老师多回合人物对话描写的指导给听课教师很大的启发，受到现场听课教师一致好评。

四、这堂课第二次动笔要求学生选择“激战”或“击退”，“发挥想象，在横线处写上它们动作、神态的变化，和刚才已经写好的语言、心理合并成一段完整的话”。学生第二次动笔时面临的是如何将语言、动作、神态描写具体三个难点，对学生来说难度太高。从学生最后交流的习作看，虽然动作、神态描写比较具体，但是语言描写还是一个回合。因此我的建议是：1. 放缓坡度，降低难度。本次习作就将语言对话描写作为重点，围绕这一点进行深入指导；2. 围绕重点，点评交流。交流点评就围绕多回合对话描写进行，点评哪个同学多次对话描写更加合理，哪个同学对话描写得更有创意，这样效果一定会更好。我认为一次习作与其泛泛地指导语言、动作、神态、心理活动描写，不如突出一个重点，反复重锤敲打，将这个重点落到实处。“伤其十指，不如断其一指”，习作指导必须合理取舍，什么都想要，结果什么都得不到。这就是学生的认识规律，也是习作指导的基本策略。

我家还缺啥

执教者：湖北清流教育课程研发中心　董尚元

【教学目标】

1. 创设情境，激发学生自由表达的欲望。

2. 引导学生通过“我家还缺啥”这一话题充分关注生活，帮助学生丰富写作素材。

3. 引导学生用具体的事例充分表达自己的观点，鼓励学生说真话、写真事、抒真情。

【教学过程】

一、明晰话题，激活思维

师：同学们，我所在的学校有一座校园电视台，每年六一儿童节的时候都会邀请一些同学去录制一期访谈节目。今年六一儿童节，电视台就向我们发出了这样的邀请，我们一起看看。

播放多媒体课件，视频中主持人邀请函如下：

关注孩子，关注成长。大家好！我是武汉大学电视台节目主持人张培琳，欢迎大家收看由我主持的校园电视节目。在每个拥有孩子的家庭里，无论贫穷还是富有，爸爸妈妈们都尽力让我们拥有一个幸福快乐的童年，千方百计地满足我们的各种需求。

随着人们生活水平的不断提高，我们的家也许越来越气派，越来越舒适，你也许拥有各式各样的玩具、高档先进的电器、温馨漂亮的房间、豪华舒适的汽车、陪伴自己的宠物等。可是，我们的家是否就应有尽有了呢？你有没有想过我们家里还缺些什么呢？在六一儿童节即将到来之际，欢迎大家参与到我们的“说说心里话”栏目中来，说出你的心里话，和主持人姐姐说说“我家还缺啥”。

师：同学们，我们的家，我们都非常熟悉，对不对？那现在我们的家里还缺些什么？大家有没有想过这个问题？

（老师板书：我家还缺啥）

【评】

导入设计非常巧妙，学生对电视访谈节目很熟悉，但平时都是以观众的身份收看电视，而在这一情境中学生是以被采访者的身份参与其间，有参与感，也很真实，容易激发学生的表达热情。

二、引发思考，唤醒生活

师：现在，咱们家里要什么有什么，啥都不缺了吧？

（生思考片刻，有人摇头）

师：谁来说说看，我们家里还缺些什么？

生：我家缺一次全家旅行。

师：缺旅行，有意思。

生：我们家缺钱。（生笑）

师：缺钱。表扬你，敢说真话。

生：我家还缺一台电脑。

生：我们家缺少伙伴。

生：我家还缺爸爸的陪伴。

师：你的答案与众不同，是一种精神上的需求。

生：我家缺欢乐。

师：缺欢乐。看来，我们用心想想，每个人的家庭都或多或少缺些什么。刚才大家说到的不仅有物质上的，更难得的是还有精神上、情感上的需求。来，拿起笔，把你认为家里缺少的、你最想要的，工工整整地写在稿纸的第一行。

（学生书写，教师巡视，提醒学生没有想好不要慌着动笔，继续想）

师：我又发现了几个同学的答案与众不同。来，请你说说。

生：我家还缺植物。

生：我家缺朋友。

生：我家还缺父爱。

生：我家还缺一个陪伴我的伙伴。

生：我家还缺爱我的奶奶。

师：为什么缺奶奶呢?

生：爸爸小的时候奶奶就去世了……

师：孩子们，来，我们掌声安慰下她（学生鼓掌）。当我们许许多多同学都有奶奶疼爱的时候，你觉得自己——

生：（哽咽着）我觉得自己很孤独。

师：我很能理解你的这份孤独。如果你能把自己的感受告诉父母，告诉伙伴，我相信他们一定会更加关心你、更加疼爱你。

【评】

每个家庭的成员组合和当前境况都不相同，因此每个家庭发生的故事肯定是多样化的。教师设计了两次选材交流：先是口头交流，“我们家里还缺些什么”“缺全家旅行”“缺钱”“缺电脑”“缺少伙伴”“缺爸爸的陪伴”“缺欢乐”……每个家庭缺的东西都是不一样的，教师及时进行梳理，“刚才大家说到的不仅有物质上的，更难得的是还有精神上、情感上的需求”，这样就拓宽了学生的选材思路；然后再要求每个学生动笔写下来，写完后再进行一次交流。两次选材交流，学生经历了两次头脑风暴，基本上解决了学生写作主题的选择，所花时间不多，但效果很好。

师：刚才同学们都把自己的思考写了下来，我看了下，大家的答案各不相同，各有各的理由，各有各的故事。同学们想想看，如果我们到电视台去做嘉宾，主持人会怎样采访我们？又会提哪些问题呢？

生：主持人会问你家缺什么，然后还会问为什么缺少它。

师：这个问题一定会问到——缺少它的理由。（板书：理由）还会问什么？

生：还会问怎么样得到它。

师：有没有什么办法可以得到，可以弥补。这个问题提得好，你很有当主持人的潜质。

生：还会问缺少它心里会怎样想。

师：对啊，缺少它会怎么想，有什么样的感受呢？这个问题很有可能问到。（板书：感受）

三、范文引路，习得方法

师：刚才我们提出了好几个有价值的问题。同学们，我想请大家深情地注视我们刚才写在文稿纸上的那个词，我们的家里真的缺少它吗？是什么触动了你，让你觉得家里缺少它呢？来，咱们同桌交流交流，说的同学一定要注意说真话，听的同学要好好想想他有没有将理由说清楚。

（同桌互说，交流“我家还缺啥”以及缺少的理由）

【评】

明确了家里缺什么，只是解决了学生选材的角度、意向。本次习作学生最大的难点是如何将自己家里缺什么表达清楚，这应该是指导的重点。教师及时抓住了这一重点，开展了第二层次的指导。这就瞄准了学生难点，抓住了关键。

师：好了，同学们，稍微停一下。给我们推荐下，刚才谁的理由说得比较清楚。（生推荐一个学生）

师：来，请你说说你家里缺少什么？

生：我家缺少欢乐。

师：咦，我们现在应该是最幸福的时候，怎么会缺少欢乐呢？

生：因为我看到别的同学的爸爸妈妈经常陪他们，有的还有兄弟姐妹，而我们家就我一个小孩，我的爸爸妈妈每天都很忙，很少陪我，所以我觉得家里缺少欢乐。

师：听清楚了没有？（生点头示意听清楚了）你们觉得她家里缺少欢乐吗？

生：缺少。

师：那她是怎样说清楚的呢？

生：她是通过对比，先说别人家，然后说自己家。

师：你听得真仔细，听出她是通过对比，说出了自己家里的一种情形。（板书：一种情形）别的同学家有人陪，自己家没人陪，孤孤单单的。那这样说是不是就说得很清楚了呢？

（生思考，有人点头，有人摇头）

师：有没有觉得还差点什么？怎么样才能说得更清楚呢？

生：我觉得她还没有说得很清楚，还可以说一下自己一个人在家，家里空荡荡时的那种心情。

师：哦，还可以说说自己的感受。是不是？

（生点头）

师：说理由的时候，除了说一种情形外，还可以怎样说得更加清楚呢？我班上有一位同学写了一篇文章，我将题目隐去了，大家看看能不能从中看出他家缺少什么，是怎么看出来的。

课件出示文章：

电视、电脑、沙发、房子、私家车……这些物质上的财产我家样样齐全，可我总感觉我们家缺点啥。

我们家有三口人，但是每个人看见对方都拉着个苦瓜脸。

有一天晚上，快十二点了，爸爸拖着疲惫的身躯回到家里，关上门，门也不锁就倒在沙发上长叹了一口气，说："啊！累死我了！"这时，妈妈从楼上走下来，阴着脸说："去哪儿啦？跟哪帮狐朋狗友出去玩啦？喝了多少酒啊？有没有酒后驾驶啊？有没有被警察抓住啊？"

妈妈的唠叨让爸爸勃然大怒："我出去陪客户吃饭有错吗？我为了这个家难道有错吗？我已经很累了，你还指责我，你能不能理解一下我！"爸爸的话仿佛是一把火，点燃了妈妈心中的那滩危险的汽油，她手指着敞开的门，像火山爆发般地大吼："你口口声声说为了这个家，但是进门连门都不锁，这样一件小事，反映出你对这个家不闻不问！你这样是为了家的表现吗？"就这样，他俩你一言我一语地争吵起来。

师：看出他家里缺少什么了吗？来，这位同学，请你说。

生：他家里缺少和谐。

生：缺少温馨。

师：缺少温馨，缺少和谐。是怎么看出来的呢？

生：我是从他爸爸妈妈交谈的语言中看出来的。

师：哦，这是一种特别的交谈，一种我们不太喜欢的交谈方式——

生：吵架。

师：他向我们描述了爸爸妈妈——

生：吵架。

师：他是通过什么让我们感受到他家缺少温馨的？

生：是通过一件事情。

师：这篇文章给我们一个启示，我们要把理由说清楚，还可以通过什么来说？

生：还可以通过事情来说。

师：对啊，还可以通过具体的事例来说理由。（走到刚才说家里缺少“欢乐”的同学身旁）那你再说说看，家里缺少欢乐，有没有哪一件事情让你印象特别深刻？（这位同学起立，但还没考虑好，不知道怎么说）

师：你们觉得怎么帮帮她，让她的理由更清楚？

生：可以说六一儿童节很想请爸爸妈妈带自己出去玩，但爸爸妈妈都没空。

师：说得好。（转向该生）想起来没有？有没有哪件事情让你印象深刻？

生：想起来了。就是有一次学校放假，一早起来，我发现爸爸妈妈都走了。他们把早餐放在桌子上。我吃完早餐后自己一个人在家里。我把作业写完后，非常孤独。我看到院子里他们（小伙伴）在踢球，很想出去玩，但是爸爸妈妈把门锁了，我出不去。所以我在家一会儿看看电视，一会儿在床上躺一下，觉得非常无聊。

师：爸爸妈妈把你锁在家里，你就像——

生：锁在笼中的小鸟。

师：渴望——

生：自由。

师：谢谢你！请坐。这样说，我们是不是听得更清楚了？（生点头）咱们在说理由的时候，除了描绘一种情形以外，还要通过具体的事例来说。（板书：一个事例）

【评】

用一个具体事例说清楚我家还缺啥的理由，这一方法看似很简单，学生似乎也理解了，可是对小学生来说，“理解”并不等于“会运用”。从课堂现场反应来看，说家里缺少“欢乐”的这位同学的学习能力在班级里肯定是属于中上乘的，但即使是这样的学生，要将这样的方法迁移运用到自己的作文中，还是有一定的困难。难能可贵的是，教师没有满足于方法的“教过”，而是继续抓住这个典型的个案，让学生再一次讨论怎样将这一方法运用到自己的作文中去，直到这位同学自己想出具体事例为止，实现了从“理解”到“会运用”的飞跃。

四、举一反三，形成能力

师：同学们，让我们再次深情地注视下我们刚才写在纸上的那个词，你的脑海中有没有回想起一件事情、一种情形或是一个画面呢？（稍停顿）

生：一次我在回家的时候，看到一位同学坐在姥姥的车上，不知因为什么跟姥姥吵了起来。我感觉我家里缺少一位关爱我的姥姥。

师：看到同学和姥姥吵架，你都有点羡慕。为什么？

生：因为我的姥姥已经去世了，所以每当看到别人的姥姥和他们在一起的时候我都有点羡慕。

师：孩子们，姥姥和我们在一起的时候我们没觉得什么，可是当姥姥走了以后，看到别人的姥姥跟他们吵架，那对于我们来说都是一种幸福。所以你现在觉得家里最缺的是——

生：（眼里含着泪花，动情地说）是姥姥。

师：多希望姥姥还在，多希望姥姥能再和自己吵吵架啊！

师：由于时间关系，咱们不能请同学们一一来说，让我们拿起笔，把心里想说的话写下来，写的时候一定要通过具体的事例将理由写清楚。

（学生写作 15 分钟，教师巡视指导）

师：同学们，由于时间关系，我们稍微停一下。有没有哪位同学愿意跟我们交流一下？愿意的请举手。（请一位学生上台，通过实物展台出示学生作品）她写的是我家还缺一位好爸爸。我们一起来看看。（请这位学生读自己的作文。相机引导学生修改错字和病句。如“今天，我看见了一幕，这一幕让我又气愤又羡慕”改为“今天，我看见了让我又气愤又羡慕的一幕”。）

师：大家觉得她的作文写得好吗？

生：好。

师：为什么觉得写得好？

（无人回答）

师：我们有没有感受到她说的是真话，抒的是真情？

生：我觉得她真的缺少一位好爸爸。

师：从字里行间，同学们能够感受到你的那份真情。那她是怎么把理由写清楚的？有没有为我们描述一种情形？大家看这儿。（红笔圈画学生的作文：爸爸以前是和我们分居的，经常在外面，很少回家。）这就向我们描述了一种情形。

师：那大家想想，她还可以怎样写，让理由更清楚？请同学们看这儿。（红笔圈画作文：爸爸来了，也不会顾着我，就算顾着，也是平淡的几句话。）

生：爸爸说了哪几句话？我觉得她可以选择写一次爸爸回来时的情形，把发生的事情写清楚。

师：可以写什么？

生：可以写爸爸说的话、做的事情等。

师：还有没有什么好的建议？

生：还可以写爸爸为什么回家。

师：是啊，到底是一件什么事情，爸爸回来后是怎么对待你，你和爸爸之间有没有交流。如果能够把这件事写清楚，理由就更充分了。明白了吗？

生：明白了。

师：她的这篇文章，还有一个很大的优点。请同学们看这里。（圈画学生作文中写感受的句子）这是写的什么？

生：是她的想法。

师：对，是她的想法，她的感受。同学们，把自己的感受写出来，文章立马就活了。文章不是无情物，我们带着真情去写，通过一件具体的事例，描述一种情形，就能让我们真切地感受到你家里真的缺少它。知道怎么修改了吗？

生：知道了。

师：好，同学们，大家可以借鉴刚才这位同学的作文来修改自己的作文，刚才没有写完的，也可以接着写。

【评】

这一环节的指导重点有些偏移，教师不经意地将学生的注意力引向“说真话，抒真情”“写出自己的感受”这两个方面，这就与本次习作的指导重点不一致了。如果教师在评讲时引导学生讨论如何用一个具体事例来说清楚“我家还缺一位好爸爸”，将注意力继续集中在“什么是具体事例”这一方法的讨论上，效果可能会更好。

（学生修改自己的作文 4 分钟，教师巡视）

师：真不忍心打断大家。咱们再请一位同学交流下自己的作文，谁愿意？（请学生上台交流）

师：孩子，你的作文写得非常好！三分文章七分读。来，老师为你配上音乐，把你的感情读出来。

（学生配乐朗读自己的作文——《我家还缺关爱》。学生读得很投入，读到动情处声音有些哽咽，眼里也噙着泪水）

师：她觉得家里缺少关爱，你们觉得她把理由写清楚了吗？

生：写清楚了。

师：是怎么写清楚的呢？有没有写一件具体的事例？

生：写了。

师：（转向刚才交流作文的孩子）文中写的这些话跟爸爸妈妈说过吗？

（学生摇头，心情还未完全平静）

师：我建议你把这篇文章给爸爸妈妈看一看，我想爸爸妈妈一定会抽出时间来陪陪你。

（学生含着泪点头）

师：她的眼睛里含着泪水。是的，有很多平时我们没有跟家长说的话，可以写下来。写作，其实可以成为我们的一种生活方式。作文，可以帮助我们化解矛盾，与人沟通，可以让我们的生活变得更加美好。其实，除了写我家还缺啥以外，我们还可以写我们班还缺啥，学校还缺啥，社区还缺啥。我们吴江还缺啥，中国还缺啥，世界还缺啥。

师：关注生活，可以让我们的作文丰富多彩，今天的课就上到这里。

【评】

其实这篇作文主要不是写给老师看的，更应该是写给家长看的。如果这里老师明确要求将这篇作文修改以后给家长去看，那就可以实现本次习作社会交际功能的最大化，也可以最大程度激发学生习作动机。其实作文就是一种社会交流，可以沟通人与人之间的情感，这是作文的本质功能。如果我们不仅将作文教学视作是一种书面表达练习，同时也视作是引导学生参与社会生活、加强人与人之间联系的一种方式，那么就能使学生作文有更加明确的目的和对象，回归习作的本来功能。

【总评】

一、这是一篇命题作文。学生写“我家还缺啥”这篇作文，需要解决两个问题，一是“写什么”，二是“怎样写”。董老师的这节课将指导重点放在“怎样写”上，用了大量的时间精心设计练习，让学生学习“怎样将我家缺什么的理由写清楚”。事实说明，学生写这篇作文，“怎么写”的问题更加突出，更需要教师细致具体的指导。

二、这节作文指导课，教师着力指导的是“怎样用一个具体事例把我家缺什么说清楚”的一种写作方法。怎样把“我家缺什么”表达清楚呢？通过学生讨论、同桌互说、学生交流等环节，可以发现学生的思路主要还是集中在笼统地说感受上。当学生思维遭遇困境时，教师适时出示一篇例文，让学生了解到“要把理由说清楚，还可以通过具体事情”这一方法，顿时学生的思路豁然开朗。这样给出的方法，对学生而言犹如雪中送炭，比一开始就直接将方法交给学生要管用得多，也有效得多。

三、习作方法指导的目的是引导学生在习作中加以运用。“理解”习作方法是一回事，能“运用”习作方法又是另一回事，两者相比后者的难度更高。

因此指导习作方法时，教师决不能满足于学生“理解”，而应该在指导学生运用上花力气，下工夫。

董老师通过例文讨论，在学生“理解”习作方法以后，继续抓住一位学生写的“缺好爸爸”这个典型的个案，让学生再一次讨论怎样将这一方法运用到自己的作文中去，直到这位同学自己想出具体事例为止，实现了从“理解”到“运用”的飞跃。然后在学生写完作文初稿后，再抓住另一个学生的“我家缺少欢乐”这一反面案例，引导学生再次学习如何将理解的方法运用到自己的习作中；最后又在修改习作展示时抓住“我家还缺关爱”这一正面例子，再次向学生示范这一方法如何正确运用。通过这样反复锤炼，让学生对这一写作方法有更加正确和深入的认识，这样的教学设计可圈可点，值得称道。其实评价一堂习作指导课的教学效率，不是看教师“教过”多少习作方法，而是看学生“学会”了多少习作方法。

四、这堂课教师围绕习作方法进行指导，安排了两次学生动笔写作的练习，时间约为20分钟：第一次围绕“我家缺什么”写“一件事情、一种情形或是一个画面”，大约15分钟；第二次是在现场习作的评价讨论之后，让学生动笔修改自己的习作，时间约5分钟。当下我国语文课程设置中习作课时比例本身就偏少，学生在阅读课上严重缺乏动笔写作的练习，如果习作课还不给学生动笔写的机会，而是将非常宝贵的时间过多用于教师的讲解指导，就会使原来就少得可怜的学生动笔写作时间变得更少。其实语文教师都知道，学生的书面表达能力只有通过自身的书面表达实践才能提高，因此习作课必须保证学生动笔写作的时间。董老师上的也是一节公开课，但是他留出50%左右的时间用于学生的动笔写作以及学生习作后的评讲和修改，这一点是值得肯定的。我们很难硬性规定习作指导课学生动笔的时间比例，但是习作课必须控制教师指导的时间，必须充分保证学生动笔写作的时间，这应该是硬道理。

古诗文教学

渔　歌　子

执教者：陕西师范大学附属小学　王林波

【教学目标】

1. 认识并理解本课的生词，能够正确、流利、有感情地朗读《渔歌子》。

2. 能够借助文字，通过想象感受江南田园风光的诗情画意。

3. 能够体会作者用词的巧妙，感受作者的情怀，同时能够发现作者表达的方法并在实践中尝试运用。

【教学过程】

一、导入新课，比较中发现词的特点

师：同学们，一说到春天，我们就会想到美丽的景色。有谁不光想到了美景，还想到了形容春天美景的成语？

生：万紫千红。

生：百花争艳。

生：柳绿花红。

生：莺飞燕舞。

生：春回大地。

师：是啊，春天的确特别美，到处生机盎然。有没有同学不仅看到春天的景象，还能想到描写春天的诗句？看到这幅图片，你想到了哪句诗？（出示图片）

生：春色满园关不住，一枝红杏出墙来。

师：春天那么美，你走得太快了，慢一些好不好？

生：应怜屐齿印苍苔，小扣柴扉久不开。春色满园关不住，一枝红杏出墙来。

师：再看这幅图片，你又想到了哪首写春天的诗？（出示图片）

生：碧玉妆成一树高，万条垂下绿丝绦。

师：再看——红的、紫的，各种各样的颜色都有了。你说——

生：等闲识得东风面，万紫千红总是春。

师：看到这幅画，你又想到什么？（出示图片）

生：两个黄鹂鸣翠柳，一行白鹭上青天。

师：同学们有没有发现，上句有“黄鹂”，下句有——

生：“白鹭”。

师：我读到“两个”的时候，你会对底下的——

生：“一行”。

师：我读到“鸣翠柳”，你会对——

生：“上青天”。

师：这幅图上蝴蝶在飞，黄莺在叫，你想到的诗句是——

生：留连戏蝶时时舞，自在娇莺恰恰啼。

师：对，就是《江畔独步寻花》。一起读。

生：黄四娘家花满蹊，千朵万朵压枝低。留连戏蝶时时舞，自在娇莺恰恰啼。

师：王老师读“戏蝶”，你对的是——

生：“娇莺”。

师：我读“时时舞”，你对——

生：“恰恰啼”。

师：我读“留连”，你对——

生：“自在”。

师：我读“留连戏蝶时时舞”，你读——

生：“自在娇莺恰恰啼”。

【评】

这个导入设计精巧，用时很少，知识量却很大。通过春天这个话题，引导学生说出描写春天的诸多成语，复习背诵了多首描写春天的古诗，这对平时注重积累的学生是一种非常有效的鼓励。教师还很巧妙地渗透了“对仗”这一知识，能够引发学生对古诗词中这一常见语言特点的关注。

师：非常好！同学们，今天我们还要再来学习这样一首。（出示《渔歌子》）大家观察观察，和刚才读过的那几首古诗相比，你发现了什么？

生：第三行只有六个字，其他地方都是七个字。

师：刚才我们读过那么多首诗，都是多少字？

生：二十八个字。

师：这首呢？

生：二十七个字。

师：少了一个字，增加了标点符号。王老师告诉大家，今天我们学的这个不叫诗，叫词。谁知道什么叫词？有没有读过词？

生：我以前读过，我只记得最后一句是“争渡，争渡，惊起一滩鸥鹭”。

生：词好像都是唱出来的。

师：词也可以叫作长短句、曲子、曲词、乐章、琴趣、诗余等，词可以演唱。每首词都有一个调名，称为词牌。不同的词牌在句数、字数、声调上都有些特殊的规定。今天我们学的这首词，它的词牌名叫什么？

生：渔歌子。

（师板书课题：渔歌曲）

师：好，一起读课题。

生：渔歌曲。

生：（疑惑）我们书上叫“渔歌子”，您写的是“渔歌曲”。

师：你觉得我写错了，是吧？

生：是。

师：其实“渔歌子”的“子”就是“曲”的意思，因为它本身就是可以用来吟唱的。不过在这里我依然把它写成我们书上的，（将“曲”改为“子”）大家一起读。

生：渔歌子。

【评】

通过与古诗的比较，联系学生读过的词，引导学生认识了词与诗的区别。教师还用非常简洁的语言介绍了词的其他称呼，以及什么是词牌，不同词牌在句数、字数、声调上各有不同规定等知识，点到为止，不过多展开。导入部分简洁明了，效率很高。

二、初读感知，朗读中发现对偶的写法

师：打开课本，自己练习读一读，注意把字音读准确。

（生练习朗读）

师：我们请一位同学来读一读这首词。

（生读）

师：真不错，读音很正确。还有谁想试一试？

（生读）

师：字音正确，非常好！我想请一位同学跟我合作读。第一句，我读前四个字，你读后几个字。

师：西塞山前——

生：白鹭飞。

师：同学们见过白鹭没有？

生：（齐）没有。

师：我们来看一下吧。

（出示图片）

师：什么感觉？它不光很漂亮，而且还特别优雅。我们在读的时候要慢一些。

生：西塞山前白鹭飞。

师：特别好，让白鹭飞得更加优雅一些！

生：西塞山前白鹭飞。

师：同学们，春天的景色特别美，桃花盛开，流水潺潺，最美不过桃花水。（师读相关诗句）

三月的桃花水，是春天的明镜。

它看见燕子飞过天空，翅膀上裹着白云；

它看见垂柳披上了长发，如雾如烟；

……

啊，地上草如茵，两岸柳如眉，

三月桃花水，叫人多陶醉。

师：三月的桃花水，美不美？

生：美。

师：谁来读这首词的第二行？

生：桃花流水鳜鱼肥。

师：美丽的景色一定要慢慢欣赏。谁再来读一读？

生：桃花流水鳜鱼肥。

师：真好！谁把这两句连起来读一读？

生：西塞山前白鹭飞，桃花流水鳜鱼肥。

师：所有同学一起来！

生：（齐）西塞山前白鹭飞，桃花流水鳜鱼肥。

师：第三行，我想请一位同学跟老师合作着读一读。

师：我读“青箬笠”，你对——

生：“绿蓑衣”。

师：我读“箬笠”，你对——

生：“蓑衣”。

师：我读“青”，你对——

生：“绿”。

师：发现没有，第三行对仗得很工整。我们再来看看第一行，“西塞山前白鹭”在干什么呢？

生：飞。

师：河里的鱼在干什么呢？

生：游。

师：对，这首词应该写成“西塞山前白鹭飞，桃花流水鳜鱼——游”。上边是飞，下边是游嘛。但是作者没有这样写，到底是为什么？自己读一读，比一比。

（生自由读）

师：有没有发现，“白鹭”对的是“鳜鱼”，“飞”要对“游”，可是作者没有用“游”，而用了“肥”，为什么？

生：因为“飞”和“肥”押韵。

师：是的，押韵的句子读起来非常上口。我们把整首词连起来，一起读一读。

（生齐读）

【评】

对偶是古诗词中经常出现的修辞手法。教师抓住了“青箬笠，绿蓑衣”，通过师生对读，引导学生体会词中“青”对“绿”、“箬笠”对“蓑衣”的工整对偶，还通过“西塞山前白鹭飞，桃花流水鳜鱼肥”两句，认识对偶与押韵的关系，教得很细腻，学生很容易理解。认识对偶并非课程标准所规定的必教知识，但是教师结合课文有机渗透这些知识也显得很自然，并没有显得不妥。

三、聚焦表达，运用中感悟词所蕴含的深意

师：读得不错！学习诗词我们要想象画面。这首词的画面特别美，读着这首词，你看到了什么色彩？这里红的是什么？

生：桃花。

师：绿的是——

生：蓑衣。

师：青的是——

生：箬笠。

师：你知道箬笠是什么吗？有一个很好的方法叫看注释。找到注释了吗？

生：箬笠是一种戴在头上的斗笠，是用箬叶编成的。

师：你在插图中看到箬笠了吗？指给我看看。

（生指出）

师：这首词给我们描绘了许多景物，让我们看到了丰富的色彩。再仔细看看，有人能透过文字听到声音吗？

生：我听到了下雨的声音。

师：特别好，有想象力。

生：我听到了白鹭叫的声音。

生：我还听到了鳜鱼游动的声音。

生：我听见了斜风的声音。

师：你们都特别了不起。谁不光听到了这些声音，还听到了有人说话的声音？看到“西塞山前白鹭飞，桃花流水鳜鱼肥”，于是张志和情不自禁地说——

生：不管是斜风，还是细雨，我都不回家。

师：同学们，你们有没有发现，很多古诗词中都会有人出现，比如说这两首。（出示《村居》《宿新市徐公店》，生自由读诗）自己读一读，你会发现其中的人物。

师：第一首诗，你发现里面的人物是——

生：儿童。

师：读一读这两句。

生：儿童散学归来早，忙趁东风放纸鸢。

师：第二首诗，你发现里面的人物是——

生：儿童。

师：齐读！

生：（齐）儿童急走追黄蝶，飞入菜花无处寻。

师：古诗词就是这样，正因为情景中有了人，才让它显得更有生机，变得更有趣。但是，今天的这首词却很特别，好像没有写到人呀。你们觉得词中有没有人？

生：有。

师：你从哪个地方看出来的？

生：青箬笠，绿蓑衣。

师：刚才那个同学告诉我箬笠就是斗笠啊，哪是人呀？

生：箬笠是人戴的，蓑衣是人穿的。

师：明明就是斗笠，明明就是衣服，对不对？（出示图片）大家远远地看这幅图，是不是一下子就看到了他身上的青箬笠、绿蓑衣？用最具代表性的事物代替人。再看图，除了箬笠和蓑衣，你还看到了他身上有什么典型特征？

生：白头发。

生：白胡须。

生：钓鱼竿。

师：那现在谁能试一下，把这首词中的"青箬笠，绿蓑衣"改一下，用你观察到的典型特征说一说？

（出示：________，________，斜风细雨不须归。）

生：白胡须，鱼竿长，斜风细雨不须归。

生：鱼竿长，胡须白，斜风细雨不须归。

生：钓鱼竿，白头发，斜风细雨不须归。

（生笑）

师：好，我觉得还不错，观察非常仔细。

生：盘着腿，白胡须，斜风细雨不须归。

师：想想，如果要对仗，"白胡须"就不太对了，那我们可以怎么改？

生：拿着竿，盘着腿，斜风细雨不须归。

师：特别好玩是不是？这首词中还有一个“归”字，你知道哪些含有“归”字的成语？

生：视死如归。

生：同归于尽。

生：归心似箭。

师：你觉得“归”是什么意思？

生：回去，回家。

师：“归”在这首词中的意思就是“回家、回去”。请问为什么作者说“斜风细雨不须归”？请你用上“因为……，所以斜风细雨不须归”来说一说。

生：因为西塞山前白鹭飞，桃花流水鳜鱼肥，这样美的景色把作者迷住了，所以斜风细雨不须归。

生：因为西塞山前白鹭飞，桃花流水鳜鱼肥，所以斜风细雨不须归。

师：张志和不想回去，可是，他的哥哥特别希望他回去，为了让他回去，还写过一首词。这首词的前两句我呈现出来了，后两句没有，大家来猜一猜。

（出示《和答弟志和渔父歌》前两句）

师：张志和的词是“斜风细雨不须归”，哥哥会写——

生：狂风暴雨且须还。

生：狂风大浪且须还。

生：志和兄，火速还，狂风大浪且须还。

（生笑）

师：我们齐读一下。

生：（齐）乐是风波钓是闲，草堂松径已胜攀。志和兄，火速还，狂风大浪且须还。

师：这是你们写的版本。你们想不想看看他哥哥写的版本？

（出示《和答弟志和渔父歌》）

师：一起读一读。

（生齐读）

师：哥哥和弟弟的词是对应的。我说“太湖水，洞庭山，狂风浪起且须还”，你对——

生：（齐）青箬笠，绿蓑衣，斜风细雨不须归。

师：狂风浪起——

生：斜风细雨。

师：且须还——

生：不须归。

师：且须还——

生：（声调高昂）不须归。

师：且须还——

生：（语气加重）不须归。

师：真的不回来啊？（生笑）

师：我给大家介绍一下张志和。张志和童年聪明伶俐，3岁就能读书，6岁就能做文章，而且过目成诵，16岁那年就被太子李亨重赏，李亨亲赐御名，于是改名志和。就在他少年得志，风光无限时，却不慎因事得罪朝廷，被贬南浦（今江西南昌西南）为尉官。这在他心灵上留下深深的痕迹，他从此看破官场，泯灭仕念。亲人的去世与官场的起伏给了张志和沉重的打击，他开始浪迹江湖，渔樵为乐。

师：现在，谁有了新的体会？这个“归”字，有同学说“太美了，我不想归”。现在，你还认为仅仅是景美而不想归吗？除了不想回家，他还不想回哪里？

生：朝廷。

师：同学们，学习古诗词，我们要结合背景，这样就会有更深入的了解。

【评】

这个环节中教师有所延伸拓展，添加了改词环节，又介绍了张志和哥哥的一首和词，以及张志和的生平事迹，反映出教师深厚的语文素养以及充分的准备。这些添加可以丰富这堂课的文化内涵，特别是对学生深入理解词的思想内涵是有益的，因此不是为添加而添加，也不单纯是展示教师的人文素养。这个环节中，学生对看图改诗积极性很高，可以增加课堂趣味，只是改动以后缺少原词的韵味、诗意和美感，应该让学生通过比较朗读，体会作者用词的精妙和匠心。

师：来，同学们，试着背一背。

（生齐背整首词）

师：一起好像没问题，谁一个人背一背？

（生背）

师：同学们都会背了，我更希望同学们能够默写。考同学们默写这首词，我只考三个字就行了。“鳜”“箬”“蓑”，谁会写？举手。

（三人上黑板写，其他学生练写）

【评】

27个字，这么短的一首词，学生读熟理解以后背出来当然不难，全班学生一起背诵就更加容易，但是其中一定会有“滥竽充数”的南郭先生。所以教师有意识地抽查个别学生背诵，这样安排绝非多此一举。不过这里只抽查了一个学生，检查面过窄。最好是设计成开小火车背诵，或者同桌互背，这样才能更好地检查背诵情况。学习古诗词要求熟练背诵，这是课程标准提出的最基本要求。教师这里还提出默写的要求，但只是默写“鳜”“箬”“蓑”三个生字，因为这是学生默写这首词的最大难点，既不拔高要求，又落实了这篇课文生字教学要求，考虑很周到。

四、关注形式，诵读中体会词牌的表达特点

张志和的这首《渔歌子》在外国都有很大的影响。据说，在日本也广为传诵。不光在张志和的朝代，后续还有很多人也写下了《渔歌子》（又名《渔父》）。大家先猜猜他们写下的渔歌子有多少个字。

生：28字

生：大约27字。

师：不是“大约”，渔歌子一共多少字？

生：27字。

师：对。我们来看一看！

渔　　父

南唐·李煜

浪花有意千里雪，桃李无言一队春。一壶酒，一竿身，快活如侬有几人？

渔　　父

南唐·李煜

一棹春风一叶舟，一纶茧缕一轻钩。花满渚，酒满瓯，万顷波中得自由。

渔　　父

元·吴镇

洞庭湖上晚风生，风触湖心一叶横。兰棹稳，草衣轻，只钓鲈鱼不钓名。

渔　　父

清·纳兰性德

收却纶竿落照红，秋风宁为翦芙蓉。人淡淡，水濛濛，吹入芦花短笛中。

师：《渔歌子》就是一个词牌名，整首词27个字。而且还有一个秘密，就在每首词的第三行，都是三个字对三个字。这写的是“人淡淡”，底下对的是——

生：“水濛濛”。

师：上边写的是“兰棹稳”，底下对的是——

生：“草衣轻”。

师：这写的是“一壶酒”，对——

生：“一竿纶”。

师：“花满渚”对——

生："酒满瓯"。

师：这就是《渔歌子》这个词牌名最大的特点。我们把这几首词一起读一读。第一首《渔父》。《渔父》也可以叫《渔歌子》，还可以叫《渔歌曲》。来，准备——

（生齐诵）

师：最后，王老师推荐大家去读一读《唐诗宋词》，也可以去读一读其他几首《渔歌子》，默写这一首——张志和的《渔歌子》。

【评】

最后教师总结了词牌的形式和表达特点，教师没有抽象地去总结渔歌子这个词牌的字数、句式、对仗等特点，而是让学生再读李煜、吴镇、纳兰性德等人写的四首《渔歌子》，这样学生对这个词牌的形式和表达特点能够有更加具体的理解。最后布置的读《唐诗宋词》和其他几首《渔歌子》，并默写张志和的《渔歌子》这几项作业，总体看也不错，如果改成读背其他三位词人写的四首《渔歌子》，对学生积累古诗词，增加文化涵养会更加有利，也有利于增强学生对中国传统文化的热爱。

【总评】

课程标准对古诗文教学提出了如下目标：第一学段，诵读儿歌、儿童诗和浅近的古诗，展开想象，获得初步的情感体验，感受语言的优美，背诵优秀诗文 50 篇（段）。第二学段，诵读优秀诗文，注意在诵读过程中体会情感，展开想象，领悟诗文大意，背诵优秀诗文 50 篇（段）。第三学段，诵读优秀诗文，注意通过语调、韵律、节奏等体味作品的内容和情感，背诵优秀诗文 60 篇（段）。按照课程标准的要求，小学阶段低、中段古诗文教学的重点是领悟诗文大意，体会情感，感受语言的优美；高年段提出了体会"语调、韵律、节奏"的要求；而三个年段的共同要求是背诵。可见古诗文教学的重点应该是朗读背诵和初知大意，对古诗文语言表达特点无须教得过深，不必过度展开。

但是古诗词往往字数有限，一首绝句就是20～28字，一首律诗字数翻番，最多也不超过60字，加上入选教材的古诗词都非常浅显，学生读几遍即可理解大意，读个三遍五遍后大部分学生都能背诵。比如《渔歌子》这首词，全篇也就是27字，如果仅仅是读懂背出，那么一节课40分钟就会显得教学密度过低，教学内容不足。所以对于古诗词教学，教师备课时主要考虑的就是还可以添加哪些教学内容。评价一堂古诗词教学的课上得好不好，其实就是看教师添加的教学内容是否有效，是否合理。

王林波老师这堂《渔歌子》教学课，除了理解词的大意，背诵这首词之外，还添加了哪些教学内容呢？一是全篇关注词中的“对偶”，特别是第二板块专门讲解对偶的手法，这是古诗词中经常出现的一种修辞手法，这应该是教师有意确定的主要教学目标。这个板块教师还读了《三月的桃花水》这首诗，帮助学生加深理解“桃花流水鳜鱼肥”这个句子。第三板块添加的内容最多，让学生读学过的《村居》《宿新市徐公店》两首诗，了解古诗词中人物出现的特点；接着要求学生看图改词，再读张志和哥哥的一首和词，随后还介绍了张志和生平事迹，这些内容都有助于学生理解词的思想情感并体会语言表达的优美。最后一个板块让学生读了后人写下的四首《渔歌子》，帮助学生认识渔歌子这个词牌的字数和表达特点等。从实际课堂教学效果看，增加的这些教学内容与整首词结合得很自然，对帮助学生理解这首词的思想情感、了解古诗词语言优美的特点也都起到了积极的作用。整个教学过程设计合理，层次清楚，逻辑性很强。

我想和王老师讨论的是，如何提高古诗词教学效率，增加什么的内容可以取得更好的效果。当下语文教师大多是从帮助学生更深入地理解古诗词的思想情感和表达特点这两个维度去选择添加内容的，这样思考问题的角度在王老师这堂课里表现得也很明显。其实小学生阅读古诗词，对古诗词深层含义的认识、对古诗词语言表达优美的认识都是很浅显的，这与他们古诗词读得少、背得少有极大的关系；加上小学生阅历不足，认知能力有限，因此他们阅读古诗词的感悟与教师阅读古诗词的感悟完全不在一个层次。教师将宝贵的教学时间花在加深学生对古诗词情感和表达特点的认识上，增加很多教学内容，似乎分析得很深，讲得很明白，其实对加深学生的理解都不会有太大的作用。所讲的这些内容，比如古诗词的语言特色、诗词的意境、作品的深刻含义等，教师大多也是备课细读文本、看了大量参考资料才明白的，并非在小学或者中学读这些古诗词时就了解的。是自己的小学或中学教师教得不好吗？当然不是。主要是因为自己认知能力发展没有到那个程度、生活经验有限以及没有受过专业训练。

那么从什么角度去增加教学内容能够获得更好的教学效果呢？我们看霍懋征老师是怎么做的。霍老师教学《望庐山瀑布》，仅用十分钟时间教学完李白的这首诗，就是大致理解诗歌内容，没有过多地分析讲解，然后引导学生读熟并能够背诵。余下的时间出示李白其他五首诗歌，要求学生读一读，大致理解诗歌意思，然后尽可能背诵这几首诗歌。这堪称小学古诗教学的典范。教学古诗词是将时间花在语言特色、意境、深刻内涵的理解上，还是花在学生多读多背、多一些积累上，这是小学古诗教学可以研究的重要课题。

我建议王林波老师大力压缩这堂课里增加的其他内容，要求学生将最后出示的李煜、吴镇、纳兰性德写的四首《渔歌子》熟读或背诵，不懂的地方就适当解释一下。其实学生真的能背诵下来，意思大致也能理解了；即使现在不那么理解，以后随着年龄不断增长，阅历不断丰富，认知能力不断提高，其理解也会越来越深入。小学生记忆力强，可以在较短的单位时间里积累背诵较多的古诗词，这样才能获得教学效果的最大化。其实学生积累的古诗词越多，对古诗词思想情感和语言特点的感性认识也就越深越清楚，对中华文化的热爱也自然会愈加深厚。一句话，教师多讲，不如让学生自己多读，这是流传千年的古诗文教学的宝贵经验，我们当然应该传承并发扬。

高 山 流 水

执教者：上海市浦东新区傅雷小学　王雅琴

【教学目标】

1. 有感情地朗读课文，在理解课文内容的基础上熟读成诵。

2. 品读课文，展开想象，感受钟子期与俞伯牙的深情厚谊。

3. 抓住文中描写人物动作、神态的词句，感受人物丰富的内心世界，体会友谊的可贵、知音的难求。

【教学过程】

一、音画欣赏，导入课题

师：学习课文之前，我们先欣赏几个精美的画面。（出示细雨图，播放背景音乐《高山流水》）这是——

生：绵绵细雨。

师：（出示杨柳图）这是——

生：依依杨柳。

师：（出示明月图）这是——

生：皎皎明月。

师：（出示流水图）这是——

生：淙淙溪水。

师：画面和词语都留在你的脑海里了吗？（生皆点头）那就说说刚才看到了什么。

生：看到了绵绵细雨。

生：看到了依依杨柳、淙淙溪水。

生：还有皎皎明月。

师：大家在欣赏画面的时候有没有注意到背景音乐？这首古筝曲叫《高山流水》，曲子里不仅有“绵绵细雨、依依杨柳、淙淙溪水、皎皎明月”的意境，更有一个动人的故事。（板书课题）来，一起读课题。

生：（齐读）高山流水。

二、反复朗读，初通文意

师：学习文言文，最重要的一件事情就是朗读。下面就请同学们打开课本，朗读课文，把课文读正确、读通顺。

（生自由读课文）

师：读正确、读通顺了吗？谁来试一试？

（指名一生朗读）

师：读错了一个字。哪一个字呢？看着大屏幕，再请个同学来读一读。

伯牙鼓琴，钟子期听之，方鼓琴而志在高山，钟子期曰：“善哉乎鼓琴！巍巍乎若泰山。”少（shǎo）选之间，而志在流水，钟子期曰：“善哉乎鼓琴！洋洋乎若江河。”钟子期死，伯牙破琴绝弦（xián），终身不复鼓琴，以为（wéi）世无足复为（wèi）鼓琴者。

师：自己说说哪个字读错了。

生：最后一句中的两个“为”读错了。

师：最后一句中的两个“为”读音是不一样的，前面一个是“以为”的 wéi，后面一个是“为了谁”的 wèi。现在能读正确了吗？

（该生朗读）

师：很好！我们一起来把课文读正确。

（生齐声朗读）

师：朗读古文，还要注意读出节奏感。这篇古文的节奏可以怎么划分呢？

伯牙/鼓琴，钟子期/听之，方鼓琴/而/志在高山，钟子期曰：“善哉乎/鼓琴！巍巍乎/若泰山。”少（shǎo）选/之间，而/志在流水，钟子期曰：“善哉乎/鼓琴！洋洋乎/若江河。”钟子期死，伯牙/破琴/绝弦

（xián），终身 / 不复鼓琴，以为（wéi）/ 世 / 无足 / 复为（wèi）/ 鼓琴者。

（师示范朗读）

师：男生来试试。

（男生齐声朗读）

师：读得真好，韵味十足。女生读的时候语速可以加快一点。

（女生齐声朗读，语速加快）

师：整齐清脆、节奏明快！一起来，再稍稍加快点速度。

（生齐读）

【评】

学习文言文，最重要的一件事情就是朗读。朗读的目的有二：一是通过朗读感悟理解文章内容，即所谓的“书读百遍，其义自见”；二是通过朗读，熟悉文言文的语言，积累文言文遣词造句的经验，逐步形成语感。因此，文言文教学应该从朗读入手，不是读一遍两遍，而是要反复朗读，以读熟课文为目标。此环节教师设计了个别读、齐读、男生读、女生读、教师范读等多个环节，引导学生反复朗读，先后读了八遍，这样的设计非常必要。

可以讨论的是朗读时有无必要划分节奏。许多教师读古诗古文，都喜欢用小节线画出停顿，以为这样可以帮助学生体会古文的韵味。其实古文读懂了、读熟了自然会掌握节奏，无须刻意。学生没有读懂，画线意义不大；其次，句子中的停顿、词和词之间的停顿有长有短，用小节线画出读起来反而不自然；再者，就是教师画出的停顿，有时并不一定正确。比如“钟子期死，伯牙 / 破琴 / 绝弦，终身 / 不复鼓琴”，句中“破琴 / 绝弦”画线，而“不复鼓琴”为何不画线？“以为 / 世 / 无足 / 复为 / 鼓琴者”这句话究竟如何画线，这些都需要斟酌。

师：“读书百遍，其义自见。”咱们虽然还没有读满一百遍，但是也已经读了很多遍了。在一遍遍的朗读中，文章的意思大致了解了吗？猜猜也行。

生：课文写了伯牙弹琴，钟子期听琴，钟子期听懂了伯牙的琴声。后来钟子期死了，伯牙就把琴摔破了，再也不弹琴了。

（师板书：俞伯牙　钟子期）

师：同学们真棒，都读明白了故事发生在这两个人之间。那么，俞伯牙是谁？钟子期又是谁？这里有他们的简介，我们来看一看。

伯牙，春秋时期人，也叫俞伯牙。精通音律，琴艺高超，可惜无人能听懂他的音乐，他感到十分孤独和寂寞，苦恼无比。钟子期，也是春秋时期人，深山中的一名樵夫。

师：谁来为大家读一读？

（指名一生朗读）

师：他们两个，一个是乐师，一个是樵夫，可就是这样两个身份差异很大的人却彼此心意相通，演绎了《高山流水》的经典故事。

【评】

此处插入两位古代文化名人的简短介绍，有助于学生理解文章内容，也渗透了中华传统文化，恰到好处。

三、对照注释，理解文意

师：读古文，明白大概意思还不够，学习古文还必须把字字句句都搞明白。下面就请同学们借助注释和译文来读懂这篇古文，实在搞不明白的字词就请你加上问号，一会儿提出来。

（生自主学习）

师：先来交流有没有实在搞不明白意思的字词。

生：什么是“善哉”？

生：我没有读懂“志在高山”“志在流水”中的“志”。

师：有谁读懂这两个词了？

生：我知道“善哉”的意思是“太好了”。

师：“善哉乎”连在一起理解。没错，“善哉乎”表示赞叹，意思就是“太美好了”“太美妙了”。至于什么太美好了，一会儿再请你们联系课文具体来说。

生：“志”是“心里”的意思。

师：准确地说应该是“心里想到”。“志在高山”就是——

生：心里想到高山。

师："志在流水"就是——

生：心里想到流水。

师：其他的词句都明白了吗？我来检查一下。开火车说说加点词的意思。

伯牙鼓琴，钟子期听之，方鼓琴而志在高山，钟子期曰："善哉乎鼓琴！巍巍乎若泰山。"

生："鼓琴"就是"弹琴"。

生："方"就是"当……的时候"。

生："志"就是"心里想到"。

生："善哉乎"是"太美好了"。

生："巍巍"是"巍峨高大"。

生："若"就是"好像"。

师：字词理解得很到位。谁来完整地说说整句话的意思？

生：伯牙弹琴的时候，钟子期在一旁听，当伯牙心里想到高山的时候，钟子期说"琴弹得太美好了！像巍峨的泰山一样高"。

师：不看译文用自己的话说。

生：伯牙弹琴，钟子期在一边听，当伯牙心里想到高山的时候，钟子期就在旁边说"琴弹得多么美妙啊！高大巍峨就像泰山一样"。

师：都读懂了，一起读一读。

（生齐读）

少选之间，而志在流水，钟子期曰："善哉乎鼓琴！洋洋乎若江河。"

师：这句话中的两个带点词是什么意思？

生："少选"就是"不久，过了一会儿"。"洋洋"就是"水大的样子"。

师：水大的样子是怎样的？能用一个词语来形容吗？

生：浩浩荡荡。

生：奔腾不息。

师：这句话是什么意思呢？

生：不一会儿，当伯牙心里想到流水的时候，钟子期就在一边说“琴弹得太美好了！就像浩浩荡荡的江水一样”。

生：不一会儿，当伯牙心里想着流水的时候，钟子期说“琴弹得太美好了！就像奔流不息的江水一样”。

钟子期死，伯牙破琴绝弦，终身不复鼓琴，以为世无足复为鼓者。

师：这篇课文一共三句话，再开火车解释。

生：“破琴”就是“把琴摔破”。

师：是个动词。

生：“绝弦”就是“剪断了琴弦”。

生：“以为”就是“因为”。

生：“复”就是“再”。

师：“终身不复鼓琴”就是——

生：就是“从此不再鼓琴”。

师：“足”就是——（生回答不上来）

师：谁知道？

生：“足”就是“足够”。

师：“以为世无足复为鼓者”的意思就是因为这个世界上再也没有一个人值得为他弹琴了，也就是说能够理解他琴声的人不在了，再也不值得弹琴了。谁来完整地说说这句话的意思？

生：钟子期死后，伯牙摔碎了古琴，剪断了琴弦，从此不再弹琴了，因为能够理解他曲子的人已经不在了，不值得再弹了。

师：现在是否能完整、通顺地讲清楚这篇古文的意思了呢？请同学自己在座位上说一说。

（生自由练说课文意思）

师：谁来试试？（指名）我们大家先一起来把古文读一读，然后再请你来翻译。

（生齐读古文）

生：伯牙弹琴的时候，钟子期在一旁听，当伯牙心里想到高山的时候，钟子期说，琴弹得太美好了！像巍峨的泰山一样高。不一会儿，当伯牙心里想着流水的时候，钟子期说，琴弹得太美好了！就像浩浩荡荡的江水一样。钟子期死后，伯牙摔碎了琴，剪断了琴弦，从此不再弹琴了，因为能够理解他曲子的人已经不在了，不值得再弹琴了。

【评】

这一板块主要是理解古文的意思。教师采用学生自主学习的方法，让学生借助注释和译文自己读懂古文，有搞不明白的字词加上问号，之后一起提出来讨论。这样的步骤设计相比一开始就让学生集体讨论以理解文章意思的方式更好，虽然花费时间多些，最后目的也是理解文章内容，但由于每个学生都在自主学习，因此更有利于提高学生的文言文阅读能力。如果学生自学以后，教师不急于全班讨论，而是安排同桌或小组集体学习环节，可能效果更好。

四、研读课文，感悟“知音”

（一）理解“伯牙绝弦”及原因

师：《高山流水》这个故事，很多人也把它叫作《伯牙绝弦》。默读课文，找一找，画一画，哪句是在写“伯牙绝弦”？

生：钟子期死，伯牙破琴绝弦，终身不复鼓琴，以为世无足复为鼓琴者。

师：一起读。

（生齐读）

师：伯牙为什么要“破琴绝弦，终身不复鼓琴”，能说说你的理解吗？

生：因为钟子期死了，伯牙十分伤心、十分痛苦，他觉得再也没有第二个人能听懂他的琴了，所以他要破琴绝弦。

师：是啊，同学们已经了解到伯牙因无人能听懂他的音乐，感到无比的孤独和寂寞，直到遇上钟子期。子期虽然只是一个樵夫，却和他心意相通，完全听懂了他的琴声。钟子期是这个世界上唯一懂他的人啊！如今唯一的知音死去了，伯牙悲痛欲绝，于是破琴绝弦。

（二）感悟伯牙、子期互为“知音”

师：课文中是怎样描述他们两个人心意相通的呢？请你找找有关的语句。

（生交流）

师：我们一起来读一读。（出示句子）

伯牙鼓琴，钟子期听之，方鼓琴而志在高山，钟子期曰：“善哉乎鼓琴！巍巍乎若泰山。”少选之间，而志在流水，钟子期曰：“善哉乎鼓琴！洋洋乎若江河。”

师：说说自己的理解。你从哪里感受到了他们的心意相通？

生：因为当伯牙志在高山的时候，钟子期就说“善哉乎鼓琴！巍巍乎若泰山”；当伯牙志在流水的时候，钟子期就说“善哉乎鼓琴！洋洋乎若江河”。

生：也就是说伯牙弹琴，心里刚想到高山，钟子期就听出了意境中巍峨高大的泰山，伯牙刚想到流水，钟子期就能马上听出了意境中浩浩荡荡的流水，他们两个人是心有灵犀一点通。

（师板书：志在高山　巍巍乎若泰山　志在流水　洋洋乎若江河）

师：好一个“心有灵犀一点通”！“心有灵犀一点通”就是一个志在高山，一个马上就说——

生：（齐）善哉乎鼓琴！巍巍乎若泰山。

师：“心有灵犀一点通”就是一个志在流水，另一个马上就说——

生：（齐）善哉乎鼓琴！洋洋乎若江河。

师：伯牙善鼓琴，那么他的琴声一定不只表现了高山流水。除了巍巍泰山、洋洋江河，他的琴声还会表现哪些优美动人的场景呢？

（出示画面，引导学生想象）

师：伯牙弹到——

生：绵绵细雨。

师：伯牙弹到——

生：依依杨柳。

师：伯牙弹到——

生：皎皎明月。

师：伯牙弹到——

生：淙淙溪水。

师：伯牙还会弹到什么？

生：会弹到袅袅炊烟。

生：会弹到萋萋芳草。

生：会弹到徐徐清风。

师：假如现在你是子期，当伯牙鼓琴，志在“细雨、杨柳、明月、清风”的时候，你能心有灵犀吗？你会怎么赞叹呢？现在就让我来当一回俞伯牙，我要看看我的知音在哪里。

师：伯牙鼓琴，志在清风。

（生会意，纷纷举手，师指名）

生：善哉乎鼓琴！徐徐乎若清风。

师：伯牙鼓琴，志在溪水。

生：善哉乎鼓琴！淙淙乎若溪水。

师：伯牙鼓琴，志在芳草。

生：善哉乎鼓琴！萋萋乎若芳草。

师：找到知音，有人欣赏的感觉真好！谢谢钟子期！下面就请你们同桌两个人来感受一下这种心意相通的美好感觉，一个做伯牙，一个做子期。

（同桌运用句式说话练习）

师：开组火车，看看你们的默契程度。

生：伯牙鼓琴，志在炊烟。

生：善哉乎鼓琴！袅袅乎若炊烟。

生：伯牙鼓琴，志在明月。

生：善哉乎鼓琴！皎皎乎若明月。

……

师：同学们是否深刻感受到了，这就是心意相通，这就叫——

生：（齐说）知音。

（师板书：知音）

师：一起读。

生：知音。

师：什么是知音？交流一下你对知音的理解。

生：知音就是像俞伯牙和钟子期那样能够心有灵犀一点通。

生：知音就是两个人心意相通，你懂我、我了解你。

生：知音就是最了解对方，最懂得欣赏对方的人。

师：是啊，这就是知音，知音就是懂你、理解你、欣赏你，和你心有灵犀的那个人。让我们满怀着感动，再来读读这句话。

（生齐读）

（三）感悟知音之死的绝弦之痛

师：知音难得，伯牙遇上了知音钟子期，这是人生幸事！有知音相伴的日子是多么幸福的时光啊！可是，世事难料，幸福的日子随着子期的不幸去世而结束了。（出示句子）

师：一起读。

生：子期死，伯牙破琴绝弦，终身不复鼓琴。

师：读了这个句子，说说你感受到了伯牙怎样的心情。

生：我感受到了伯牙很伤心，钟子期死了，他失去了知音。

生：我感受到了伯牙的难受，钟子期死了，这个世界上再也没有懂他的人了。

生：我感受到了伯牙的绝望，以后弹琴给谁听呢？再也没人能听懂他的琴声了。

师："绝望"这个词说得真好。钟子期死了，这个世界上再也没有一个值得弹琴给他听的人了，他又要回到过去的生活中去了。他过去的生活是怎样的生活？

生：没有知音，无人理解。

生：寂寞、孤独、痛苦的日子。

师：那样的日子他不堪忍受，所以钟子期死后，伯牙来到他的墓前，破琴绝弦，终身不复鼓琴！在子期墓前，伯牙还写下了一首短歌，来悼念知音钟子期。自己读一读。

忆昔去年春，江边曾会君。今日重来访，不见知音人。但见一抔土，惨然伤我心！伤心复伤心，不忍泪珠纷。来欢去何苦，江畔起愁云。此曲终兮不复弹，三尺瑶琴为君死！

（生自由读）

师：谁来深情吟诵一下？

（生读）

【评】

第四板块中，教师引导学生分别从伯牙和子期两个不同的角度，分为三个层次体会什么是“知音”。教师用心良苦，学生学得也辛苦，但学生都是在重复前面说过的话，花费时间很多，收获却不大。其实只要用最简单的语言，几句话点明什么叫知音就可以了。最后的这首短歌出自明朝话本作品《俞伯牙摔琴谢知音》，收录在《警世通言》中，并非伯牙所作。

五、升华情感，诵读课文

师：有道是“千古知音最难觅”，读了这首短歌，我们更强烈地感受到了知音的可遇不可求。所以，如果你遇到了知音，一定要好好珍惜！

师：（播放《高山流水》）听，这就是后人根据他们的故事创作的乐曲《高山流水》。让我们在潺潺琴声的伴奏下，再一次朗读这个感人的故事。

（生配乐深情朗读）

师：高山流水遇知音的故事有没有走进你的心里？我们一起试着来背课文。（师生合作背诵）

【评】

最后安排学生试着背诵课文，我很赞同。一堂课学习一篇 82 字的文言文，加上标点也不过100来字，全文背诵其实要求不高，对学生熟悉文言语汇，形成文言语感却是大有好处。只是这里背诵安排得过于仓促，其实可以将第四板块的理解“知音”合并入这个板块，用最简单的几句话点明什么叫知音就可以了，然后留出时间让学生扎扎实实地进行背诵，个人准备，同桌互背，再全班抽查，要求每个学生都能熟练背诵。学生能够背诵了，对伯牙、子期就印象深刻了，对知音的理解也更深入了，效果远比单纯地讨论好。

【总评】

现代儿童为何要学习文言文？我想其中的原因至少有三：1. 文言文承载着中华民族的传统文化，而传统文化是中华民族之魂，是炎黄子孙必须继承的无与伦比的瑰宝，而文言文是中华民族传统文化得以世代传承的主要载体，因此每一个炎黄子孙都应该读文言文，并且力求能够读懂文言文。2. 学习文言文可以发展学生的语言，提高语言表达的质量。文言文用语简练，内涵深刻隽永，一些名句格言至今仍有强大的生命力。熟读并背诵一定数量的文言文，不仅可以培养文言文的语感，而且可以丰富语言积累，改善和提高学生语言表达的质量。3. 学文言文可以丰富人的文化内涵，不仅可以让人明白许多深刻的哲理和基本的为人处世的礼仪，还能使人懂得许多历史人物、史实、风俗、典故等文化知识。多读古诗文，学生言谈举止就会显得儒雅、敦厚，就容易“知书达理”。

然而现代儿童学好文言文并非易事。因为文言文是古代的书面语言，其形式和内容与今日的汉语大相径庭，孩子学习文言文无论在语言习惯上还是在内容理解上都必定会有距离感，如果不注重方法，势必会让孩子一头雾水而无所收获。那么，现代儿童怎样学习文言文呢？课例《高山流水》为我们提供了一个很有价值的教学文言文的课例。

首先是反复吟咏诵读。古人云：“书读百遍，其义自见。”因此古人教学文言文，首先是让学生反复诵读，一直要读到滚瓜烂熟。这样一遍一遍机械地读，会减弱学生的兴趣，当然不值得提倡。但是多读、反复读，无论古代还是现代，都是学习文言文的基本方法。课例中教师设计“读”的指导是有层次的：先是读正确，即帮助学生读准古文中难读字、生僻字的字音，扫除朗读的障碍；然后给出一些时间让学生自主朗读，把文章读连贯，读通顺，读成一个整体。

其次是理解。小学生怎么理解文言文？课例中采用的步骤是：一是在反复朗读中感悟并“猜”出文章大意。学生说：“文章写了伯牙在弹琴，另一个叫钟子期的人在听琴。后来，钟子期死了，伯牙就把琴摔了。”“课文写了伯牙弹琴，钟子期听琴，钟子期听懂了伯牙的琴声，后来钟子期死了，伯牙就把琴摔了，再也不弹琴了。”说明学生读懂了大致意思。二是让学生对照注释和课文给出的译文进行阅读。二期课改语文教材中文言课文后面都给出了白话文大意，可以降低文言文阅读的难度（当然，这样的方式对培养学生文言文阅读能力是否有利尚可研究）。三是让学生提出不理解的字词，然后同伴互助理解。比如学生指出的“‘善哉’我不明白”，“‘志在高山’‘志在流水’的‘志’是什么意思”，这一步对提高学生阅读理解能力、培养良好的阅读习惯尤其重要，不懂的字词句要点出来，力求弄懂。最后解说文章的意思。先让学生一句句解说，然后教师随机点出一些难理解的字词让学生逐个说出意思。比如“钟子期死，伯牙破琴绝弦，终身不复鼓琴，以为世无足复为鼓琴者”，句子中带点字的意思比较难理解，教师有意识地点出来让学生深入思考，可以帮助学生正确理解句意，以便在理解句意的基础上再让学生完整地表达整篇文章的意思。

课例中理解文章意思的环节设计应该说很有层次，理解文章意思的教学很到位。值得指出的是，教师在理解文章内容以后，还富有创意地设计了一段仿写文言句子的练习：教师用多媒体出示“绵绵细雨、依依杨柳、皎皎明月、淙淙溪水”的画面，让学生根据具体的语境仿句说话。教师说：“伯牙鼓琴，志在清风。”学生回答：“善哉乎鼓琴！徐徐乎若清风。”教师说：“伯牙鼓琴，志在溪水。”学生回答：“善哉乎鼓琴！淙淙乎若溪水。”教师说：“伯牙鼓琴，志在芳草。”学生回答：“善哉乎鼓琴！萋萋乎若芳草。”师生对答，不亦乐乎，学生学得有滋有味，甚是有趣。这样不仅让学生加深了对“知音”的理解，而且可以帮助学生记忆文言句式，培养了文言文语感。

总体上讲，这堂文言文教学课非常成功。如果说还有什么不足，我个人认为课例最后设计的背诵这一环节有些蜻蜓点水，只是师生合作背了一遍，如要达到人人都能背诵的水平，所用时间远远不够。古人读书必定是先能背诵，然后再讲意思，将背诵视作儿童学习文言文的第一要务。他们认为，儿童开始读文言文，对读的书可以不完全懂，但是读了若干年，一旦豁然贯通，不懂的就全懂了，而且是“立体的懂”，关键就在于熟读背出，把所读的书全部装在脑子里。现代人学习文言文注重理解，强调字字落实，这也许是对的，但是忽视了背诵，对学生文言文语感的培养以及今后阅读理解文言文，都是不利的。如果只是追求让学生理解高山流水遇知音这个故事，那么学一篇白话文课文效果会更好，读文言文的价值在于熟悉文言文这种语言形式，并培养文言文的语感。从这一角度审视，那么课例中对文章内容的分析解读可适当压缩，多一些时间让学生背诵，最好做到人人都能熟练地背诵。熟读成诵，是否也应该成为现代文言文教学的基本要求？此外，对古文朗读的节奏如何划分，可以有不同的理解，并不是绝对的，且划分节奏应该在理解内容之后。如果让学生自己划分，并且允许有几种划分的方法，也许不失为是一种有效的理解练习。

文言文三则

执教者：浙江省杭州市卖鱼桥小学　罗才军

【教学目标】

1. 借助多种形式，正确、流利地朗读课文，感受文言文的语言特点和魅力。

2. 以一篇带两篇的方式阅读文言文，掌握阅读方法，实现语感熏陶和语言习得。

3. 感受文言情趣和人情练达，产生阅读《世说新语》的兴趣。

【教学过程】

一、活读破题，感受文言趣味

师：同学们，今天老师要带着你们用一节课的时间，一口气学习三则文言文。我们一起来看今天学习的第一则。请你用自己的节奏，读读这则文言文，至少读三遍。（课件出示《杨氏之子》课文，生自由朗读。）

师：看一看，说说课文的题目叫什么。

生：（齐）杨氏之子。

师：是谁家的小孩？

生：杨家的。

师：是的。杨家的小孩叫杨氏之子。请问你贵姓？

生：欧。

师：中国素有“礼仪之邦”之称。什么叫“礼仪之邦”？就是说，我们这个国家的人都学礼仪、懂礼貌、明礼节。当我问你贵姓的时候，对你表示尊重。所以你也得谦和一些，可以回答“免贵姓欧”。会吗？试试看。

生：免贵姓欧。

师：课文说的是“杨氏之子”。请问你是？

生：欧氏之子。

师：好！我认识你了。你们会这样称呼自己吗？

生：（齐）会。

师：哪位会？很好。贵姓？

生：免贵姓洪。

师：你就是——

生：洪氏之女。

师：那你爸爸就是——

生：我爸爸是洪氏。

师：你看，聪明吧。那你爷爷是——

生：洪氏之父。

师：你妈妈是——

生：吴氏之女。

师：我们这个班的孩子太聪明了，一点就通。人一定得搞清楚自己是谁，爸爸是谁，妈妈是谁，爷爷是谁。中华民族可是最讲究伦理的民族。

【评】

课堂伊始就要求学生朗读：至少读三遍，让学生通过反复朗读，读懂文章，并大致理解内容。这完全符合文言文的教学规律。特别值得称道的是教师结合课题，渗透了中华文化礼仪教育："当我问你贵姓的时候，对你表示尊重。所以你也得谦和一些，可以回答'免贵姓欧'"。结合得非常自然，给学生留下深刻印象。

二、再读明意，提炼文言特点

师：回头来看，今天我们要认识的是谁家小孩？

生：（齐）杨氏之子。

师：作者用了一句话开门见山地介绍他。我们一起读！

生：（读）梁国杨氏子九岁，甚聪惠。

师：一句话就把杨氏之子给介绍明白了。接下来我要提一个非常难的问题。请你仔细看看第一句话，这句话有几个字？

生：10 个字。

师：请问，从这 10 个字当中，你获得了关于杨氏之子的哪些信息？

生：他 9 岁。

师：这是他的——

生：年龄。

生：我还知道了他是梁国人。

师：这是他的——

生：国籍。

生：我还知道他很聪明。

师：哪里说明他很聪明？

生：甚聪惠。

师：哪个字是“很”的意思？

生：甚。

师：“甚聪惠”是他的——

生：特点。

生：我还知道他是杨氏之子。

师：嗯，这是他的姓氏。你还知道什么？

生：我还知道他是男的。因为课文中说是杨氏之子，“子”都是男的。

师：一句话，10个字，我们得到5条信息，有国籍、姓氏、性别、年龄、特点，都说得一清二楚。由此你发现文言文和我们使用的白话文相比，语言上有什么特点？

生：简洁。

生：凝练。

（师板书：语言简洁）

师：用10个字把一个人介绍得清清楚楚。

师：请你采访一下你的同桌，也用这样的文言句式来夸一夸同桌。

（生自由夸同桌）

生：中国欧氏子九岁，甚聪惠。

师：给他掌声。哪一组同桌还愿意试一试？

生：中国吴氏子十岁，甚聪惠。（众生掌声）

师：请坐。只是有个小遗憾。我发觉你们对对方的夸赞似乎都停留在“聪明人”上。（生笑）你的同桌除了聪明，就没有一点其他的特点吗？此外，中国还可以被称为什么？

生：中华。

生：华夏。

生：九州。

师：对嘛。这些都可以变。来，谁再来夸一夸你的同桌？

生：华夏陈氏女十岁，甚漂亮。（同桌女生高兴）

师：孩子们，你们也要像这位同学一样，要善于发现周围人的优点，学会夸人。而且要学会用这种文言文的句式来夸人。

生：华夏李氏女十岁，甚聪惠。

师：我也要赞你一句，三个字！

生：（齐）甚聪惠。

【评】

教师为第一个句子的教学设计了三个层次。首先是理解句意，10个字里包含5条信息，理解得非常透彻；然后顺藤摸瓜，领会文言文语言表达简洁的特点：能用10个字把一个人介绍得清清楚楚；最后再引导学生仿照文言句式夸一夸自己的同桌。小学生学文言文当然没有仿写要求，但此处的仿说设计，极大地活跃了课堂气氛，提高了学生的学习兴趣，并且一定程度上减少了学生对文言文的畏惧感。花时不多，但效果很不错。

师：课文围绕着杨氏之子“甚聪惠”，写了一件事。是他和谁之间发生的事？

生：孔君平。

师：文章中就只有两个人物——杨氏子和孔君平。短短三四十个字的一篇文章，对于这两个人的称呼却非常之多。现在请你默读这篇课文，边读边把对杨氏子和孔君平的称呼圈出来。（生圈画）

师：杨氏子在文章中还被称为——

生：称为“儿”，课文里有三句，“父不在，乃呼儿出”“孔指以示儿曰”，还有“儿应声答曰：‘未闻孔雀是夫子家禽。’”。

师：杨氏子除了被称作“儿”，还被称作——

生：君。“此是君家果”。

师：两个称呼了！杨氏子的第三个称呼是什么？

生：其。“孔君平诣其父”。孔君平拜见杨氏之子的父亲。所以“其”也是指杨氏子。

师：小小的一篇古文里，对于杨氏子的称呼有——

生：其、儿、君。

师：那么孔君平的称呼呢？

生：“孔指以示儿曰”。

师：也就是说，在中国的古代，人的姓也可以用来作称呼。孔君平就可以叫——

生：孔。

师：也可以叫——

生：夫子。“未闻孔雀是夫子家禽。”

师：才三四十字的一篇文言文，人物的称呼却——

生：繁多。

生：非常丰富。

师：既可以用人物的姓，也可以用他的名，甚至还可以用一些代称。所以以后我们在古文、古诗中读到李太白，不用怀疑，那就是——

生：李白。

师：杜子美——

生：杜甫。

师：杜甫自号“少陵野老”，所以也可以称——

生：杜少陵。

【评】

这一环节让学生认识到，文言文中人物称呼十分丰富。学生圈出了文章中称呼杨氏子的“其、儿、君”和孔君平的“孔、夫子”，教师还引申出文言文中常用人物的姓和名作称呼，这对学生读懂文章的意思当然有一定的作用。

只是学生要真正认识文言文的一些特点，无论是表达的简洁还是人称的丰富，都必须依托大量文言语汇的积累。积累越丰富，理解越正确。对于刚开始接触文言文的小学生来说，如果教师急于总结文言文的这些特点，学生会学得辛苦，价值其实是非常有限的。

师：回头来看，杨氏子作为故事的主角，作者主要想体现这个人的什么特点？

生：聪明。

师：请你快速浏览课文，说说他聪明在哪些地方。

生：我觉得他首先聪明在“为设果，果有杨梅”。孔君平拜见他的父亲，父亲不在，他就主动地端出水果来招待父亲的朋友。

师：你平常会这样做吗？

生：很少这样做。

师：但是今天学习了《杨氏之子》之后呢？

生：有客人来我们家，我也一定要给客人端水果、倒茶。

师：明白了吗？人家不仅聪明，更重要的是，有客人来了得怎么样啊？

生：为设果。

师：但是“为设果”这句话怪怪的。

生：这个句子应该是“杨氏子为孔君平设果”。

师：课文原句省略了什么？

生：杨氏子和孔君平。

师：杨氏子是句子中的——

生：主语。

师：看来，主语在文言文中是可以省略的。（师板书：主语省略）回头看这个句子，没有主语影响我们读懂它吗？

生：不影响。这个故事有两个角色，孔君平是客人，那杨氏子就要为孔君平设果。

师：对了，联系着上下文、联系着生活来理解，这是学习文言文最好的办法。看来，这个杨氏子确实称得上“甚聪惠”。

【评】

教师结合“为设果，果有杨梅”这个句子的理解，又一次恰到好处地渗透了文化礼仪教育，并且活跃了课堂气氛。这是个难理解的句子，正确的意思是杨氏子为孔君平设果，句子里不仅省略了“杨氏子”，还省略了“孔君平”这个人物名称。因此用板书概括“主语省略”其实不那么正确，因为省略的不仅是“主语”。其实教师后面总结的“联系着上下文、联系着生活来理解，这是学习文言文最好的办法”非常到位，而有意强调“主语省略”反而有些画蛇添足了。

三、品读对话，体味言语秘妙

师：课文哪里还写出了杨氏子的聪明？

生：未闻孔雀是夫子家禽。

师：如果单纯是这一句，体现不出他的聪明。你得把孔君平的话也读进去，这样我们才能感受到他的聪明。来，开始。

生：孔指以示儿曰：“此是君家果。”儿应声答曰：“未闻孔雀是夫子家禽。”孔君平说的意思是，你姓杨，“杨梅”也有个“杨”，你和杨梅本是一家。而杨氏子说的意思是，没有听说过孔雀是孔君平家里的鸟儿。

师：理解得真好！孔君平说“此是君家果”，就是跟小朋友开个玩笑。我问问大家，杨梅姓杨吗？（众笑）

生：不姓。杨梅就是个水果名字。水果没有姓。

师：没错。只是因为杨梅第一个字也是杨，所以孔君平开个玩笑。如果杨梅姓杨，那么杨梅就成了杨氏之子的什么了？

生：姐妹。

生：爷爷。（全场大笑）

师：可能吗？开玩笑而已。如果杨梅是我们杨家的，那么——

生：孔雀就是孔夫子家的。

师：这样的反驳，我们有个俗语，以其人之道——

生：还治其人之身。

师：了不起。客人跟我开个玩笑，我也用一个玩笑回敬他。但是，杨氏子的回敬跟一般人不一样。哪里不一样？我们来看。如果只是简单地回敬，当孔君平说“杨梅是你们家的果子”，他可以直接回敬——

生：杨梅不是我们家的果子。

师：这不叫回敬，这叫回避。

生：孔雀是夫子家禽。

师：但是他是这样回应的吗？如果你是我的长辈、我的叔叔伯伯，你今天跟我开个玩笑，说“此是君家果”，我马上答“孔雀是夫子家禽”，长辈会感觉我是个怎么样的人？

生：没礼貌。

师：看来你们不是这样的人。所以你们跟杨氏之子一样，也会加上两个字——

生：未闻。意思是没听说过。没听说过孔雀是孔夫子家的鸟。

师：你这样一说，我既觉得你聪明，又觉得心里很舒服。想着你这个孩子不仅脑子好，而且还——

生：有礼貌。

师：“未闻孔雀是夫子家禽”中的“家禽”现在是什么意思？

生：家里的鸡、鸭、鹅。

师：但是这里的“家禽”可不是这个意思。

生：“家”是指孔夫子家，“禽”是指鸟类。

师：所以这句中的“家禽”在古代不是一个意思，家是家——

生：禽是禽。

师：每个字都代表独立的意思，这是文言文的又一个特点。一个字代表一个词的意思。（师板书：独字成词）所以在理解文言文的时候，特别要注意这一点。假如鄙人姓黄，我指着杨梅说“此是君家果”。杨氏子应该怎么回应我？

生：未闻黄鹂是夫子家禽。

师：现在又来个柳夫子，指着杨梅说“此是君家果”。

生：未闻柳树是夫子家树。

（全场掌声）

【评】

孔指以示儿曰：“此是君家果。”儿应声答曰：“未闻孔雀是夫子家禽。”这是最能体现杨氏子“甚聪惠”的句子，也是理解全文的关键。对小学生而言，这句话的意思并不好理解。第一个学生举手回答正确，但是教师没有满足于这位学生的理解，而是抓住杨氏之子与杨梅、孔君平与孔雀之间的关系，通过深入细致的师生对话，引导那些悟性不高的学生正确理解课文内容。虽然花时不少，但是很有作用。教师面对的是全体学生，而不仅仅是个别优等生，这样的教育观值得称道。

师：你们真的都可以称得上“甚聪惠”啊。现在，让我们一起看着大屏幕，来读一读这则文言文。注意，括号里的都是什么？

生：人物的称呼。

师：这次，我的要求是，把称呼读响亮，把其他内容读得自己能听到。会吗？注意力集中。（生轻重分明、有节奏地读课文，全场大笑）

师：读得真好。现在让我们将速度加快一倍，难度增加一倍，仍然要求只把称呼读响亮。开始！（生提速读，轻重分明，已很有韵味）

师：只要你抓住这篇文言文中的这两个人物，把这两个人物的称呼都读好了，整篇文言文就能很好地展现出来。

师：再次提高要求，谁能读？（全班填读）

师：再提出一个要求，敢挑战吗？因为你这样回家读，会把你爸爸妈妈吓出心脏病的。所以老师要求你看着大屏幕，用比较正常的语调和语速来读《杨氏之子》，会不会？

生：会。

师：我们一起来。读！

（生开始读，屏幕隐去课文内容）

师：给自己掌声。第一则文言文《杨氏之子》读懂没有？

生：读懂了。

师：不仅读懂了《杨氏之子》，而且知道了文言文有这样的特点。（师指板书）

生：（齐）语言简洁、称呼丰富、主语省略、独字成词。

【评】

这个环节主要指导学生在理解的基础上进行背诵，通过板书填空，反复朗读，帮助记忆，最后能够熟练背诵。只有熟读成诵了，才能真正熟悉文言文的语言，有利于形成语感。对小学生而言，熟读背诵，比抽象理解文言文的特点更重要。

四、外读两篇，培养阅读能力

师：接下来我们来读第二则。你也可以捧着自己的课文读。（生自由读《顾长康啖甘蔗》）

师：你们都已经读得朗朗上口了。这里边有一个“云”字，跟上文中的哪个字意思一样？

生：曰。

师：都是什么意思？

生：说。

师：这里说到一个人。

生：顾长康。

师：课文中说了顾长康的一件事，是什么？

生：顾长康吃甘蔗。

师：你怎么知道是吃？

生：“啖甘蔗”，“啖”是口字旁，肯定是吃的意思。

师：还能从课文中找到什么理由断定啖是吃的意思？

生：课文后边还写道“先食尾”。“食”也是吃的意思，所以可以断定是吃甘蔗。

师：理解文言文的时候看到陌生的字眼，观察偏旁、联想意义是一种好方法。联系前后文有一个“食”，来判断“啖”的意思是吃，更是一种好方法。顾长康吃甘蔗，吃得可有个性了，跟一般人不一样。他怎么吃的？

生：从甘蔗尾部开始吃。

师：你吃甘蔗一般从哪里开始吃？

生：我从中间开始吃，因为中间又甜又嫩。

生：我是从头开始吃的，因为头上最甜。

师：一般人都不会像顾长康那样从尾巴开始吃。所以人家就问他，你怎么从尾巴上开始吃呢？他是怎么答的？

生：渐至佳境。

师：什么意思？

生：先苦后甜。

师：你有没有过这样的经历，渐至佳境，先苦后甜？

生：有过。我学弹琴，一开始的时候弹得一点都不好，后来凭着自己的努力与勤奋，弹得越来越好了。

师：所以，也可以用四个字来形容你的音乐道路，叫——

生：渐至佳境！

师：现在看第三则，快速地读一读。

（生自由读《张成喜疾走》）

师：读懂了吗？

生：读懂了。

师：故事介绍的是何方人士？

生：徐州人。

师：姓甚名谁？

生：姓张名成。

师：此人有一大爱好——

生：他很爱快跑。

师：何以见得？

生：古代“走”是跑的意思，“疾走”就是快速地跑步。

师：以至于，每天要跑——

生：五百里。

师：都赶上马了，骏马也不过日行千里。张成的这个爱好很独特，独特到已经上瘾了，于是“每举足，辄不可禁”，什么意思？

生：一抬起脚，就停不下来。

师：用我们常听到的一个广告语讲，叫——

生：根本停不下来！

师：最后还有一句“必着墙抱树，方止，体犹振动久之”。知道是什么意思吗？

生：知道。

师：这么多人知道。不要你说，要你演。（师生共同表演）

生：跑得太快，根本停不下来，必须抱着树才能停下来。

师：他读懂没有？

生：懂了。

师：你读懂没有？

生：懂了。

师：如果张成在现代，要让他参加奥运会，最好报什么项目？

生：马拉松。

师：哎哟，你看，因为他根本停不下来对吧。但是，他跑马拉松跟别人跑马拉松不一样。他跑马拉松，教练得管他，得在他开跑之后，做一点准备。

生：在终点种棵树。（生大笑）

生：在马拉松终点那里立一堵墙。

师：马拉松的终点，不允许立墙，也不允许种树。你们这两个教练不靠谱。（众大笑）

生：教练可以找一些队员到终点筑成人墙拦住他。

生：我觉得应该在他跑到终点的10米以后，摆放一堵软软的泡沫墙。（众大笑，掌声）

师：三则文言文读完了，我想问问同学们，文言文难吗？

生：不难。

生：好玩。

【评】

最后花了不到十分钟时间读了两篇浅显的文言短文。教师没有过多地讲解分析，不求字字落实，也不涉及前面所讲的文言文的特点。要求学生理解，但“不求甚解”，这样设计完全正确。理解文言文的意思可以有多种途径，通过师生对话或学生表演可以理解文章内容；还有一种是通过学生个人努力，自己读懂、理解。对提高学生阅读文言文的能力来说，后一种方法当然更加有效。因此建议在此环节设计中，留给学生朗读文言短文的时间再充分些，并且让学生自己思考或同桌讨论理解，让每个学生都能通过自己的努力来读懂理解课文，这样设计效果会更好。

【总评】

这堂课我觉得有三点是可圈可点之处。

第一，一堂课读了三篇文言文，一带二，增加了学生文言文的阅读量，也增加了学生文言文的阅读经验，这是很可取的。要提高文言文的阅读能力，关键是要增加学生的阅读量，读得越多，文言文阅读能力越强。

第二，教学文言文不仅要学生读懂，最好是要学生背下来。我很赞赏罗老师花了五分多钟时间让学生背诵《杨氏之子》这篇文章，这是很值的。学生对文言文的语言不熟悉，怎么让他熟悉呢？最好的办法就是让他背下来。

我国古代的教学就是多读多背，每一篇文章读过就要背下来。这样能有效熟悉文言文的语言，增强学生文言文的语感。

第三，罗老师在这堂课里很关注中国传统文化的教育。“你贵姓？”“免贵姓什么”，这是规范的人际交往用语。在这堂课里，罗老师自始至终注重培养学生人际交往的好习惯。按照心理学家的研究，对于孩子，一个习惯要反复二十次才能得到巩固。通过反复问答，学生就能养成这样的好习惯，这是非常可取的。其实语文课就应该贯穿这样的文化教育，这是人文教育，也是传统文化熏陶。

这堂课有没有值得讨论的地方？我觉得有。文言文到底教什么？学生读文言文最困难的是什么？因为文言文的词语句子和现代白话文区别很大，有些词、有些句子学生不容易读懂，所以文言文教学的重点应该是文言词句的理解。比如在“孔指以示儿曰”中，“曰”是什么意思，这个问题似乎不应该成为问题，但是课堂中有孩子提出这个“曰”是什么意思，可见他不理解。还比如“为设果”，“设果”的“设”怎么解释？是谁为谁设果？还有“孔指以示儿曰”这个句子的意思，学生不容易读通。语文教师经过文言文阅读的专业训练，又经过备课反复阅读教材，因此读通文章感觉不难；但是小学生缺少文言文阅读经验，读通文章、理解内容不是一件容易的事情。所以文言文教学的重点应该是帮助学生读通文章。

这堂课罗老师花了28分钟时间教了文言文的一些特点，如语言简洁、称呼丰富、主语省略、独字成词等，还设计了一些句子练习。这些文言文特点概括得基本正确，让学生明白这些特点也不是不可以。但不少学生的最大困难是读不通、读不懂。怎么让学生读通读懂，最好的方法是反复朗读，读完以后讨论这篇文章读懂没有，哪些地方还不懂，不懂怎么办。其实重点还是多朗读。文言文教学，教师应该教的就是文言文怎么理解，用什么方法去理解。罗老师也有说到，联系上下文理解、看注释理解、联系自己的生活意会等，这是学习掌握文言文阅读最好的方法。我有这样一个体会，或者说建议：小学里教学文言文，最重要的不是急着教文言文特点，而是先让学生去多读。通过大量的阅读实践，帮助学生积累文言文阅读经验。如果学生能够这样反复朗读，就能“书读百遍，其义自见”。通过反复朗读文言文的方法去指导学生阅读文言文，会比掌握文言文的特点更加有用。

猴王出世

执教者：浙江省金华师范学校附属小学　王春燕

【教学目标】

1. 能根据文前“阅读提示”，自主学习课文，了解课文主要内容。

2. 用精读、略读、跳读、浏览等多种学习方法，感受石猴形象，体会语言表达的特点。

3. 领略经典名著的魅力，产生阅读原著的兴趣。

【教学过程】

课前交流：

（播放《西游记》动画片的片段）

师：你们最喜欢《西游记》里的谁？

生：我最喜欢孙悟空。

师：为什么？

生：因为他神通广大，无所不能。

师：哦，这是你喜欢的原因—本领高强，神通广大。

生：我也喜欢孙悟空，因为他惩恶扬善，有勇有谋。

师：你的成语学得真好啊！还有谁想说？

生：我也喜欢孙悟空，因为他非常厉害，心地善良，能够降妖除魔，还会七十二变，一个跟头就翻十万八千里。

师：你也非常厉害！

生：我喜欢孙悟空，喜欢他的勇敢无畏，喜欢他的积极乐观，喜欢他的神通广大。

师：看来这部作品真把你们迷倒了。我们都喜欢孙悟空，那么孙悟空是从哪儿来的，又是怎样成为猴王的呢？今天王老师和你们一起来学习《西游记》中的第一个小故事。

（板书课题：猴王出世）

一、了解大意，初步感受猴王形象

师：课题后面有个小①，表示这篇课文下面配有注释。这篇课文有很多处注释，注释可以帮助我们更好地读懂故事。昨天大家预习了课文，谁来说说你是怎么预习的？

（学生交流预习情况，教师了解学生学习起点）

师：课文前面的“阅读提示”中有这样两个问题。

（课件出示：

石猴是从哪儿来的？又是怎样成为猴王的？）

师：你思考过吗？下面请你快速浏览课文，在关键的语句下面画一画。待会儿我们来交流。

（学生自学）

师：石猴是从哪儿来的？谁能用文章中的话告诉大家？

生：（读）盖自开辟以来，每受天真地秀，日精月华，感之既久，遂（suì）有灵通之意。内育仙胞，一日迸裂，产一石卵，似圆球样大。因见风，化作一个石猴。

师：你们跟她找的一样吗？（生纷纷举手）简单说，这猴子是从——

生：（齐）石头里出来的。

师：了解了石猴的出生，你想用一个什么词来形容他？

生：神奇。

生：奇妙。

生：非同一般。

师：他是怎样成为猴王的呢？谁能用自己的话来说？

生：石猴因为自己有本领，帮助众猴找到了水源，使它们有安身之处。众猴就履行自己的诺言，拜他为王，可以说他是凭着自己的本事成为猴王的。

师：这个本事，说具体一点儿，就是——

生：他能进到水帘洞里又出来，带给了大家一个安身之处。

师：回答非常完整。石猴敢于第一个跳进水帘洞，又能安然无恙地出来，这让他成为了王。读到这里，这石猴又给你留下怎样的印象？

生：石猴给我留下了勇敢的印象。

生：石猴勇敢无畏，一心为公。

生：石猴非常勇敢，而且自信。

师：同学们，一进，进出了一个石猴；一跳，跳出了一位猴王。这猴王的形象已经活灵活现地留在了我们的脑海里。那么，吴承恩先生是用怎样的语言把它写出来的呢？请同学们自由地大声朗读第 1 自然段，感受感受。

（学生自由朗读第 1 自然段）

【评】

首先抓住阅读提示中的两个问题，了解学生的学习起点，然后通过这两个问题，讨论石猴又给你留下怎样的印象，让学生对课文主要人物有个初步印象，为下一个环节深入感悟猴王形象做好铺垫。这里教师追求的是对课文内容的整体理解，没有逐词逐句串讲，也不要求学生解释那些难理解的词句，而是不求甚解，这样处理非常切合小学生阅读古典名著的实际。

二、细读语言，深入感悟猴王形象

师：再次默读课文，说说你觉得哪一句话写石猴写得特别生动。

生：（读）那猴在山中，却会行走跳跃，食草木，饮涧泉，采山花，觅树果；与狼虫为伴，虎豹为群，獐（zhāng）鹿为友，猕（mí）猿（yuán）为亲；夜宿石崖之下，朝游峰洞之中。

师：我们一起来读读这几句话。（课件出示）

（生齐读）

师：读着这样的句子，你仿佛看到石猴在干什么？

生：自由自在地生活。

师：这花果山就是石猴的——

生：家！

师：快乐老家，自由天堂！谁再来读这句话？读出他的快乐，读出他的自由！

（指名读）

师：谢谢你的朗读。同学们，请你把目光聚焦在语言文字上，从“怎么写”的角度，你发现了什么秘密？

生：我觉得这段文字用了排比的修辞手法。

师：你能把这个排比句读给大家听吗？

生：（读）食草木，饮涧泉，采山花，觅树果；与狼虫为伴，虎豹为群，獐鹿为友，猕猿为亲……

师：你发现了四百多年前的两个排比句，真了不起！同学们，吴承恩先生写石猴，遣词造句非常讲究，里面有很多秘密。我们仔细来看一看。（课件出示第一分句：食草木，饮涧泉，采山花，觅树果。）同学们自己读读，你还能发现什么？

（学生自读）

生：我发现每句话都是三个字，前一个字是动词，后两个字是名词。

师：真是大发现呀！写的都是石猴的动作，如果把它读出来，会是一种什么样的节奏呢？

（生读：食草木，饮涧泉，采山花，觅树果）

师：因为石猴在山中快乐地行走着，非常活跃，所以要读得很有激情、很活跃。

（生再读）

师：谁能通过朗读，让石猴的身影在我们眼前“跳起来”？

（指名读）

师：你的声音很好听，可我怎么也没有听出石猴在山上行走、跳跃的感觉。我也来读一读，好不好？

（师范读，语速稍快，节奏跳跃）

师：你们也这样读一读。

（学生自由读）

师：我看到这位男同学读的时候还带着动作，很有感觉。你来给大家读一读。

（生读，读得轻快、跳跃）

师：这石猴“跳起来”了！我们一起来试试吧！

（生读）

师：同学们，三个字的短句具有跳跃感，让石猴在字里行间跳起来、动起来了！往下读，你还会有发现，自己试试看。

（课件出示第二分句：

与狼虫为伴，虎豹为群，獐鹿为友，猕猿为亲。）

（学生自读第二分句）

生：我发现这是个四个字的排比句。

师：这四个字是随便排列的吗？

生：我发现，前两个字都是一些动物，后面一个字是石猴和它们的关系。

师：这些动物是石猴的——

生：亲戚、朋友。（众笑）

师：是哪些动物？

生：狼虫、虎豹、獐鹿、猕猿。

师：这个“虫”，可不是我们玩的毛毛虫，知道是什么吗？

生：昆虫。

师：是长虫——蛇！

（生发出惊讶的声音）

师：这石猴与狼虫——

生：为伴。

师：虎豹——

生：为群。

师：獐鹿——

生：为友。

师：猕猿——

生：为亲。

师：这是一个怎样的石猴呀？请你把他读出来。

（指名读）

师：读得很有感情。往下读，更有意思了！（课件出示第三分句：*夜宿石崖之下，朝游峰洞之中。*）自己读读看，你又发现了什么？

生：（欣喜地）它们就像诗一样，对得非常整齐。

师：一对对子！你们经常诵读古诗文，一定有感觉，我们来对一对。夜对——

生：朝。

师：宿对——

生：游。

师：石崖之下对——

生：峰洞之中。

师：谁能读出这样的感觉？

生：（带着古诗文的韵味读）夜宿石崖之下，朝游峰洞之中。（众笑，掌声）

师：你们真是太厉害了，让我们一起来读。

（生齐读）

师：如果把这三个分句连成文中的长句子，你还能读好它吗？自己先试试。

（学生自由练习）

师：谁向我推荐一位朗读者？自告奋勇也行。

（指名读）

师：最后一句读得最好。这三个分句，第一个分句要读得跳跃些，老师建议你读后吸一口气，再读下面的句子。（再指名读）

（全场掌声）

师：非常非常好！同学们，我们一起来读这一段好不好？我来起头，你们接着读。

师：（读）那猴在山中，却会行走跳跃……

生：（接读）食草木，饮涧泉，采山花，觅树果；与狼虫为伴，虎豹为群，獐鹿为友，猕猿为亲；夜宿石崖之下，朝游峰洞之中。

师：读到这儿，你读到了一个怎样的石猴？拿出笔，在这个句子边上写下批注。写过批注吗？把关键词语记在旁边。

（学生默读、批注）

师：我来了解一下，你写的是——

生：友善。

生：活泼。

生：有亲和力。（众笑）

生：活灵活现。

生：活泼可爱。

师：老师也写一个。（板书：顽皮可爱）同学们，作者写的是活泼、跳跃的石猴，用的语言也非常短促、有节奏感。反过来说，正是这样的语言，让我们读到了一个顽皮、活泼的石猴。内容与语言高度融合，这就叫经典。

【评】

这是引导学生发现经典作品的语言秘密，理解石猴形象的第一个层次。先是抓住描写石猴形象的句子，引导学生聚焦语言文字，从“怎么写”的角度去发现语言建构的秘密；然后通过反复朗读，感受语言的精妙；最后用批注的方式写出自己的感受。巧妙地将领会语言表达形式与感受人物形象融为一体，目标明确，设计很有层次。

师：下面请同学们自己研读第二个问题。（课件出示阅读提示）

生：（齐读）课文是怎样写“石猴成为猴王”的？

师：请你抓住一两个关键的句子进行研读，用心体会语言的秘密，做好记号，待会儿我们进行交流。

（学生自主研读，同桌讨论）

师：我看同学们都很有收获，谁愿意和大家交流一下？

生：我找到了一句。

“哪一个有本事的，钻进去寻个源头出来，不伤身体者，我等即拜他为王。”连呼了三声，忽见丛杂中跳出一个石猴，应声高叫道：“我进去！我进去！”他瞑目蹲身，将身一纵，径跳入瀑布泉中，忽睁睛抬头观看，那里边却无水无波，明明朗朗的一架桥梁。

首先，从这么多的语句中，我看到作者应用了拟人的手法。猴子是不会说人话的，但是他却把人的语言用在了猴子身上，把这个猴子写得活灵活现。再加上“他瞑目蹲身，将身一纵，径跳入瀑布泉中……”这里的“瞑目蹲身，将身一纵”和“跳”字把石猴的动作描写得十分生动。（众掌声）

师：我要拜你为师！（众笑）你姓什么？

生：周。

师：周老师，请坐。（众笑）

师：同学们，我们把这句话读一读，再来感受感受。

生：（齐读）连呼了三声……径跳入瀑布泉中。

师：刚才他说得非常好，我还想建议你们再读读石猴的语言，读读他说的话，看看有什么新的发现。

生：（读）“我进去！我进去！”

师：你们发现了什么？

生：这石猴非常自信，感到对这件事情很有把握。（众笑）

生：他很有实力，我想进去，我就一定能！（掌声）

生：他觉得自己无所不能，我能进去，就一定能出来，我就是猴王了！（众笑，掌声）

师：如果换一种写法，还会不会有这样的感觉呢？读读看。（课件出示，改成：我进去吧！我进去吧！）

生：我感到那好像是被人所逼的样子。

生：他犹豫不决。

生：我感到他是被迫进去的。（众笑）

生：我觉得他没刚才那样自信。

师：是呀，这话一听就不像是石猴的嘴里蹦出来的！让我们再读课文里的语句。"连呼了三声……"

（生齐读）

师：难怪有一位大师说，一流作品与二流作品之间的区别，往往只差几个字！同学们，像这样描写石猴的语言——短促、重复，文中还有几处，你读一读，再感受感受。

（学生自由跳读课文，感受石猴的语言特点）

生：（读）石猴喜不自胜，急抽身往外便走，复瞑目蹲身，跳出水外，打了两个呵呵道："大造化！大造化！"

师：同学们，什么是"大造化"？

生：在这儿指福气和运气。

师：大家都有福气了，不用再受老天之气了。怎么读呢？

（生有感情地齐读此句）

生：（读）众猴把他围住，问道："里面怎么样？水有多深？"石猴道："没水！没水！"

师：一听就是石猴的语言。

生：（读）石猴却又瞑目蹲身，往里一跳，叫道："都随我进来！进来！"

师：请你关注这个"都"字，可以加上动作，再试试。

生：（边读边做动作）"都随我进来！进来！"

师：像不像猴王啊？

生：像！（笑）

师：让我们一起来读一遍，加上动作。“石猴却又瞑目蹲身，往里一跳，叫道……”

生：（边读边做动作）“都随我进来！进来！”

师：读到这里，你又读到了一个怎样的石猴？请你在相关的句子边上写下批注。

生：我读到了一个自信、勇敢的石猴。

生：我读出了石猴的大胆。

师：我们每个人都读到了自己心中的石猴。我也写一个。（板书：敢作敢为）

【评】

前一个环节是学生在教师引导下发现了经典作品的语言秘密，这个环节要求学生自己去抓关键的句子进行研读，发现语言的秘密，从扶到放，设计独具匠心。此处教师引导学生发现：描写石猴的语言有“短促、重复”的特点，因此重点引导学生找出“都随我进来！进来！”“没水！没水！”，然后通过批注体会石猴的自信、大胆和勇敢。

细读这个环节就会看出，这其实是教师备课时的发现，学生只是“被发现”。教师按照预设这样引导当然也可以，但会错过学生阅读时的“真发现”。比如第一个学生发现的描写石猴的动作“瞑目蹲身，将身一纵”和“跳”等，这是学生的“真发现”，体会也非常精彩。如果教师因势利导，接着让学生充分交流，这样学生可能会说出更多精彩的发现。可惜的是，教师急于导向自己预设的发现。此处学生自主研读、发现语言表达秘密的环节设计得很好，可惜指导过程仓促了些，错过了大多数学生真正的发现，浪费了很多现场生成的资源，没有达到迁移的目标。

三、总结提升，整体把握猴王形象

师：（边总结边板书）同学们，读了《猴王出世》，我们每个人的心中都有了自己的猴王形象。他不仅仅是一个猴子，顽皮可爱，他更像一个人，敢作敢为。如果你走进《西游记》，会更强烈地感受到，他是一位神，神通广大，本领出众！喜欢这样的猴王，真的不需要理由，这就是经典的魅力！在这篇经典名著里，精彩的语言随处可见。请同学们在最后一点时间里，挑选自己认为最精彩的语言读一读，背一背。

（学生自由朗读、背诵）

师：40分钟时间很快就到了。我想，上了这堂课，大家一定会发现，读经典，不仅要读懂“写什么”，更要去思考作者是“怎么写”的，因为——

（课件出示：

“写什么”人人看得见，“怎么写”对于大多数人却是个秘密。）

（生齐读）

师：希望同学们一生都与经典相伴。下课！

【评】

课堂最后点明了这堂课经典阅读的教学目标：“读经典，不仅要读懂‘写什么’，更要去思考作者是‘怎么写’的”。教师还在非常有限的时间里安排了背诵，让学生自己选择最精彩的语段自由朗读、背诵，这对学生文言语言的积累和语感培养非常有利，值得提倡。

【总评】

这是王春燕老师在全国阅读教学观摩活动中上的一堂课。我没有去现场听课，只是在网上研读了课堂实录。这堂课确实给现场观课的教师以“耳目一新”的感觉。教师没有按部就班地引导学生解读文本内容，而是抓住课文中描写“石猴出世”和“石猴成为猴王”两段文字，引导学生品味语言的节奏和韵律，感悟表达的精妙，从而感受经典作品的语言魅力。教师力图在诠释一种新的语文教学理念，就是阅读教学的重点是学“言语形式”，而不是学“课文内容”。教师要引导学生走进文本去探索语言形式的秘密。此外，精巧的教学设计，富于艺术的朗读指导，以及教师在课堂上所体现的良好的人文素养和开阔的文化视野，都给人留下了深刻的印象。然而这堂课却没有获得大会的最高奖项，很令人深思。

这堂课确实上得精彩，很有观赏价值。但是如果针对小学生这一特定的教学对象，并且教学的是一篇半文半白的课文，把教学目标确定为“探索语言形式的秘密”，其科学性和合理性就很值得推敲。

小学生阅读《西游记》原著，首先遇到的是语言障碍。我特意去统计上海中心城区学生的阅读现状：3所小学360名五年级学生（上海市小学为五年制）读过原著的仅31人，占8.6%，而读过少儿版《西游记》的学生比例超过50%。学生不读原著的主要原因是原著语言与学生熟悉的现代文相去甚远。可见半文半白的语言难以理解，是小学生阅读原著的最大障碍，这是绕不过去的。比如这篇课文一开始“盖自开辟以来，每受天真地秀，日精月华，感之既久，遂有灵通之意。内育仙胞，一日迸裂，产一石卵，似圆球样大。因见风，化作一个石猴”这段话，聪明的学生可以读懂句子大致的意思，但是肯定有很多读不懂的学生。即使读懂了，对这段话中的不少词语和句子意思的理解也会有困难，比如什么是“天真地秀”，什么叫“日精月华”，“灵通”是什么意思。至于这段话中的诸多文言虚词的用法，小学生更是不容易理解。当然教师不必让学生逐字逐句解释文本词句，但对学生的阅读障碍视而不见，似乎也不是上策。这也是中国传统文言文教学将文章词句串讲作为基本教学方法的主要原因。

小学教材选入古典名著的目的是什么？我想无非是让学生从小认识我国古典文学中的绚烂的瑰宝，从而激发起阅读的兴趣和欲望，将高年级学生的阅读视野从儿童文学层面提升至名著阅读层面。因此，应该将学生阅读兴趣的激发和名著阅读欲望的催生作为教学这类课文的首要目标。而要让学生对名著阅读有兴趣，其前提条件是能读懂。即使是成年人，也没有人会喜欢读自己读不懂的读物。所以教学《石猴出世》这样半文半白的课文，或者是教学文言古诗，指导学生读懂、读明白，是最基本也是最重要的目标。让学生理解那些与白话文差异较大的词句的意思，感受文言文与现代白话文在词义和话语建构上的区别，丰富学生的文言文阅读经验，就显得特别重要。

教学古典名著，除了读懂文本，教师还可以让学生明白一些古典名著阅读的方法策略，比如可以读课文中的注释，可以借助词典，可以联系语境猜读词义，实在弄不明白，跳过去也是一种有效的阅读策略。聪明灵活的学生遇到阅读困难，往往先跳过去，读到后来会越读越懂，越读越有味道。但不少学生遇到障碍就畏惧了，不读了，这样就始终不能走进经典。因此让一些优等生介绍自己的读书方法，或者教师直接将自己的阅读经验传授给学生等，这些指导都比学生自己在黑胡同里瞎摸更加有效。对大多数还没有接触或者刚刚开始接触古典名著阅读的小学生来说，教一点阅读方法和窍门，似乎比探索名著语言的秘密更有必要。

对古典作品语言秘密的探索，其前提是必须有一定的文言文阅读能力。而形成这种能力的基础是大量阅读古典作品的实践，只有做到阅读无太大障碍，能够熟练或比较熟练地阅读文言作品，才有可能去欣赏文言作品的语言。熟练或较熟练地阅读古典名著，是欣赏名著语言的基础，否则就像不会走路就要求跑步一样不切实际。中国传统的文言文教学，其实也是“止能讲其大义。若欲博综精研，可俟入大学堂后为之，此乃中小学堂讲经通例”。（清政府颁发的《奏定初等小学堂章程》）当下初中文言文作品教学，也只要求“对浅易文言文，能借助注释和工具书理解基本内容”，而并不要求对作品语言进行研读分析，对文言作品的语言欣赏应该是高中语文甚至是大学语文的教学任务。

因此，将小学阶段文言作品阅读目标陡然提到文言语言欣赏的高度，其实超越了小学生的最近发展区。虽然借助教师精心的技术处理，并辅之以高超的教学艺术，也许有可能使部分尖子学生获得一定的理解，但这种理解其实是非常肤浅的，而且是很难迁移的。如果以为学生通过一堂课，在教师引导下欣赏了这样几句句子，以后就会这样去阅读古典文学作品，那就过高估计了学生的认知能力。即使是成年的语文教师，通过这样一堂课的训练，也未必就能独立欣赏文言作品的语言，因为语言欣赏必须以大量的作品阅读、相当的文学素养和认知水平为前提条件。

检验这堂课的教学实效其实不难，只要换一篇半文半白的文章让学生阅读，比如《三国演义》《水浒传》，或者是《西游记》的另外一个章节。如果以前读原著有困难的学生，上完这堂课，读起原著来感觉不困难了，那么这堂课的效果就体现出来了；如果困难依旧，那么就说明这堂课的实效并不明显。当然对于少数天资聪敏，阅读能力特强，小学三四年级阅读原著就不那么困难的学生而言，这堂课的教学目标或许有一定的合理性。只是我们的教育不应该只面向少数尖子学生，因为这与素质教育的理念不吻合。

正如执教者所总结的："'写什么'人人看得见，'怎么写'对于大多数人却是个秘密。"这儿的"大多数"，主要不是指小学生，而是指大多数的成人，也包括"大多数"教师，甚至包括相当一部分语文教师。因为要搞清楚"怎么写"这个秘密，必须经过专业训练。当下不少人提倡语文教师要"细读文本"，言下之意就是相当一部分语文教师对文本"怎么写"这个秘密还没有搞清楚，理解得还不到位，因而要"细读"文本。而且这里的"文本"主要是指那些全白话文的文本，当然也包括"半文半白"的文本，但主要是指前者。平心而论，这样的提议对当下大多数语文教师而言是比较合适的，因为这的确是语文教师需要熟练地掌握的专业技能。但如果要将掌握这种技能的对象扩大到小学生，并且延伸至"半文半白"的文言作品，其合理性就很值得探讨了。

王春燕老师的这堂课是对教材中古典文学作品教学的新探索，追求的是一种新的教学思路。这样的探索是有价值的，也是应该肯定的。我在这里表达的也是个人观点，不一定正确。希望这样的讨论能够引发广大教师更加深入的思考，语文教学改革需要而且应该有不同意见的表达。

整本书阅读指导

我和小姐姐克拉拉

执教者：山东省滕州市实验小学　侯化珍

【教学目标】

1. 初步习得正确的阅读方法，养成良好的阅读习惯。

2. 享受故事的快乐和趣味，并乐于与人分享。

【评】

激发学生阅读兴趣是低年级读书指导课的重中之重，第二条教学目标设定为“享受故事的快乐和趣味，并乐于与人分享”非常正确。阅读分享能让学生更加充分地体验读书的乐趣，是激发学生阅读动机的有效手段，因此将“与人分享”特意写在目标中很有必要。目标第一条“初步习得正确的阅读方法，养成良好的阅读习惯”稍显笼统。正确的阅读方法很多，比如边读边思考、阅读时写批注、阅读时适当摘录好词好句、写读书笔记等，这节课到底希望习得什么阅读方法，要表达清楚，以便于检测。

【教学过程】

一、了解基本信息

师：今天，我给大家带来了一本新书，想不想读？还不知道书名呢就想读，真是一群爱读书的小书迷。

（生看书）

【评】

上阅读指导课时，很多教师发下书以后紧接着就唠唠叨叨地指导怎样读书。其实学生拿到书最想做的事情就是先睹为快。侯老师没有急着指导，而是留出时间让“大家自己随便读读”，这是最符合学生当时心理需求的。只是不清楚留给学生多少读书时间，如果能够有 10 分钟甚至 15 分钟时间让学生静静地读完一个故事，效果一定是好的。

师：同学们看了一会儿了，大家先停一停。我看到大家拿到书后都特别高兴。有的同学拿到书后，找到第一个故事读起来；有的同学翻到后面的某个故事看着。我们先简单聊聊，你读到了什么。

生：我先看了封皮，知道这本书叫《我和小姐姐克拉拉》。

师：拿到一本书，先要记住书名，对吧？（大屏幕出示书的封面）来，一起读读。看，名字里还站着两个小孩呢，好玩吧。

师：大家对这两个人物有了解吗？知道他俩的名字吗？

生：小姐姐叫克拉拉，小弟弟的名字不知道。

师：小弟弟的名字藏在第 101 页呢。快看看叫什么。读一本书，要了解一下主要人物，最起码得知道名字，是吧？

师：这本书一共写了多少个故事呢？谁能一下子就知道？

生：看目录。

师：大家都看看目录。从目录中还能知道什么？

（大屏幕出示书的目录）

生：我知道了每个故事开始的页码和故事的名字。

师：再看看故事的名字，你觉得最有意思的是哪一个，猜猜会写什么。大胆猜。

生：我觉得《天大的秘密》最有意思，我就想到底是什么秘密比天还大呢？

生：我觉得《樱桃巧克力大蛋糕》最有意思，我猜肯定是写他们偷吃蛋糕的事。

师：只看故事名字就这么有趣，是不是更想读了？

【评】

第一板块设计了两个环节，第一环节是让学生自己读书，第二环节开始指导读书方法了：拿到一本书，先要记住书名；读一本书，要了解主要人物，知道他们的名字；读书之前还要看看目录，知道这本书写了哪些有趣的故事等。指导这些读书方法当然不错，只是学生刚刚开始读书，读得最有兴头的时候突然被教师打断，然后按照教师预设的教学环节开始讨论这些读书方法，是否有些扫兴？其实这些读书方法指导放在这堂课结束之前，花两三分钟时间总结一下，效果可能更好。

二、比赛读书感受“趣”

师：我在读这本书的时候，发现了三个超级有趣的故事，说实话，把我肚子都笑疼了。哪三个呢？（大屏幕出示《樱桃巧克力大蛋糕》《吃苹果大赛》《洋葱的妙用》）现在，小组内商量商量，选出一个最有意思的故事。只能选一个哦！选好后坐好。选好啦？组长起立，告诉大家。

师：下面进入我们的“读书比赛”时间，克拉拉有话要对大家说。仔细听。（出示温馨提示）

温馨提示：

1. 各小组选出一个故事。

2. 每个同学静下心读书，坚持把一个故事读完。

3. 读完后，想想故事中最有趣的地方，多读几遍。

师：清楚了吗？我们比一比哪一组同学读得最认真。老师也想看看谁是最爱读书、最会读书的孩子。读吧。

（教师随时关注学生的读书姿势、端书姿势和读书状态）

师：各小组的同学读得都很投入。刚才你们读书的样子太可爱了，很积极、很投入。

【评】

这是学生自己的读书板块，教师的温馨提示很好：第二条是“每个学生静下心坚持读完一个故事”。对于喜欢读书的学生来说，读完一个故事不在话下，这个提示主要是针对那些平时不怎么喜欢读书的学生。第三条是“想一想故事中最有趣的地方，多读几遍”。这可以督促学生边读边思考，也为后面小组交流和全班分享作好准备。可以讨论的是三个最有趣的故事都是教师事先规定好的，不是学生自己提出的。其实教师认为最有趣的不一定是学生感到最有趣的，因此不如将选择权还给学生，让每个小组自己选择最有趣的故事来读，这样对提高学生交流的积极性和主动性都有好处。

三、合作分享放大“趣”

师：下面进入“小组自由交流”时间，听听克拉拉说了些什么。（出示温馨提示）

温馨提示：

1. 把你认为最最有趣的地方找出来指给大家看。

2. 大家评评：谁找的是最最有趣的。

（学生分别找出自己认为最有趣的段落，小组内简单交流）

师：下面进入“分享故事”时间。怎么分享呢？竖起耳朵，认真听。（出示温馨提示）

温馨提示：

小朋友们，好的故事要分享，越分享越有趣。你愿不愿意读一读，或者和小伙伴合作演一演，和大家分享快乐呢？还有克拉拉奖章等着你哦！

师：想不想得到奖章呢？那可得好好练练。可以自己读，也可以和伙伴合作读；可以在座位上练，也可以在舞台上找个地方练。开始吧。有问题可以随时找我。

（学生练习，教师从语气、语调、姿势等方面跟进指导）

师：刚才大家练得都很投入。怎么样，谁想来展示一下？请第一组同学上台。大家往这儿看，他们要表演了，作为观众，你们要欣赏表演了，该怎样做呢？对，安静下来，看这里。我们来看看他们表演得棒不棒。

师：你们选的是哪个故事？

生：《樱桃巧克力大蛋糕》。

师：我先简单说明一下。姐姐看到妈妈早上烤了一个非常漂亮的大蛋糕，放在冰箱里，想着下午招待客人。姐姐非常想吃，就忽悠弟弟一块去看。开始吧。大家先自我介绍一下。

生：大家好，我是姐姐。

生：我是弟弟。

生：我读旁白。

（生表演）

师：他们表演得怎样？

生：我觉得小姐姐演得好，她忽悠弟弟的时候语气很像！

生：我给小弟弟点个赞！小弟弟太可爱啦！

师：多有意思的姐弟俩。是不是应该把掌声送给他们？祝贺你们得到了这枚奖章。

师：哪一组还想再来读？（关注想上台又不敢上台的小组）你们想不想试试？我看你刚才练得很认真，还一边读一边笑，愿意吗？掌声鼓励一下。

师：你们选的是哪个故事？想读哪一段？（生读自己最感兴趣的段落，出示文字）

姐弟俩想参加化装晚会，姐姐打算扮成小巫婆，弟弟扮成日本小渔夫。于是，姐姐就把洋葱、鸡蛋放在一起煮了一锅黄乎乎的汤，想把弟弟全身染成黄色。

师：谢谢你们愿意和我们分享这么有意思的故事。回到家，也可以读给爸爸妈妈听，好吗？来，克拉拉奖章给你们。

师：我看你们组都举手了，是不是迫不及待地想读了？（学生上台）你们想读哪个故事？

生：《吃苹果大赛》。我先简单介绍一下。姐弟俩在家里比赛吃苹果，结果吃得太多，都想上厕所。可是，姐姐已经占用了卫生间，弟弟在卫生间门口急得要命。

（生读。读完后，教室里随即响起了一阵热烈的掌声）

师：哇！这么热烈的掌声！说说，你为什么把掌声送给他们呀？

生：他们读得好，演得像，把大家都逗乐了。

师：是呀，我们一起分享着读书的快乐，开心吧？我也想夸夸这位作家，你说他多了不起，把故事写得这么有意思，这么好玩。

【评】

小学生读书，读到有趣的故事最希望能与伙伴分享。板块三设计了两次分享交流，先是小组简单交流，每个学生找出最有趣的地方与小组伙伴分享，这种交流方式可以使每个学生都有机会参与；然后是全班分享，可以用朗读的方式，还可以用表演的方式。从课堂实录看，这个板块教学想必也是高潮迭起，非常热闹，只是花费时间应该不少，甚至会超过学生读书的时间。我认为读书指导课应该以学生读书为主，在保证学生有充分读书时间的基础上再进行分享。读书与分享，读书是基础，分享只是促进学生读书的辅助手段。这堂课上，教师将大量时间用于分享，是否有点本末倒置呢？

四、课后再读延展“趣”

师：这节课我们读了三个超级有趣的故事，剩下的故事也超级有趣的，想不想继续读？克拉拉还有读书小秘诀告诉大家呢，认真听。（出示读书小秘诀）

读书小秘诀：

1. 一个故事、一个故事地读。

2. 静下心读完每个故事。

3. 学会分享有趣的故事，可以读给爸爸妈妈听，可以读给小伙伴们听。

师：记住了吗？下一节阅读课我们再来读，再来讲，再来演，再来分享读书带来的快乐，好吗？

【评】

结尾环节干净利落，激发学生读剩下的故事的兴趣，要求还是静下心来读完每个故事，并且与爸爸妈妈或小伙伴分享。这两点与第三板块的读书要求相呼应，同时也紧紧扣住本课的教学目标，可见设计者的目标意识很强。

【总评】

指导小学生读书，应该把激发学生读书兴趣放在首位。选好有趣的读物，引导学生通过阅读体验读书乐趣，分享阅读中的快乐，这些都是培养学生读书兴趣的有效手段。侯老师上的这堂课，把“享受故事带来的快乐和趣味，并乐于与人分享”作为最重要的教学目标，是很有见地的。整堂课教学设计思路很清晰，四个板块层层推进：课堂伊始，让学生拿到书以后自己阅读；第二个板块要求每个学生自己认真读一个故事；在读书基础上分两个层次组织分享，最值得肯定的是小组分享，让每个学生都有参与机会；最后布置课后读书任务，回家读完这本书。相信通过这一堂读书指导课，学生都能在短时间内读完这本书。

如何提高读书指导课的教学效率？我想以这堂课为例，和大家讨论一些问题。

一是关于读书方法的指导。从课堂教学实录分析，这堂课上，教师有意传授的读书方法确实不少。比如阅读一本书，先要记住书名，要了解主要人物、记住名字，还要看看目录等；还有读书时要静心阅读，坚持把一个故事读完，读后还要想想故事中有趣的地方，多读几遍；最后还引导学生进行读书分享，养成阅读后分享的习惯。教师指导的这些读书方法都很不错，但就一堂课看，课堂教学时间是有限的，方法指导的时间多了，学生读书的时间必定会减少。其实对于小学生而言，保证学生有充分的读书时间是最重要的。对那些没有读书习惯的孩子来说，无论是低年级还是中高年级，教再多再高端的读书方法都不管用。最好的方法就是在教师的眼皮子底下静下心来坚持读完一个故事，这不是什么读书方法，却也是最管用的读书方法。

对小学生而言，无论是读书兴趣和读书习惯，还是阅读理解能力，都只有通过亲身的读书实践才能真正得到培养和提高。学生的读书兴趣从哪里来？当然有外部环境的促进，但是亲身体验到的读书乐趣是最关键的因素。至于读书习惯和读书能力，更是只有通过长期的、大量的读书实践才能真正获得。与学生的读书实践相比较，教师再高明的方法指导都不是最重要的，最多只能放在第二位。所以我在第一板块点评中指出，“如果能够有10分钟甚至15分钟时间让学生静静地读完一个故事，这样效果一定是好的”。可惜教师为了完成预设的读书方法指导，硬生生地打断学生的阅读，这样的做法实在不应该提倡。

二是如何进行读书分享。语文课程标准在低年段目标中明确指出，“要乐于与伙伴分享阅读乐趣”。这是非常正确的。尤其是对那些不喜欢读书的孩子来说，如果读书缺少分享，很难使他们坚持读书，而分享可以激发这些学生读书的兴趣，能够使他们读书的积极性、主动性保持得更加持久，从而养成好的读书习惯。分享很重要。有些教师在学生读书以后，花一堂课时间组织学生进行读书分享，这无可非议。不过这堂课教师安排的读书分享环节值得商榷。因为这是一堂图书推荐课，目的是向学生推荐《我和小姐姐克拉拉》这本书，激发学生阅读这本书的兴趣。因此应该把主要时间放在学生阅读实践上，在保证学生有充分读书时间的基础上再进行分享。“分享只是促进学生读书的辅助手段”。这堂课上，教师在分享环节设计过度，先让学生自己准备，再让学生以各种形式汇报，这样的分享往往会形式大于内容，追求的是课堂形式的热闹，而对真正培养学生阅读兴趣和习惯的价值不大。

冬阳·童年·骆驼队

执教者：江苏省无锡市南长街小学　诸向阳

【教学目标】

1. 学习提取信息、加小标题。

2. 品读童年往事，学习作者围绕“骆驼队”选择材料，从不同角度表现童真童趣的写作方法。

3. 对比学生习作与教材文本结构上的不同，领会作者文章结构的奥妙。

4. 激发学生阅读《城南旧事》的兴趣。

【教学过程】

一、揭题释难

师：读一读课文的题目。

（生读）

师：这个课题与其他课题有什么不同的地方？

生：这个课题由三个词语组成，词与词之间有个点儿。

师：你观察得真仔细。这个点儿也是一个标点符号，叫“间隔号”。遇到间隔号，在朗读时要注意停顿一下。读了这个课题，你的眼前会出现怎样的画面？

生：一群骆驼正在咀嚼，小英子正在看着骆驼咀嚼。

生：冬天的太阳特别温暖，英子在骆驼休息的地方看它们咀嚼，自己也学了起来。

师：冬天温暖的阳光下，一群骆驼走来，走向童年的英子，也走向我们。我们再一起读课题。

二、提取信息

师：这篇课文的后面有一个资料袋，谁来为我们读一遍？

（生读）

师：在这段文字中，有哪些信息是特别重要的？

生：这篇课文是小说《城南旧事》的序言。《城南旧事》是一部自传体小说，它以朴实、纯真的笔调，描绘了 20 世纪 20 年代主人公小英子在北京城南经历的童年往事。我通过这一段资料知道，作者是根据自己的亲身经历写出这本书的。

师：所谓自传体小说，就是根据亲身经历写出的小说。苏联著名作家高尔基有自传体小说三部曲，知道是哪三部吗？

生：《童年》《在人间》和《我的大学》。

师：对。资料袋中还有哪些重要信息？

生：我从这个资料袋看出了课文作者是林海音，她的原名是林含英，小名英子。

师：她提取了一个重要信息，这篇课文的作者是林海音。（出示林海音照片）同学们，这就是林海音，让我们记住她的名字。已经提取了两个重要信息了。还有吗？

生：《城南旧事》被拍成了电影，深受观众喜爱，影响了一代人。

生：《城南旧事》描绘的是20世纪20年代老北京的生活。

生：我们今天学的这篇课文是《城南旧事》的序言。

师：非常好，第五个重要信息被你发现了。我们今天学的这篇课文是《城南旧事》这部小说的序言。序言，是作者写在前面的话还是写在后面的话？

生：写在前面的话。

师：那么作者写在后面的话叫什么呢？

生：后记。

师：没错。同学们，我们通过读资料袋提取了5个重要信息：第一，这篇课文是《城南旧事》的序言；第二，《城南旧事》的作者是林海音；第三，《城南旧事》被拍成了电影，深受观众喜爱；第四，《城南旧事》是一部自传体小说；第五，《城南旧事》描绘的是老北京的生活。老北京的生活离我们比较遥远，诸老师带来了一些图片，给同学们看一看。（配乐播放老北京图片，最后一张图片展示的是骆驼队出现在北京城里的画面）

师：长长的骆驼队来了，童年的英子看到了这长长的骆驼队，展开了她对童年往事的描绘。

【评】

从文本中提取信息是一种重要的阅读策略。在阅读教学中有意识地培养学生提取信息的能力，这是很有必要的。教师在指导过程中引导学生提取了5个重要信息，从信息提取的结果看是不错的。值得讨论的是，学生交流时所提取的信息是零碎的，每个学生提取的只是其中一点，这对提取信息能力的培养是不利的。建议先让每个学生自己阅读文本，自己从文本中完整地提取信息；然后通过交流，评价谁提取的信息是完整的，谁提取的信息不够完整。这样学生才能真正认识提取信息的方法，在能力上得到提高。教师应该关注学生提取信息的过程指导，这比结果重要得多。

三、概述往事

师：这篇课文描写了英子的四件童年往事。谁来说说第一件？

生：英子在冬阳下学骆驼咀嚼的样子。

师：第二件事呢？

生：英子和爸爸讨论骆驼脖子上铃铛的用处。

师：第三件事呢？

生：英子真想去剪骆驼肚子上垂下来的驼毛。

师：第四件事呢？

生：夏天的时候，英子问妈妈骆驼去哪里了。

师：这篇课文回忆了四件童年往事。现在，加大难度。我们要分别给这四件童年往事取一个小标题，怎么来取？先读一读第一件事。

（生读第一件事）

师：“咀嚼”的“嚼”还有一个读音，怎么读？

生：嚼（jiáo）。

师：“嚼（jiáo）”这个读音课文里有吗？

生：（读）看它从不着急，慢慢地走，总会到的；慢慢地嚼，总会吃饱的。

师：第一件事是英子在冬阳下学骆驼咀嚼的样子。如果我们要给这件事取一个小标题，你认为取什么标题比较好？

生：我觉得可以取一个标题叫“学骆驼咀嚼”。

师：很准确。取小标题，第一个要求是准确。除了准确，取小标题还有一个要求——简练。“学骆驼咀嚼”已经很准确了，能不能再简练一点？

生：学咀嚼。

师：很好，我们一起写下来。

师：请同学们给另外三件事分别取一个小标题，把小标题写在这件事的旁边。注意：取小标题有两个要求——准确、简练。

（生取小标题，教师巡视指导）

师：好。我们一起来讨论。第二件事，你取了什么小标题？

生：谈论铃铛的用途。

师：这个小标题有问题吗？

生：不够简练。

师：再简练一点。

生：谈驼铃。

师：好，写下来。第三件事，取什么小标题？

生：剪驼毛。

师：很简洁。同学们同意这个小标题吗？

生：我觉得她起的小标题不够准确。

师：为什么？

生：因为第三件事讲的是英子想剪驼毛，但没有真的去剪。小标题可以是——想剪驼毛。

师：真好！小标题不一定必须是三个字，我们这里可以用四个字——想剪驼毛。取小标题要准确、简练，缺一不可。第四件事，取什么小标题？

生：问去向。

师：好！同学们，我们通过讨论给这四件事分别取了一个小标题，我们一起读读这四个小标题。

生：（读）学咀嚼、谈驼铃、想剪驼毛、问去向。

【评】

先梳理出课文记叙的四件事情，然后指导学生列出小标题。其中列出准确、简练的小标题是指导重点。教师的指导过程设计很用心，先指导学生列“学咀嚼”这个小标题，使学生认识到列小标题不但要准确，还须简洁；再要求每个学生动笔写出其他三个小标题；最后再交流总结。指导过程设计合理，特别是让每个学生都动笔写小标题，学生写出小标题以后再组织交流点评，这样的设计尽管用时较多，但比仅仅让几个学生口头说说要有效得多。因为学生经过写小标题的实践以后，再参与交流点评，对如何列好小标题的体会认识会深刻得多。

四、把握形象

师：我们来读第二件事——谈驼铃。

（生分角色朗读）

师：同样一个铃铛，关于它的作用，爸爸和英子的看法不同。爸爸认为铃铛是干什么的？

生：防狼的。

师：英子认为系铃铛的作用是什么？

生：增加行路的情趣。

师：为什么爸爸和英子的看法截然不同？

生：因为英子是小孩，而爸爸是大人。

生：爸爸的看法合理，英子的看法合情。

师：好一个合理与合情！来，我们一起读读英子的想法。

（生读谈驼铃一段）

师：从这段话中，我们看出英子是一个怎样的孩子？

生：天真烂漫。

生：想象力丰富。

师：请同学们读读另外三件事，画出有关的句子，在旁边写写批注，你觉得英子还是一个怎样的孩子？

（学生写批注后交流）

生：我觉得英子是一个心地善良的孩子。骆驼的毛太不整齐，看起来不好看，英子想去剪驼毛。

生：“夏天来了，再不见骆驼的影子，我又问妈妈：‘夏天它们到哪儿去？’”我知道她是充满好奇心的，喜欢问问题，问个不停。

师：同学们，通过研读，我们发现英子是这样一个孩子——

生：（读）天真烂漫、想象力丰富、心地善良、充满好奇心。

【评】

通过具体事例的研读，体会英子这个人物的形象，并且对人物作出自己的评价。这也是一种良好的阅读方法的指导。通过交流，学生概括出了英子是一个“天真烂漫、想象力丰富、心地善良、充满好奇心”的孩子，概括得不错。问题还是出在学生对英子这个人物的碎片化评价上，每个学生只是根据一件事例体会出人物的某一方面的特点，教师没有有意识地引导学生通过四个事例对人物作出完整的评价。其实教师“请同学们读读另外三件事，画出有关的句子，在旁边写写批注，你觉得英子还是一个怎样的孩子？”这个环节设计意图应该是根据另外三件事完整评价英子这个人物，只是在交流过程中没有严格遵照这一要求进行点评，所以学生还是逐件事分开评价英子，这就使得这一练习的效果大打折扣。如果教师在交流时要求学生对英子这个人物作出完整的评价，然后点评哪个学生的评价是完整的，哪个学生的评价还不够完整，这样对培养学生思维的完整性更加有效。还是那句话，教师追求的应该不是结果，而是过程，这样的指导对学生学会如何完整地评价一个人物会有效得多。

五、品味经典

师：《城南旧事》是一部经典作品。经典就是值得反复阅读的作品，经典就是百读不厌的作品。同学们，我们再来读第一件事，看一看能不能从这件事里读出不一样的韵味来。谁再来为我们读读第一件事？

（生读第一件事）

师：同学们，好好咀嚼一下这段文字，你发现林海音的文字有什么特别的地方吗？我们来读读加粗的文字。

生：（读）那样丑的脸，那样长的牙，那样安静的态度。

师：我们来品读品读这段文字。有人说林海音写骆驼咀嚼的样子太啰唆，不简洁，可以改为“那样丑的脸，长的牙，安静的态度”。你们觉得这样改好吗？

生：不好。我觉得用了三个“那样”，强调了骆驼的脸很丑，牙非常长，态度很安静。

师：男同学读林海音的文字，女同学读老师改的文字，你们再听听林海音的文字还有什么不一样的地方。

生：用了三个“那样”，文字很活泼，很可爱，像小孩子写的。

生：我从三个“那样”中读出了英子对骆驼的喜欢。

生：用了三个“那样”，读起来更好听，有节奏感。

师：好一个“节奏感”！我们一起读。

（生朗读）

师：这段文字，你觉得怎样？

生：写得特别细致，使人仿佛看到了骆驼咀嚼的样子，给人一种身临其境之感。

师：林海音的文字朴朴实实、普普通通，却韵味十足，这是林海音文字的魅力。

【评】

经典作品如何阅读？教师引导学生深入到语言文字层面进行咀嚼，通过比较，体会作者遣词造句的魅力，指导得很有深度。小学生阅读文章，一般多关注情节内容，很少会去深入体会作者的遣词造句。如何让学生认识作者遣词造句的魅力？如果教师只提要求，学生还是很难学会，因此这里教师进行具体的指导是极有必要的。我们具体分析这个环节中教师的指导：先是明确要求，读第一件事，看一看能不能从这件事里读出不一样的韵味；再让学生读第一件事，注意加粗的文字；然后删去两个“那么”，让学生反复朗读，体会修改后句子表达的效果。这样学生就能比较切实地体会出经典作品的文字表达虽然平实、普通，但是很有韵味、有节奏感，从而容易感受到经典作品的语言魅力。

师：这篇课文写了四件童年往事。这四件往事分别发生在哪个季节？同学们读读课文。

生：（读）夏天过去，秋天过去，冬天又来了，骆驼队又来了，童年却一去不还了。

师：同学们发现林海音文章的结构了吗？她从冬天写起，然后写到春天、夏天，一笔带过秋天，最后又回到了冬天。文章结构是循环往复的。你们有没有写过一年四季的文章？你们写的时候是从哪个季节写起？

生：春天。

师：你们一般是从春天写到冬天，一条线。林海音为什么要从冬天写起呢？

生：我觉得是因为冬天骆驼队来了。

生：因为课题是《冬阳·童年·骆驼队》，所以要从冬天写起。

师：为什么最后还要回到冬天呢？为什么要这样循环往复呢？

生：四季循环，但是流逝的童年时光不会再回来了。

师：从林海音的文章结构中，你能读出什么呢？

生：我读出了林海音对童年的怀念，对童年流逝的一种不舍，我读到了一种淡淡的忧伤。

师：“淡淡的忧伤”，真好！我们一起读。

生：（读）夏天过去，秋天过去，冬天又来了，骆驼队又来了，童年却一去不还了。

【评】

前面是体会文章遣词造句的魅力，这里又转换一个视角，深入到经典作品结构方法的体会。文章从冬天写起，“夏天过去，秋天过去，冬天又来了”，一笔带过夏天和秋天，最后又回到冬天。学生体会到了作者对童年深深的怀念，也体会到了文章结构安排的精巧。经典作品该怎么读，教师通过品味经典的“语言表达”和“结构安排”这两个方面的具体指导，示范了经典作品的阅读方法，我认为这是这堂课最有价值的一个教学环节。可惜的是限于教学时间，教师只有示范，没有安排学生的实践体验，这样一些学生可能“理解”了品味经典的方法，但大多数学生不一定能“学会”运用方法。如果教师指导学生读了第一件事情以后，再引导学生品读第二、第三、第四件事，让学生自己去深入体会经典作品语言文字的精妙，这样对学生掌握这种方法会更加有效。这是一种好的阅读方法，也是一种良好的阅读习惯。而这种方法和习惯的获得，除了需要教师悉心、反复的指导，还必须通过学生自己的反复实践。

六、推荐读本

师：《城南旧事》有许多版本，我推荐同学们读的版本是中国青年出版社出版的《城南旧事》。除了课本中的文章外，书中还有五个故事（出示《城南旧事》目录）。读读这五个故事的题目。

生：《惠安馆》《我们看海去》《兰姨娘》《驴打滚儿》《爸爸的花儿落了》。

师：这个版本里面除了林海音的文字，还有关维兴的插图。看看关维兴的插图，你们猜猜是哪一章的内容。

（依次出示插图）

师：林海音为什么要写《城南旧事》？（出示：让实际的童年过去，心灵的童年永存下来）

（生读）

师：同学们，你们想让心灵的童年永远保存下来吗？用什么方法保存呢？

生：可以写日记。

师：写成日记，就是留住了自己的童年。写日记贵在坚持，坚持写日记不是那么容易的。我的儿子很小的时候，我就教他写日记，我要让他留住自己的童年。一年级的时候，他还不会写字，我就让他回家后跟我讲一件有趣的事，我帮他记录下来就是一篇日记。从二年级开始，他就用拼音加汉字写日记……一直写到六年级。两千多个日子，他写了两千多篇日记。现在他已经去美国留学了，他的日记集出版了。朱永新先生说："这哪仅仅是日记，这分明是一部童年史诗！这些日记留住了他的童年，留住了他的新鲜每一天。"在这本日记集里，五年级的时候，跟你们一样大的时候，我儿子也读了《城南旧事》，他每读一本书都要写读书笔记。

师：同学们，《城南旧事》是值得一读再读的经典作品，我希望同学们捧起《城南旧事》，去感受林海音的文字，去品味她的文字。

【评】

这堂课的结尾，教师介绍了《城南旧事》的版本，介绍了这本书里的五个故事，还让学生对照五个故事的标题浏览书中插图，最后还用自己儿子写日记为例，教育学生用日记的方式留住自己的童年。这样的结尾，信息量非常大，能给学生留下无穷的回味空间和深入的思考空间，还能激发学生课外阅读的兴趣，充满着浓浓的语文味。按通常我们对语文课的评价指标，这样的课堂结尾是相当出彩的。然而需要讨论的是，这堂课上，前面教师所教的许多内容，比如小标题怎么列，怎么完整地评价人物，经典到底怎么读等，学生到底学会了什么，留下了多少痕迹？按照学生的学习规律，一堂课的结尾应该是把所学到的内容作个小结，或者针对学生的疑问再作些讨论，这样是否会更加有效？诸老师这堂课最后这个环节所讲的内容，都是和学生的语文学习紧密联系，然而鱼和熊掌不能兼得，在这种情况下，教师到底如何取舍，这个问题其实很值得讨论。

【总评】

诸老师说这是一堂课外阅读导读课，旨在激发学生课外阅读整本书的兴趣。语文课得法于课内，得益于课外。学生学完这篇课文，一定会激发起阅读这本书的兴趣，而且初步明白了经典作品的阅读方法。这堂导读课的主要目标就是激发学生阅读原著的兴趣，从现场的教学结果看，这一目标的达成效果是很不错的。

怎样阅读经典作品？按照小学生的阅读习惯，一般是关注生动的情节内容，关注作品的人物形象，很少有学生会主动去体会作者的遣词造句、文章结构方面的妙处。这样阅读经典，学生很难从作品中获得更多的语文营养，收获往往有限。诸老师在这堂指导课里最出彩的就是在学生读懂文章以后，引导学生深入体会人物形象，并且进一步深入到语言文字层面，通过对作品语言文字的咀嚼和比较，让学生体会到经典作品中作者遣词造句的魅力，以及文章结构安排的妙处。这对于学生掌握阅读经典的方法，起到了很好的示范作用。这样的指导很有深度，是极有必要的。

这堂课安排了六个教学环节，每个环节都有一个相对集中的教学内容：一、揭题释难；二、学习提取信息；三、品读文中童年往事，加小标题，学习作者围绕“骆驼队”选择材料；四、体会人物形象；五、学习经典作品的阅读方法，领会作者文章结构的奥妙；六、推荐读本，激发阅读《城南旧事》的兴趣。这些教学内容都是本体教学内容，对学生理解课文思想内容，提高学生的阅读能力，激发学生的阅读兴趣，都有积极的作用，分开看都有一定的合理性。需要讨论的是：在一堂课短短的四十分钟时间里，安排这么多的教学内容，学生是否能够真正学会，能否使学生的收获最大化？

比如如何从文本中提取信息，这是一种重要的阅读策略。教师选择这个教学内容应该说是很有眼光的，学生最后在教师的指导下也理解了这段话中可以提取出的5个重要信息。但是从培养学生掌握信息提取的方法看，这个环节的设计还值得商榷，因为学生交流时所提取的信息都是零碎的，每个学生提取的只是一点，最后提取出的这5个重要信息是全班学生凑齐的。设想一下，如果换一个文本再让学生去提取信息，学生可能还是支离破碎地提取其中的某一点，基本不会注意提取信息的完整性。

如何引导学生真正掌握提取信息的方法，更有效的可能是让学生明白一个文本中给出的重要信息不止一点，需要通过认真仔细地阅读，从中完整地提取多方面的信息，这是指导学生提取信息的关键。因此教师必须花时间让学生认真仔细地阅读文本，先学习如何提取信息；然后通过交流，对学生提取到的信息作出评价，谁提取的信息是完整的，谁提取的信息不够完整。这样学生就能切实地认识完整提取信息的方法。其实学生通过一次信息提取的学习，很难真正掌握提取信息的方法，教师最好趁热打铁，在一次练习的基础上让学生再读另一个文本，再次练习如何完整地提取文本信息，让学生体会：不同的文本，提取重要信息的方法和路径是不一样的。如果能有两次甚至三次这样的练习，那么学生对提取信息的方法一定能体会得更深，收获更大。

有教师可能会提出，如果这堂课这么多教学内容都这样进行指导，那么教学时间一定来不及。不错，每堂课的教学时间是一个常数，这就需要教师对教学内容进行精心取舍。其实评价一堂课的教学效率不是看教师教了多少内容，而是看学生到底学会了什么，学生的收获才是评价课堂教学效率的唯一指标。当下语文教师设计教学时往往容易追求教学内容的完整和精彩，关注的是如何将自己在解读文本时发现的有价值的内容一股脑儿地塞进自己的教学设计中，而对学生是否真正学会这些教学内容却不那么关注。

其实学生学习一项新的知识都有一个自我建构的过程，理解以后需要消化，然后通过实践，不断加工纠错，最后才能迁移运用。理解只是学习新知的第一步，能够运用才是学习新知的最终目的。而后者的难度相比前者要大得多。因此，教师的教学设计更应该将时间花在学生的实践运用上。比如这堂课，教师指导的列小标题、体会人物形象、学习经典作品的阅读方法等。仔细分析教师的教学过程就会发现，因为教学内容太多，学生的学习都只是停留在“理解”这个层面，缺少必要的运用实践。因此除个别天赋特别的好学生，大部分学生都很难达到会“运用”这个层面。

建议诸老师忍痛割爱，对这堂课的教学内容进行必要的取舍，这样才有可能留出宝贵的教学时间让学生进行必要的实践。既然这是一堂读书导读课，那么与读书指导课关系不那么直接的一些教学内容是否可以删去，比如提取信息，比如列小标题？从实际效果看，这些内容的教学也很精彩，但与读书指导课关系不大，是否可以安排在其他课文中进行指导？

这堂课如果围绕经典作品阅读方法这一主题来选择教学内容，那么“经典作品的阅读方法，领会作者文章结构的奥妙”这个环节就应该放大，让学生懂得阅读经典不仅要关注故事情节和人物形象，还要关注作品的语言，体会经典作品的语言文字表达的魅力。也可以换一个视角，领会作者文章结构的奥妙，教师示范了第一件事情的阅读方法之后，让学生自己阅读其他几件事情，自己去体会其他几件事情里作者语言文字表达的奥秘；再小组、全班或同桌交流，讨论哪些同学的发现有价值、有创意。学生通过阅读实践，才能真正掌握阅读经典的方法。最后的课堂小结，教师不仅应提出阅读原著的要求，还应该在经典阅读的方法上引导学生进行总结，并且明确提出课后阅读经典的具体要求。

如果这样去设计读书指导课，对学生掌握经典阅读方法，乃至养成良好的阅读习惯，一定会有更大的帮助。

鲁滨逊漂流记

执教者：山东省胶州市实验小学　张淑英

【教学目标】

1. 激发学生阅读经典的兴趣，感悟经典的魅力，培养良好的阅读态度和习惯，培养读后分享的习惯。

2. 通过交流，使学生进一步把握小说内容，感受鲁滨逊面对困境时所表现出来的积极乐观、创造开拓的精神，学习正确面对困境和挫折。

3. 通过交流，把握阅读整本书的基本策略，尝试体会本书在表达方面的艺术特色：特定情境中的心理描写，以细节描写来使人物形象更丰满。

【评】

《鲁滨逊漂流记》是久负盛名的外国文学作品，堪称外国文学作品中的经典，推荐给高年级学生阅读是非常合适的。执教者将“激发学生阅读经典的兴趣，感悟经典的魅力”作为读书指导课的首要目标，很合适。目标 3 提出

“把握阅读整本书的基本策略，尝试体会本书在表达方面的艺术特色：特定情境中的心理描写，以细节描写来使人物形象更丰满”。这个目标提得很具体，但对小学生而言要求过高，建议适当降低。

【教学准备】

1. 学生事先阅读整本书。
2. 四人一小组团坐，针对精彩之处进行集体研究。
3. 教师课前了解各小组的研究成果。

【教学过程】

一、导入

师：前段时间同学们阅读《鲁滨逊漂流记》的热情很高。这节课，咱们就来交流、分享彼此的阅读感受。

二、热身闯关

师：先来个热身，请同学们举手抢答。

（动感配乐）

抢答题目：

1.《鲁滨逊漂流记》的作者是（　　）国小说家（　　），被誉为“英国与欧洲的（　　）”。

2. 鲁滨逊热衷于（　　）。

3.《鲁滨逊漂流记》这部小说可以分为三部分，第二部分是小说的主体，写的是（　　　　　　）。

4. 鲁滨逊在（　　）买了一块种植园，曾在那儿过了（　　）年的种植园主生活。

5. 鲁滨逊在荒岛上生活了（　　）年，他给这座岛命名为（　　　　），成为了一位独自创造文明的英雄。

6. 在荒岛上，鲁滨逊刚开始的主要食物是（　　），一个偶然的机会，他抖了装饲料的袋子，下过雨后，发现长出了（　　）。

7. 鲁滨逊通过多年实践造了一只独木船，还挖了一条（　　）尺宽的运河，把船运到了半英里外的小河里。

8. 鲁滨逊在荒岛上用（　　）制作成铲子，把收获的稻谷和大麦制作成（　　），第一次打到的猎物是（　　）。

9. 鲁滨逊在荒岛上遇到了自然灾害（　　）。刚开始是用（　　）的方式把食物做熟的。十多年后穿的衣服是用（　　）做的。

10. 鲁滨逊的名字已经成为（　　）的代名词，成为千千万万读者心目中的英雄。

……

师：从同学们的反应速度和答题正确率，看得出大家既从整体上把握了小说内容，也关注了细节。老师对大家用心的读书态度真心赞赏，用心阅读的孩子最美！很期待接下来你们的分享。

【评】

热身闯关设计很有创意，目的有三：一是营造积极、热烈的氛围，点燃起学生的读书兴趣，让所有学生都参与到抢答活动中；二是闯关题目按照从整体到细节、由易到难的顺序设计，引导学生读书时能充分关注细节，提高读书质量；三是便于掌握学生阅读程度的深浅，为教师有针对性地实施后面的教学活动做好铺垫。略显不足的是没有充分发挥四人小组合作学习的优势。其实最后可以统计一下每个小组最后的获奖书签，使得没有机会抢答的学生也有集体荣誉感，增强每个学生的参与感和存在感。

三、交流阅读策略

师：谁愿意到台前来和大家聊一聊，拿到《鲁滨逊漂流记》这本书，你是怎样一步一步阅读的？怎样读书能够提高阅读质量？

生：拿到书以后，我先看封面，然后看封二，再看封三，最后看封底。

师：这是了解一本书的一般顺序。谁来跟大家接着分享有用的策略？

生：我拿到这本新书后，通过看封面、封二、封三、封底认识到这应该是一本好书。封面介绍了作者是英国的笛福，编译者是高娜，由南方出版社出版。书名下面配了一幅插图，背景是一座荒岛，有种荒野求生的感觉。中年男人头发、胡子都很长，应该就是鲁滨逊。他的眼神里有种坚定不移的感觉，坚信自己能回到祖国。

师：于是你们就产生了阅读的欲望，是吗？

（生点头）

生：封二列举了三则名人评论，分别是英国诗人、评论家柯尔律治，我国著名学者、作家周国平及英国文史学家艾伦的评论。其中，柯尔律治评论道：《鲁滨逊漂流记》体现了人类的普遍性。于是我就想，人类的普遍性是什么？我想从书中找到答案。封三给我们推荐了44本中外名著，这些好书都值得我们收藏。有一些我们已经读过了，我打算读完这本后继续读“历险记”系列的《爱丽丝梦游奇境记》《80天环游地球》《骑鹅旅行记》《海底两万里》《格列佛游记》和《汤姆·索亚历险记》。封底应该是说明这个版本的好处和优势。

（生掌声）

师：真不错！像你这样拿到一本新书，能认真从封面读到封底，并提取重要的信息为自己所用，这就是有效的读书方法。你简直算得上你们这个年龄段读书的“行家”了。

生：我认为作家周国平评论的“世上本无奇迹，但世界并不因此而失去魅力”特别好。这话显得有点矛盾，没有奇迹，怎么会有魅力呢？鲁滨逊一定经历了什么才使奇迹发生。这样的评论吊起了我阅读的胃口。

师：嗯。有人说书评是给成人看的，不是给孩子看的。我觉得你是看得懂书评的，了不起！这本书的导读部分，编者设计得还是不错的，谁愿意来与大家分享一下你是怎么用的？

生：导读部分包括七个板块——走近作者、了解创作背景、了解内容梗概、认识主要人物、厘清人物关系、把握主题思想、感悟艺术特色。阅读了“导航”，即使没读过这本书的人，也会对作者笛福、创作背景、小说内容有一些了解，对主要人物的特点有所把握，会爱看这本书。把握主题思想和感悟艺术特色部分让我们领会作者表达的精妙，这确实是一部伟大的著作。

师：同学们听到了吗？他刚才把“导读”说成了“导航”，我不认为这是表达上的一种偏误，因为他显然是把编者的意图读懂了。这样读书，就好像漆黑的夜晚走在路上，手里有一把明亮的手电筒一样，心里有底，眼前有方向，脚下就稳当。谁愿意来补充谈一谈你从创作背景部分提取出了什么重要信息？

生：这本书是作者根据一位苏格兰人的经历写的，说明这本书中的故事具有真实性。

师：谁能表述得更清楚些？

生：笛福了解到一个叫塞尔柯克的苏格兰人被船长抛弃到一个荒岛上，然后在无人岛上生活了多年。可见这个故事不是胡编乱造的。这本书是在英国资产阶级取得政权后写成的。

师：你结合了笛福自身的经历来讲。的确是这样，笛福这一生经历丰富，写了许多小说，几乎都是叙述主人公的各种经历并最终得到圆满结局的故事。但无论从思想上还是艺术上，《鲁滨逊漂流记》都是他最好的一部小说。

【评】

拿到一本经典著作，怎样读能够提高阅读质量，获取最佳的阅读效果？这一环节的读书方法交流很有价值。有的学生是“先看封面，然后看封二，再看封三，最后看封底”，这是常见的阅读顺序；有的学生还看了作者、译者和出版社，还看了封面插图，看得更加仔细；第三个学生关注了“名人评论”，还关注到封三给学生推荐了44本中外名著，以及封底的推荐语，这样读书的学生是非常难得的，教师也给予了充分肯定；还有的学生读书之前关注到书的“导读”部分，这样的阅读方式非常理性，也很有耐心，很少有学生这样读书，教师以肯定的方式加以鼓励。

引导学生自己交流读书方法，花时不多，效果却很好，因为这是真正来自学生的有效的读书经验，是学生最容易接受的，相信这些读书方法对提高学生阅读质量能够起到积极作用。

生：我想谈谈书中的人物关系图。这幅图把所有的人物都罗列进来，这样看起来很直观、很清晰，一目了然。

师：我也想说说我的想法。图中把星期五作为鲁滨逊的仆人，后面又列举了他的四位伙伴。但如果让我来画这幅图，我不会把星期五归在仆人类里。你觉得我的话有没有道理？如果觉得有道理，请用理由来支持我；如果不赞同，请帮我厘清人物关系，进行辩驳。

生：我觉得星期五是鲁滨逊的仆人，因为鲁滨逊救了星期五之后命令他做事，并且不准他再吃人肉，这明显是主仆关系。

生：我感觉既可以说星期五是仆人，也可以将他归在伙伴类里。因为鲁滨逊救了星期五，星期五已经认鲁滨逊为主人了，那么他就是仆人。说是伙伴，是因为鲁滨逊在荒岛上生活了25年，只有这一个人可以交流，这是他精神上唯一的伙伴。

师：在这个过程中，星期五发生了特别大的变化，是因为鲁滨逊教他读——（生：《圣经》），这对他有很大的教化作用。他与鲁滨逊一起克服了很多困难，鲁滨逊也帮他重新与父亲团聚，他们更像是伙伴甚至是亲人的关系。

生：是的，书里在140页这样写道——我对这个新伙伴，真是十分满意。

【评】

这段对话主要讨论书中的人物关系。教师从插图中引出“星期五到底是仆人，还是伙伴”的问题，其实这是教师读书观察插图时产生的问题，并非学生提出的问题，并且与读书策略无关，有些节外生枝。我认为这里讨论不是很合适。

师：还记得第一节导读课上，有的同学拿到书，翻看目录，欣然发现了自己特别感兴趣的部分，迅速读了起来。老师走过去一看，是第八章的第二节——大战野人。你怎么看这个现象？

（没有学生举手发言）

师：同学们，从目录上看，全书分为10章，每章有2至4个小节，每节都有 4 个字的小标题，看这些标题基本上就能把握这本书的主要内容了。你能否作出判断，哪些适合精读，哪些适合泛读和略读呢？

生：第二章到第九章适合精读，因为书中主要讲了鲁滨逊在荒岛是怎样生活的，而这八章讲的就是鲁滨逊从噩运降临到绝处逢生的经过。第一章和第十章适合泛读，因为第一章写的是他初涉大海的经历，第十章写的是他返回故土。

师：从初涉大海到遇险，到在荒岛上建立独立王国，最后重返故土，这是作者写作的顺序。回到我们之前的话题，你怎么看？

生：我觉得那样读不行。因为不知道前面发生了什么事，直接看后面会有些困惑，衔接不上。毕竟这是一部小说，小说要按照顺序看。

生：我也认为不能跳着看。先看完“大战野人”，再从头开始看鲁滨逊怎么流落荒岛，感觉非常别扭。

师：你们说得都很有道理。读书的方法和体裁很有关系，以后你们到中学会更多地接触小说。小说就意味着故事情节有先后、人物出场也有原因和先后，所以跳着读可能造成逻辑上的混乱，不是很科学。如果是一篇一篇独立的散文，这样读也是可以的，但作者编排文章的顺序自有他的道理，还是按顺序读比较好一些。那么具体到一部作品，哪些阅读方法是比较科学的呢？我们不妨来借鉴一下名家的阅读方法。

【评】

其实每个人读书方法各不相同。按部就班有顺序地读书是一种方法，挑选部分章节先读也是一种很常用的读书方法，而且是一种很聪明的选择性阅读方法。其最大的好处是可以发现这本书是否值得去读。因此教师对跳读方法所作的评价未免武断。

PPT 出示：

任何一部作品都有精华部分，往往结构紧凑，能紧紧抓住读者的心，让人沉浸在文字所描述的情境之中，所以精华部分就值得我们精读，慢慢地品，深入理解，同时边读边产生自己的思考，读思结合，阅读才有趣味。读书的思考可以像这样随时批注在文字的旁边，有感而发的文字是最可贵的文字，也可以成为写整本书读后感的第一手资料。

——中国著名作家肖复兴

师：你读到了什么方法？

生：精读、品读、读思结合、边读边批注。

【评】

第三板块先引导学生交流整本书阅读策略。学生交流的是自己拿到一本新书后会先看封面、封二、封三、封底；还有学生交流如何使用“导读”和“目录”，从中了解作者、创作背景及书中主要人物，厘清人物关系。这些都是那些会读书的学生阅读整本书的真方法、真策略，非常有效。相比之下，教师提出的“星期五到底是仆人，还是伙伴”与策略无关。最后出示的名家读书方法，所谓的“精读、品读、读思结合、边读边批注”，是适合一部作品中精华部分的阅读策略，其外延漫无边际，几乎涵盖了所有的阅读策略，其实不太适合儿童整本书阅读。第三板块读书策略指导，前半部分学生交流很有效，后半部分教师指导的读书策略可以商榷的问题反而不少。

四、畅谈人物精神，以文字表述观点

师：下面我们来聊一聊对主人公鲁滨逊的印象。请说出你不一样的感受。

（PPT 出示：________的鲁滨逊）

生：坚持不懈的鲁滨逊。

生：未雨绸缪的鲁滨逊。

（生掌声）

生：知足常乐的鲁滨逊。

生：勇往直前的鲁滨逊。

生：机智勇敢的鲁滨逊。

（众生继续回答：善于发现、顽强不屈、意志坚毅、信念坚定、临危不惧、居安思危……）

师：请说说你的认识。

生：鲁滨逊后来有了很多钱，但是他愿意百倍地报答救他的船长，还有那位可怜的寡妇和自己的妹妹。他把自己的财富都分享出去，可见他也是个知恩图报的人。

生：我来补充。鲁滨逊说道——要求仅限于生活必需品的人是最快乐的，我有八百磅，却永远不会像我一文不名时那么快乐了。

师：这就是读书的好处啊，让我们得以充分地打开心扉，交流彼此的感受，真是人生莫大的幸福啊！所以说，一本好书能够拯救一个人的灵魂。（生掌声）

师：鲁滨逊这个人物之所以让人喜欢，是因为作家笛福写得太好了，太吸引人了！我读这个故事的时候，没有觉得这是笛福的创作，而是以为这就是真实发生的事，跟着鲁滨逊跌宕起伏的命运伤感、激动、兴奋。这本书于1719年4月出版，到1897年时各种不同的版本已经不下700个，可见它的魅力！现在有多少个版本，我们已经难以统计了。这本书大家公认的最成功的地方，是笛福用非常具体的细节描写鲁滨逊的劳动创造、应对困境、与人交往……用大量的心理描写表现鲁滨逊在困境中的复杂心态。下面以四人小组为单位，展示你们就书中的某一处心理描写或细节描写的研究成果。

（分小组交流，后各小组轮流上台展示，形式多样，含舞台表演、分角色朗读、集体鉴赏等。）

（第一小组交流：采取四人轮流说感悟、朗读、集体总结的形式展示。）

生：我们组赏读了144页第6—10自然段。鲁滨逊教学有方，星期五根本听不懂他在说什么，他便换一个角度来问星期五。

生：星期五一开始不认同鲁滨逊信奉的基督教，因为他从小生活在野人部落里，贝纳木基已经刻在了他的脑海里。鲁滨逊后来向星期五灌输《圣经》的观念，使他感激上帝，服从上帝。因为如果思想不统一，两人的行动上就会出问题。据说英国95%以上的人都信奉基督教，如果他们回到英国，那么星期五可能会遭到基督教徒的咒骂或殴打。

生：星期五听了鲁滨逊的话后，觉得上帝是万能的，能为人类做任何事情，也能把一切从我们手中夺走。

生：鲁滨逊通过教化，使星期五能够像正常人一样思考、钻研和提问，实现自我改造，这真是了不起！鲁滨逊内心的成就感应该比改造了环境还大。这应了我爸爸说过的一句话——改造一个旧世界比创造新世界要难得多。

生：所以，我总结出一句名言——靠上帝，靠祖宗，还不如靠自己。

师：你们说的是谁的名言呀？

（众生笑）

生：我们是根据郑板桥的一句名言改编而成的——靠祖宗不是好汉。

（生掌声）

师：你们很好地展示了团队的思考！其实你们还诠释了另一句话的含义，就是“人定胜天”。当然，老师更欣赏你们集体创作的才华！

【评】

这个环节设计了两个内容，先是用一个词语来概括鲁滨逊在自己心目中的特点，然后以小组表演的形式分享读书体会。培养读书分享的习惯是本堂读书指导课的重要目标，能有效激发起学生的读书兴趣，也能提高学生的阅读质量。将读书交流设计成表演形式，虽然会占用不少课堂教学的时间，但课堂气氛会因此变得生动活泼，所以很受教师青睐。这个环节可以讨论的是：1. 教师规定的话题主要聚焦主人公的形象以及写作特色，其实一般人读书最感兴趣的是书中的情节内容，特别是小学生，对书中的描写方法或作品的写作特点大多不会太感兴趣。如果让学生交流这本书中自己认为最有趣的情节内容，是否更加符合小学生的心理特点呢？ 2. 每个小组交流的段落似乎也是教师规定好的，必须是第几页哪些个段落的心理描写或细节描写，这样过细的规定可以避免交流时的重复，但是否会限制学生的思维？这些问题值得商榷。

五、凝练升华

师：六年级我们将学习一篇课文《一本男孩子必读的书》，书中《鲁滨逊漂流记》成了一个家庭祖孙三代的必读书。而对于我们，好书不必等到六年级再读，更不必局限男孩子必读，女孩子一样也可以读得投入。下面，请你自制一张书签，上面写上一句凝练的话，作为推荐阅读本书的理由。课后将书签送给你的朋友。

（播放音乐，生写，写完阅读分享）

【评】

自制书签送给朋友，将自己的阅读感悟以书面方式写下来，可以促使学生多一分冷静的思考。每个学生在书签中写出的都是个性化的感悟，但也有一些书签是标语口号式的，缺少针对性。如果教师能让学生再作些评价，说说自己欣赏哪几张书签，对加深学生的阅读体会、促进学生成长可能会更有帮助。

六、好书推荐，电影观赏

师：《鲁滨逊漂流记》的中文译本有许多。迄今为止，学界公认最好的是徐霞村翻译的，它最接近原著，且语言优美传神，由人民文学出版社多次出版。老师读过，非常受益！感兴趣的同学可以买来阅读，它值得一生收藏。

作业：观看根据小说改编的电影《鲁滨逊漂流记》（主演皮尔斯·布鲁斯南）。

【评】

好书推荐，为学生打开了另一扇窗子，引导学生再去读一些经典作品，教师的想法很好。让学生去观赏电影，体味另一种艺术，从另一个角度丰富阅读感悟，当然不错。但如果教师因势利导，推荐前面一位学生提出的阅读其他“历险记”系列书籍：《爱丽丝梦游奇境记》《80天环游地球》《骑鹅旅行记》《海底两万里》《格列佛游记》和《汤姆·索亚历险记》，是否对促进学生阅读经典更加有效？

【总评】

这是齐鲁名师张淑英精心设计的一堂读书交流课课堂实录。张老师将读书交流过程设计成“交流阅读策略”“畅谈人物精神，以文字表述观点”“凝练升华”“好书推荐，电影观赏”四个板块，以小组合作学习的方式组织教学，摒弃了整齐划一的问答形式，引导学生展开了有质量、高效率的多维阅读，指导学生交流个人的读书策略，畅谈人物印象，展示阅读研究成果，写推荐词，等等。老师充分尊重学生自身的阅读体验，学生在表达中提升了言语的内在品质，本课达成了作品精神悦人、精神立人的效果。从实录反映的课堂气氛看，这堂课上得生动活泼，学生思维活跃，应该说效果是很好的。新一轮课程改革越来越重视整本书阅读。教师对如何上好读书指导课和读书交流课的探索也在轰轰烈烈地进行中，张老师非常及时地为我们提供的这堂很有研究价值的读书交流课课例，很值得广大教师研究并借鉴。

我想结合张老师提供的这个课例，对如何上好名著读书交流课，谈谈个人粗浅的研究体会。

首先，阅读交流课的目标如何确定。《鲁滨逊漂流记》是一本脍炙人口的经典名著，广受世界各国少年儿童的欢迎。从这部作品的文学价值分析，其成功之处当然在于作品内在的艺术价值以及书中人物表现出的不屈不挠、催人进取的精神。然而平心而论，这本书对小学生最有吸引力的还是书中扣人心弦、曲折有趣的情节内容。这堂读书交流课将讨论重点确定在体会作品的艺术特点，体会作品中的心理活动描写和细节描写，对提高学生阅读质量当然是有价值的，教师这样引导似乎也无可非议；然而这样要求是否过于理性？是否符合儿童阅读心理？有成人化之嫌？

我认为指导小学生阅读经典名著，激发学生读书兴趣是第一位的。让学生通过读书实践，体验名著阅读的乐趣，并且逐步养成读书的习惯。至于作品的艺术特点及其社会价值，随着学生思维的成熟和阅读能力的发展，到中学甚至大学阶段再去讨论可能更加有利！作为小学生的阅读指导或读书交流课，我们的重心还是应该放在激发阅读兴趣、培养读书习惯上，特别是对那些平时不怎么喜欢读书的学生，这样的目标更加切合他们的实际。如果急于求成，用成人的阅读方法、策略去要求小学生，这样反而是拔苗助长，欲速则不达。

其次，可以讨论的是儿童需要学习哪些阅读策略。课堂伊始，教师引导学生交流阅读策略，有的学生说是“先看封面，然后看封二，再看封三，最后看封底”；有的学生还关注到了作者、译者和出版社，还看了封面插图；有的学生关注了名人评论，还关注到封三给学生推荐了44本中外名著，以及封底的推荐语，等等。这些来自学生读书实践的读书策略，尽管层次不高，有些甚至只能说是读书经验，谈不上阅读策略，但对提高学生阅读质量却能够起到积极作用。相比之下，教师指导的“精读、品读、读思结合、边读边批注”，是名家读书策略，并不适合儿童整本书阅读。

阅读策略有高层次与低层次之分，小学生掌握的是最低层次的阅读策略，应该说是阅读经验更加恰当，但却是最适合儿童阅读时使用的。教师试图指导的是高层次阅读策略，尽管使用这些策略可以提高阅读质量，但主要适合成人阅读使用。让学生用成人的阅读策略去读书，其实严重超越学生的最近发展区，会使大部分学生产生阅读的畏惧感甚至挫折感，使学生体验不到读书带来的乐趣，这是很可怕的。读书指导应该重视策略指导，但是如何根据小学生的心理特点，有针对性地选择适合他们的有效的阅读策略，确实很值得研究。

最后，需要讨论的是用怎样的方式分享阅读感悟更加有效。我听过许多读书交流课，教师们都喜欢用课堂表演的形式让学生交流读书体会，因为这样分享交流生动活泼，课堂气氛因此变得很活跃，所以广受教师们的青睐。其实，课堂表演只是分享阅读体会的一种方式，并非最有效。还有一种有效的分享读书体会的方式——写读后感。让学生沉下心来，静静思考自己阅读这部作品最有价值的体会，然后动笔写读后感，或者介绍这部作品中自己感到最有趣的情节内容，向没有读过的人推荐这部作品。接着引导学生交流各自写的读后感，点评哪些学生最会读书，谈出的体会有深度、有创意，哪些学生写的作品推荐更有吸引力，等等。这样的读书分享可以促进学生更加深入地思考，对提高学生的阅读质量更有价值，同时也能提高学生的写作能力。

当然，写读后感需要很多时间，交流读后感也需要时间。比如这堂读书交流课教师设计了六个教学板块，让学生写读后感很不现实。我分析了当下诸多读书指导课，包括这堂读书交流课，总的感觉是教师确定的教学目标太高，安排的教学内容太满。读书课还是教师牵着学生的鼻子走，学生的主动性、积极性没有充分发挥，讲读课的味道太浓。如果教师降低目标，压缩教学内容，比如一堂课就要求学生写读后感，那这堂课就会上得很简单：先分小组口头交流个人的阅读体会，然后动笔写读后感，接着小组伙伴分享，最后推选出写得好的学生全班交流。如果有时间还可以让每个学生根据交流体会自己修改读后感。这样的课简简单单、实实在在，既让每个学生真实地分享了读书体会，又能从其他同学的分享中获得有效的读书方法，还能训练学生的写作技能，一举多得。

读书指导或交流课的教学方法多种多样，我这里推荐的只是一种，而且不一定是最好的，仅供教师们参考，并希望能引发教师更加深入的思考。

图书在版编目（CIP）数据

听吴忠豪教授评课. 第一辑 / 吴忠豪编著.— 上海：上海教育出版社，2020.11
（小学语文教师书林）
ISBN 978-7-5444-9306-2

Ⅰ. ①听… Ⅱ. ①吴… Ⅲ. ①小学语文课－教学参考资料
Ⅳ. ①G623.203

中国版本图书馆CIP数据核字(2020)第221052号

责任编辑　方　晨　饶晓敏　杨文华
封面设计　毛结平

小学语文教师书林
听吴忠豪教授评课　第一辑
吴忠豪　编著

出版发行　上海教育出版社有限公司
官　　网　www.seph.com.cn
地　　址　上海市永福路123号
邮　　编　200031
印　　刷　启东市人民印刷有限公司
开　　本　700×1000　1/16　印张 22
字　　数　314 千字
版　　次　2020年11月第1版
印　　次　2020年11月第1次印刷
书　　号　ISBN 978-7-5444-9306-2/G·7668
定　　价　68.00 元

如发现质量问题，读者可向本社调换　电话：021-64377165